噤若寒蟬

港英時代對媒體和言論的政治審查（1842-1997）

噤若寒蟬

港英時代對媒體和言論的政治審查

（1842-1997）

吳海傑 著

張升月 齊崇硯 譯

責任編輯　梁偉基
書籍設計　吳冠曼　陳朗思
書籍排版　陳朗思

書　　名　噤若寒蟬：港英時代對媒體和言論的政治審查（1842-1997）
著　　者　吳海傑
譯　　者　張升月　齊崇硯
出　　版　三聯書店（香港）有限公司
香港北角英皇道四九九號北角工業大廈二十樓
香港發行　香港聯合書刊物流有限公司
香港新界荃灣德士古道二二〇至二四八號十六樓
印　　刷　美雅印刷製本有限公司
香港九龍觀塘榮業街六號四樓A室
版　　次　二〇二四年四月香港第一版第一次印刷
二〇二四年九月香港第一版第二次印刷
規　　格　十六開（168 × 230 mm）二五六面
國際書號　ISBN 978-962-04-5412-7

Published & Printed in Hong Kong, China.

序言

香港的自由從何而來？

時日回到1997年6月30日，最後一任香港總督彭定康（Christopher Patten）在離任前發表演辭，總結英國在香港的殖民統治：

> 英國在香港的管治即將終結。我相信我們值得說，英國對香港的貢獻，是在這裏建立了一個框架結構，讓香港人發展。這個框架結構包括法治、廉潔與開明的政府、**自由社會的價值觀**……這是一個中國城市，一個非常具有英國特色的中國城市。沒有任何一個其他屬地比她更繁榮，沒有任何一個屬地擁有如此豐富的公民社會的特質與結構……[1]

時光快進至2005年，澳洲高等法院前首席法官、後來擔任香港終審法院非常任法官的梅思賢（Anthony Mason），在向香港律師和法律教師演講的著名的年度研討會「普通法講座」中，他提及普通法在香港的歷史角色：

> 普通法代表了它在其悠久歷史過程中所保護的一套概念、利益和價值觀。它們包括法治、司法獨立、訴諸法院的權利、

政府分權、**個人自由、言論自由，結社自由** ......。這些價值觀產生並支配了法律原則，和法律解釋。普通法支持法治 (rule of law)。在法治下，法律是至高無上的，所以每個人，包括行使權力的人，都必須遵守法律，這是一個概念，記載在著名的格言「統治在法律，而非在人 (a government of laws, not of men)」...... **普通法是香港過去、現在和未來的象徵和聯繫。**[2]

直到最近出版並廣為使用的一本介紹香港法律制度的法律教科書，也表達了類似觀點，該書將香港的法律體系與普通法傳統相聯繫：

簡言之，普通法體現了自由、公正且合理的內在社會秩序，並不斷發展。[3]

著名憲法學者戴雪（Albert Venn Dicey）（他的著作至今仍是英國和前英屬殖民地普通法系學生的主要讀本之一）在十九世紀末寫下了關於新聞自由作為英國法治鮮明特徵的觀點：

約兩個世紀以來，在英國，政府與新聞界之間的關係具有我們所說的「法治至上」的所有特徵…報紙新聞界，實際上與我們一起享有這一種直到近年來歐洲大陸國家都不曾有過的自由……這種〔與大陸法〕的對比不僅本身引人注目，而且也是對英國法治觀念的最有力的例證。[4]

誤認香港人的言論自由和新聞自由是由英式法治而生的，不止梅思賢一人。香港律政司司長的網站也將現行法律體系與古老的普通法傳統强行聯繫起來，把英國本土的做法和香港的法律實施混一談：

> 回顧歷史，至少自十五世紀以來，法官的判決記錄逐步構成詳細的法律原則，規管國家與公民之間和公民互相之間的關係。現時，源自普通法適用地區的經彙報案例已盈千累萬，形成普通法。**有關言論自由、集會自由及免受任意逮捕或監禁的權利，在三百多年前判定的案例中已有說明**。如所周知，這些權利現在藉《基本法》的條文保障。[5]

英國法律在香港歷史中佔舉足輕重的地位，傳統的殖民歷史學家將其論述為殖民者給予被殖民者的恩物，如上文梅思賢所述，很多香港的法律界人士和普通市民都篤信英式法治，包括司法獨立，和言論自由的保障，是英國殖民統治在香港的最重要遺產，它經常被引用來區分香港的法律和社會發展與毗鄰內地發展的主要分別。[6]

類似的描述美化普通法在香港的歷史角色，理想化英式法治概念的在地實踐，與歷史事實大相逕庭。可惜的是，這種錯誤歷史觀卻深深牢固在受普通法訓練的律師、法官，甚至普羅香港市民心中。尤其是當發生一些政治和法律相纏的事件時（例如 2014 年非法「佔領中環」，2019 年「修例風波」），總有人以殖民時期的法治想像來支持戀殖的論據。有支持者宣稱，在英國的殖民統治下，香港的個人自由，包括言論與新聞自由，較回歸內地後得到了更好的保障。在「佔領中環」和「修例風波」期間與之後的示威活動中，殖民時期的港英旗幟也隨處可見。

不僅有懷舊的示威者將言論自由及法治與港英統治聯繫在一起，一些資深法律工作者、法律學者和政治人物也同樣在強化這種對昔日「黃金時代」的綺想。我支持香港需要保障法治和自由的主張，但反對這主張建基於錯誤的歷史觀和綺想。本書廣泛而深入地分析各種解密歷史檔案史料，質疑這一老生常談，對於英國在香港的法律制度提出新的詮釋。

事實上，在殖民時期的大部分時間，香港的普通法實踐中並沒有保護言論自由、新聞自由的傳統，本書的研究顯示，香港殖民時期實行的英式法律制度，在絕大部分的殖民時期（至少一百三十年）打壓市民言論，對媒體和教育界實施政治審查，透過不同法例與行政手段以言入罪。本書同時揭示出一個事實：香港人在殖民時期的言論自由空間有多大從不取決於有多少人上街抗爭，也不取決於被神化的普通法教義（common-law doctrines），更不是因為像某些政治學者曾提出的仁慈殖民統治（benevolent colonial rule），而是不同歷史時期中國與其他大國，例如英國、美國、日本之間的地緣政治力量博弈之下的結果，以及取決於這些國家不同時期的對華戰略。亦因為戰略需要，香港人在回歸十多二十年前被賦予史無前例的言論和新聞自由，由一個噤聲的香港轉化成為在回歸前言論和新聞自由獲世界讚譽的國際都會。一百多年來，香港的法制歷史深受中外關係的影響，全球政治大勢風雲詭譎，香港的言論自由也隨之消長變化。

可惜的是，目前鮮有學者論及法治如何在香港發展到今天的形式；而為數更少的人會質疑我們今天享有的言論自由，是否以及在多大程度上，與殖民歷史中所實行的「法治」相關或無關。在英國其他前殖民地，這些問題已經在蓬勃發展的後殖民學術研究中被廣泛提出和討論。[7] 香港作為英國最後一個解殖的地方、以及世界上重要的國際貿易和金融中心，還欠一本建基於檔案史料的法律史專書去重新審視英國法律在殖民時期人權自由歷史的角色。[8] 本書是第一本專著以解密檔案史料去說明香港的自由從何而來，並質疑廣為民眾接受的「香港的言論自由是英式法治的遺產」的論述。

具體而言，本書尋求回答以下問題。是甚麼驅使殖民時期的香港政府制定了旨在政治審查媒體和教育界的法律與措施？其政治審查行動是如何實施，又是如何隨時間而演變的？哪些媒體、學校和哪種言論成為審查的對象？官員與市民是如何理解言論自由和政治審查等概念？香港的政府官員、法官和立法者以及倫敦的政府官員如何根據香港和倫敦所面臨的本地治理，國家安全利益以及國際關係問題，為政治審查和打壓言論自由辯護？中國的政治、社會和經濟狀況，中國與世界主要大國，特別是英國、日本和美國的關係，以及這些大國在香港的情報活動，如何影響香港政治審查之法律與措施的演變？在 1980 年代殖民統治的最後十幾年裏，這種法律與措施是如何以及為何被逐步淘汰，而法治與言論自由的觀念又如何被喚醒成為一項緊逼的政治議程，使保護言論和新聞自由的法律在回歸前一一落實？

本書章節

第一章〈懲罰性政治審查制：針對報社的誹謗訴訟〉，探討了香港從早期殖民時代到十九世紀末的英國的殖民噤聲制度，筆者稱之為「懲罰性審查制度」。本章詳細介紹了自 1841 年英國統治香港後的首五十年，港府如何根據刑事煽動性誹謗法進行控訴，打擊那些批評政府官員和政策的報紙編輯。誹謗控訴的主要目的，不僅是為了打壓對港府的批評，也是為了處理英國在東亞的地緣政治利益，特別是與中國的關係。除了通過司法程序壓制香港新聞界外，港府的審查制度還包括立法措施，例如禁止反帝國主義和反殖民主義材料進入香港。

第二章〈香港報紙檢查處：報紙樣稿逐日預審的時代〉，揭示了香港的政治審查制度如何從懲罰性審查演變為「預防性審查」，即政府審查員強制逐日預先審查報紙初稿的措施。在1922至1926年間大規模罷工期間，港府面臨着有史以來最嚴重的政治挑戰。為了應對由此產生的對英國在香港繼續統治的焦慮，特別是面對國民黨和共產黨在1924年反帝國主義運動中所表現出的統一戰線，港府制定了新聞報紙規例以進一步擴大對新聞界的政治審查。新聞審查制的範圍從懲罰編輯已發表的內容擴大到每日事先對中文報紙樣張的內容進行政治審查，然後才將其印製出售給大眾。報紙檢查處對新聞稿內容的刪減使印製出來的報紙多出一些怪異的點與叉的符號，以掩蓋被刪除的內容。有些新聞文章甚至整篇被禁止出版，稿件會被報紙檢查處畫上紅色交叉，蓋上「此稿不得刊登」的藍色印章並退回報館。

第三章〈共產主義：下一站香港〉，展示了第二次世界大戰後的中國內戰以及隨後中共取得政權，如何促使香港的政治審查制度進一步擴大和作出戰略性調整。中共建國、大量民眾湧入香港、韓戰爆發、全球冷戰地緣政治、國共兩黨透過各自在香港的報紙和學校持續進行的意識形態戰、以及新的大眾媒體形式如電台直播的興起，都極大地增加了在維持貿易和商業資訊自由流通的同時，進行有效的媒體和言論審查的複雜性。港府不能再單純依靠每天預防性的審查來遏制不良的內容和評論。因此，在二十世紀下半葉，通過本地和國際機構的合作網絡，包括香港警務處政治部、倫敦外交部以及駐北京代辦或使館等，進行大規模的監視行動，以加強對媒體和學校的政治審查。這個全球監控網路收集的情報，使港府將麻煩消滅在萌芽狀態，一些「麻煩製造者」（包括編輯、出版商、老師和校長）被逮捕、甚至未經審判就被拘留、或被驅逐出境。本章詳述了從 1940 年代末到 1950 年代在冷戰升溫和各國應對新中國的戰略背景下這些監視和政治審查行動如何進行。

第四章〈「彼之愛國主義我之革命異端」〉，詳述了香港的噤聲法律機器對香港市民私人生活的侵蝕。從 1950 到 1960 年代，內地試圖將激進的反殖民主義思想和共產主義意識形態，滲透到香港不同階層。內地不僅直接或間接地在香港出版報紙和雜誌，還建立學校和電影製片廠，上演戲劇表演。不單是中共，國民黨和各國的情報勢力在冷戰高峰期也非常活躍，激進活動最終引致殖民史上最暴力的 1956 年和 1967 年的兩場「暴動」。港府因此也對報紙、電台和學校加強政治監督和審查，控制電台新聞報導和娛樂節目內容，查禁被認為具「煽動性」的報紙，逮捕、拘禁和驅逐大量異見人士。

第五章〈準備香港前途談判：高調鬆綁與暗中控制〉，揭示了香港的言論自由是如何被全球大國博弈和對華政策所左右。為了與中國的最終談判做準備，麥理浩在住房、教育、醫療福利和反貪等領域，展開了一系列前所未有的改革、試圖洗去香港那種受壓逼、種族主義的殖民管治形象，並培育市民作為香港人的自豪感。政府新聞處不再干預電台和電視新聞的製作，並史無前例地公開討論新聞自由對香港的重要性。然而，在「黃金時代」的背後是持續存在的嚴酷的法律、廣泛的警察監視、對異見人士特別是大學生的秘密監控。

第六章〈為中國解放香港：解「噤」之城〉，追溯了在殖民統治的最後十多年中香港對法治和各種自由意識的覺醒軌跡，並解讀了英國在 1997 年回歸前解除對香港的言論壓制的地緣政治考量和動機。1984 年中英就香港主權回歸的談判結束，標誌着香港開啟了一個自由主義法治和個人自由的時代。前首席法官羅弼時（Denys

Roberts）是一位從未擔任過法官的大律師，但在 1977 年被任命為首席法官之前，他既做過布政司也做過律政司等政府高層官員，1988 年由終身只在司法部門任職的華人專業法官楊鐵樑接任，以展示香港回歸前在英式法律體系下的司法獨立。1980 年代末到 1990 年代初，曾經用來以言入罪、政治審查刊物、檢控反對派的法律與規例相繼廢除。香港第一部明確承認言論自由、集會和結社自由的人權法在 1991 年才獲得通過，這時距離殖民時代的結束僅剩六年。在殖民統治的最後十年，不僅含政治審查功能的法律被迅速放寬，公眾及官方和媒體的論述中，關於言論自由和法治對香港的重要性的討論也達到了前所未有的高峰。本章還提出了一個吊詭的問題：如果中英沒有達成協議將香港歸還中國，港府仍會給予香港人今天如此珍視的法治和自由嗎？

殖民時期的香港不僅為中國、英國和世界之間的貿易和文化提供了中介，在中國不斷變化的經濟和政治形勢的背景下，也為英國及其盟友在東亞的地緣政治博弈中發揮了重要的風險對沖功能。香港的法律史不止是一城之史，而是亞洲地緣政治和國際關係歷史的主要一環。本書所講述的香港法律史，延續了十九世紀中葉以來大國與中國博弈的漫長歷史。隨着中國在世界大國之間崛起，這段歷史對今天全球的政治和經濟發展仍有影響力。

這項歷史研究實有賴多方協助才能完成，這裏不再重複在英文版已鳴謝過的朋友和機構。就這中文譯本，我特別要感謝三聯書店的梁偉基博士，沒有他的支持本書不可能成事。另要多謝張升月博士和齊崇硯同學的辛勞用心的翻譯工作，和曾卓然博士對書稿在行文用字上的耐心指導，我也要鳴謝香港特別行政區政府研究資助局對本研究的大力支持。[9] 當然，如本書有錯漏之處，文責定當自負。

本書翻譯自我於 2022 年夏天由劍橋大學出版社出版的學術專著：

Political Censorship in British Hong Kong: Freedom of Expression and the Law (1842–1997)，因應中文版的普羅讀者需要，我重寫了序言，刪減了緒論中有關前人學術研究的部分，亦簡化了註釋的內容，並保留解密文件的英文名稱，以方便有興趣的讀者搜尋。中英文版內容如有差異應以英文版為準。

2022 年 10 月 28 日

寫於英國牛津大學

註釋

1 筆者翻譯自 *South China Morning Post*（下稱《南華早報》），1997 年 7 月 1 日。

2 筆者翻譯自 Anthony Mason, "The Role of the Common Law in Hong Kong," in *The Common Law Lectures Series 2005*, ed. Jessica Young and Rebecca Lee (Hong Kong: University of Hong Kong Faculty of Law, 2005), 1-2。

3 筆者翻譯自 Eric Ip, *Law and Justice in Hong Kong* (Hong Kong: Sweet & Maxwell, 2014), 9-10。

4 A.V. Dicey, *An Introduction to the Study of the Law of the Constitution*, 10th ed. (London: Macmillian, 1959, originally published in 1885), 247, 269.

5 律政司：〈香港的法律制度〉，網址：https://www.doj.gov.hk/tc/our_legal_system/the_common_law.html，存取於 2022 年 10 月 31 日。

6 關於傳統殖民史學如何在論述英國法律，見 Sally E. Merry, "Law and Colonialism," *Law and Society Review* 25, no.4 (1991): 889。而關於英式法治如何被認定為香港的重要殖民遺產，見 Steve Tsang, "Commitment to the Rule of Law and Judicial Independence," *in Judicial Independence and the Rule of Law in Hong Kong*, ed. Steve Tsang (Hong Kong: Hong Kong University Press, 2001), 1；亦見 Ming Chan, "The Legacy of the British Administration of Hong Kong: A View from Hong Kong," *China Quarterly* 151 (1997): 567-70。

7 例如，在過去十多年中，有關北美、西印度、非洲、澳洲和印度的前英國殖民地歷史論述，便嚴肅審視英國法律的實踐對原住民的傷害。歷史學者科斯基（Elizabeth Kolsky) 紀錄由英國人控制的法院如何長期在殖民地印度偏坦犯性侵與暴力罪的白人。另一學者胡新（Nasser Hussain）的研究顯示，英國殖民政府利用緊急法令在和平時期箝制印度人的權利。權威法學理論學者費茲柏德（Peter Fitzpatrick）認為，殖民帝國利用建構法治現代化的神話來合理化其對殖民地資源的略奪，和對原住民的壓迫。辛普森（Brian Simpson）在其一千多頁的檔案研究《人權與帝國的終結》中有力地論證了，直到 1960 年代末，英國政府對其殖民地的人權或言論自由或新聞自由的任何保障都不感興趣，甚至不受國際壓力的影響，見 Elizabeth Kolsky, *Colonial Justice in British India* (New York: Cambridge University Press, 2010)；Nasser Hussain, *The Jurisprudence of Emergency: Colonialism and the Rule of Law* (Ann Arbor: University of Michigan Press, 2003)；Peter Fitzpatrick, *The Mythology of Modern Law*, (London: Routledge, 1992)；Brian Simpson, *Human Rights and the End of Empire: Britain and the Genesis of the European Convention* (Oxford: Oxford University Press, 2001)。

8 部分香港歷史研究有章節提及港英時期法律制度，見 Christopher Munn, *Anglo-China: Chinese People and British Rule in Hong Kong 1841-1880* (Richmond, Surrey: Curzon, 2001)；Carol Jones, Jon Vagg, *Criminal Justice in Hong Kong* (London, NY: Routledge-Cavendish, 2007)。而十九世紀的香港法律記事，見 Norton-Kyshe, James William.1898. *The History of the Laws and Courts of Hong Kong from the Earliest Period to 1898* (Hong Kong: Vetch and Lee, c1971；原出版於 London: T. Fisher. Unwin, 1898)。

9 本書內的研究工作由香港特別行政區政府研究資助局支持（Project Nos. HKU 17605971, HKU 17616920）。

目錄

01

懲罰性政治審查制：針對報社的誹謗訴訟

Enclosure 1. 'A'.

Translation of a Cantonese song appeared in the
Wai San Yat Po of the 20th.February 1904.

CURRY-RICE.

When curry-rice is stirred up in the cooking pot, those who
erst-while were sad, beholding it become of joyful countenance. Now
in this 20th. century, is the flood of men's passions let loose by
present events. What solace is it to our woes to eat at the Foreign-
er's table? But there rises before me yet another vision, which I wi
unfold to you, and I pray you not to regard it as an idle tale. Ver
ad is it that exterminating strife is Nature's law. The univer
of the yellow Peril has long been in men's mouths. Purch
coming when the curry will turn the white rice yell
races are very strong; the time now is not
those white peoples. Just wat

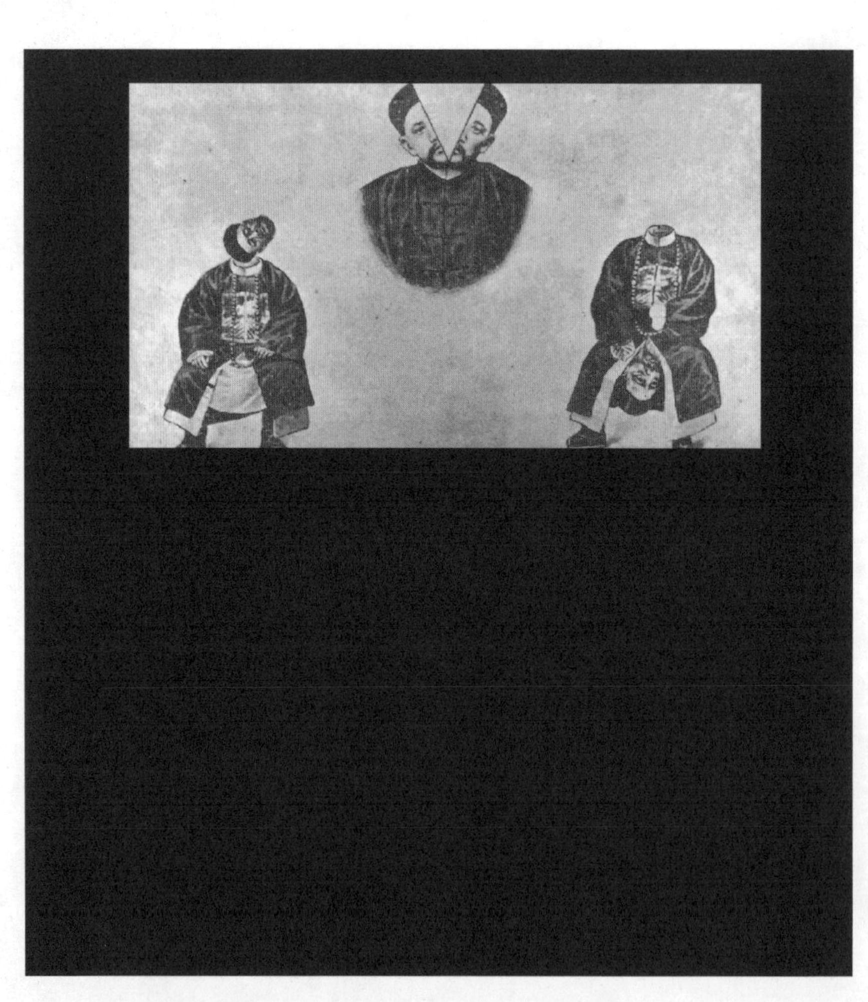

懲罰性審查：針對報社的誹謗檢控（1850－1890 年代）

自 1842 年起，英國正式統治香港的前五十年間，香港政府如要對付那些批評政府政策的新聞編輯，以煽動性誹謗法進行刑事檢控是主要手段。[1] 例如，香港最早的英文報紙之一《華友西報》（*The Friend of China*），其編輯威廉．塔蘭（William Tarrant）就因撰文指控當時輔政司布烈治（William Thomas Bridges）與署理總督威廉．堅（William Caine）貪污，分別於 1857 年和 1858 年兩次被判罰款和監禁。塔蘭出獄後不久，該報就關閉了其在香港的業務，並遷至廣州。[2]

另一份於 1857 年創刊的主流英文報紙《孖剌報》（*The Daily Press*），其編輯孖剌（Yorick Jones Murrow）在 1858 年發表一篇文章，指控總督寶靈（John Bowring）偏袒一家大商行，而寶靈的兒子更是該商行的合夥人；作者最後因此被控誹謗罪，並被判處六個月監禁及一百英鎊罰款。[3]

創辦於 1881 年的英文報紙《士蔑西報》（*Hong Kong Telegraph*），因曾多次直言不諱地報導政府官員涉嫌貪污，創刊不久便成為檢控對象。如在 1881 年，該報指稱船政官談錫（H.G. Thomsett）曾錯誤地簽發許可證，允許一艘載有八百三十五名中國乘客的船隻離開香港前往澳洲。根據香港法律，只有在船政官親自確定乘客並非非法運往澳洲的契約華工，屬自願前往並且有能力支付船資，才可發出許可證。然而，根據以下《士蔑西報》的報導原文，出於某種只有談錫自己知道的原因，他並沒有進行必要的審查就讓該艘船離開了：

……這〔審查〕很少對移民真正施行……雖然澳洲某些大公司為了自己的特殊利益，樂見大量中國廉價勞力在澳洲出現，但大部分〔澳洲〕人都強烈反對城鎮被外來種族所淹沒……〔中國〕移民們本身無疑也願意到其他國家碰運氣，但他們根本無能力支付旅費，因此這個所謂的契約制度，實情是一種惡劣的奴隸制……毫無疑問，這些組織從〔中國〕弄來苦力，安排他們被安全地運走和安置……並從這種販運中獲取暴利。[4]

無疑，從這個港口向各殖民地和其他地方的移民輸送，早已沾染無數罪惡；因此，政府有責任確保所有的審查都以嚴格的方式進行，以抵禦任何可能的不公……[5]

港府因這些言論而檢控了《士蔑西報》的編輯。

另一篇報導則指控時任總測量官蒲萊士（John Price）監督的工程招標過程腐敗，報紙因而遭受刑事檢控；在 1883 年 6 月 25 日和 9 月 3 日的報導中，該報對政府工程招標方式提出質疑：

我們經常在政府憲報上看到政府合約的招標公告，這似乎表明一切都在公平和公正地進行……但這可能是具有欺騙性的……

> 人們一般相信，香港所有政府工程的合約都嚴格遵守〔招標〕制度；但這理論上的制度很難成為現實，圈內人也往往會流傳說某些官員為其朋友「安排」合約以換取報酬……[6]

> 星期六憲報刊登了幾份政府公告，邀請投標者競投一些大規模的本地工程。銅鑼灣的填海工程，以及興建海堤、吊橋、水池，和……九龍警署。那麼問題是，為何輔政司辦公室的慣常做法，只會在政府憲報欄目刊登邀請公眾投標的廣告，而政府以外的地方又見不到呢？[7]

值得注意的是，這些針對新聞界的檢控不僅是港府律政司所採取的行動，更是得到港府和倫敦當局所認可的重要政治決定。歷史檔案中的通信顯示，對新聞媒體提出誹謗的檢控，並非由律政司獨立決定，而是多方跨部門的集體政治決策，由律政司提供意見，經輔政司和港督批准，並經港督向倫敦的殖民地部大臣報告。港督軒尼詩和署理港督馬師（Henry Marsh）亦分別於 1881 年和 1883 年向殖民地部大臣報告向上述《士蔑西報》採取的起訴行動。[8]

針對新聞界的誹謗訴訟，不僅是為了打壓對港府的批評，也是為了保護英國在東亞的地緣政治利益，特別是與中國的關係。隨着十九世紀末香港華人人口增加，對華文報紙的需求也與日俱增，大量華文報紙在 1870 至 1900 年間創刊。早期的華文報紙，更關注的是中國新聞而非香港本地消息，尤其是在那個中國動盪不安且戰火不斷的時代。這些華文報紙的政治立場受到港府密切監視，特別是被認為由革命黨人創辦的報紙。如果港府發現這些報紙刊登的報導破壞了其管治權威，或危及英國及其盟友在東亞和中國的利益，就會對其採取法律行動。例如在 1884 年，有四份華文報紙（包括兩份主流報紙《華字日報》與《循環日報》），因刊登了兩廣總督在中法戰爭爆發後的公告，內容呼籲國人採取集體行動反對法國對中國的軍事侵略，而遭到港府刑事檢控。港府向倫敦提交的報告指出，檢控這些主流的華文報紙是一項重要的政治決定，需要倫敦的認可：

> 閣下，我謹報告，根據律政司的建議，並經行政局全體同意，我已指示對四份本地華文報紙的編輯提起刑事檢控，這些報紙分別為：(1)《華字日報》、(2)《循環日報》、(3)《中國新報》、(4)《維新日報》，因為他們刊登了一份據稱是兩廣總督發出的公告。公告鼓勵住在香港的中國臣民「暗殺那些法國軍官，或燒毀他們的軍火，與中國軍官配合內外夾擊，以期將其徹底驅除」。[9]

除了通過司法程序管控香港境內的新聞報紙外，審查制度還包括立法措施，例如禁止具有革命性質的書刊輸入香港。例如於1900年修訂《郵政署條例》，賦予總督權力以禁止將任何信件、報紙、書籍或宣傳手冊輸入香港。任何人未經香港郵政署而將刊物運進香港，均可被控犯罪。然而，僅由郵政署長負責把關阻止革命刊物流入，很快就不足以緩解港府對中國政局愈趨動盪的焦慮。[10]

立法管制新聞（1900－1920年代）

1898年百日維新失敗以後，那些沒有被清政府逮捕或處決的主要人物，旋即轉移到地下或海外繼續活動。另一方面，在世紀之交，越來越多的革命刊物在海外發行，繼而在中國散佈。許多流亡者利用香港這個相對安全的避風港，去組織和推動中國革命活動，不少新的華文報紙也在這個時候創刊，其中一部分被認定是由革命黨人及其資助者所創辦或支持。[11]

在香港進行的反清活動與出版的刊物不斷增加，使港府頗為頭痛。由於當時英國立場上支持清政府，故港府會利用法律來打擊反清刊物和革命活動。例如，1907 年，香港通過了專為鎮壓反清刊物的法律《中國刊物（禁制）條例》。新法律規定，凡是出版或散佈旨在煽動中國叛亂之材料的人，無論這些材料來自中國還是香港，都要受到懲罰：可處以兩年或以下監禁和五百元或以下罰款。[12]

在立法局審議立法的會議上，律政司戴維斯（Rees Davies）明確提出了加強新聞管制的目標，「就是要防止香港成為印製和傳播可在中國散播的煽動性宣傳刊物的地方⋯⋯要防止香港成為煽動性出版物的中心」。輔政司梅含理（Francis Henry May）在會議上手持了一張疑似袁世凱之人物身首異處的插圖（圖 1-1），指出這是五分鐘前才送到他手上的報紙，報紙內容鼓勵人們仿效太平天國起事推翻清政府，他說：「這無非是煽動他人造反，對抗這個離我們邊境如此之近的偉大而友好的帝國。」[13]

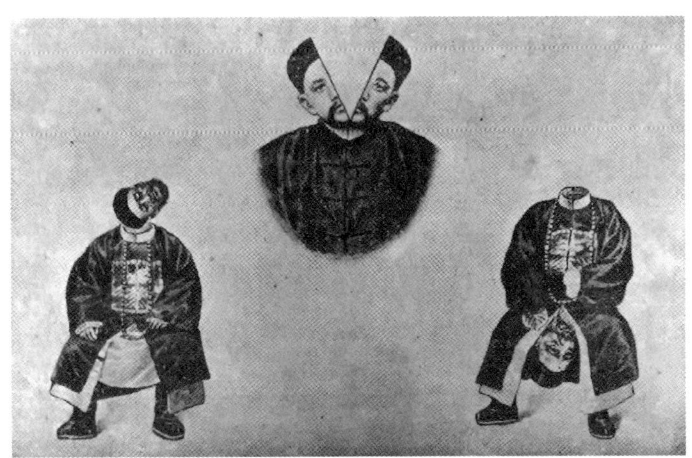

圖 1.1　1907 年《民報》的插圖。

一封港府致南洋海峽殖民地總督安德森爵士（John Anderson）的密函顯示，清政府在英國制定這一條例的過程中曾起到一定作用：

> 先生，我謹向你轉遞 1907 年第十五號香港條例〔中國刊物（禁制）條例〕的副本，以及與外交部的通信副本以供參考，內容涉及中國政府要求在海峽殖民地和英國在遠東的其他領地進行類似立法，以阻止當地出版含有在中國煽動紛爭衝突的書籍或報紙。[14]

在《中國刊物（禁制）條例》通過後不久，英國也在其眾多殖民地特別是印度，遭遇反帝運動和民族主義的衝擊。因此，香港政府採取了進一步措施，以遏制反英情緒與刊物在香港傳播，特別是在香港的印度社群。1914 年通過的《煽亂性刊物條例》，其目的是禁止反政府出版物；新法例比之前的條例更強硬也更為詳細，不僅授權政府懲罰反政府材料的出版者，還允許政府搜查、扣押和沒收這些材料。在為審議新條例而舉行的立法局會議上，輔政司談到英國在其眾多殖民地所面臨的日益緊張局勢。他留意到「一些非常惡劣的報紙和文件被帶入殖民地，並在一些居民間散佈」。雖然《郵政署條例》可以阻止部分此種「極強煽動性和不忠」性質的刊物流通，但這些刊物可以透過非郵政渠道輸入香港，因此新法例加強了港府的權力。[15]

1914 年通過的《煽亂性刊物條例》規定任何人故意管有任何刊載煽動性材料的報紙、書籍或其他文件（其被廣泛定義為包括任何可能煽動暴力或激起對英國政府仇恨或不滿的字句），可處以最高五百港元的罰款及兩年監禁。港督會同行政局及警方也獲賦予廣泛的搜查和扣押權力，以處理煽動性材料。而且，被控持有此類材料的被告人負有證明他們不知道這些材料是具有煽動性的舉證責任，因此，普通法中的無罪假定原則被推翻。

法庭參與新聞審查

事實上，香港壓制反對聲音的法律絕不是虛張聲勢，這並不如以往學者所認為，新聞管制法律是在大部分時間內「很少使用」的「備用立法」。[16] 在二十世紀初的許多年裏，正如以下法庭案例所示，這些法律被堅決執行，有時判以重刑，並主要針對華文報紙，用以打壓含有批評中國當局、敵視英國在港統治、以及可能影響英國與其他列強外交關係的內容。雖然在通過上述法例的立法局會議上，港政明確表示該法例同時適用於西文和華文報刊中可能引起動亂的文章，但實際應用的情況顯示，在香港實行的普通法制度下，華文報刊和西文報紙並非一視同仁，正如以下對《中國日報》的檢控。[17]

1911 年 5 月，《中國日報》（由革命黨人陳少白於 1900 年在港創辦）編輯李鴻志（譯名）被控違反《中國刊物（禁制）條例》，在報上發表了煽動性文章。其文章針對清政府官員的壓逼行為，發表了諸如「若無滿清官員，則無饑民⋯⋯官吏圖謀賣國⋯⋯」[18] 等言論，還號召對那些官吏採取行動。在為李辯護時，大律師普特（Eldon Potter）強調了英文報紙和華文報紙在法律上的不平等待遇，接受其盤問的正是總註冊官（Registrar General）蒲魯賢（A.W. Brewin），他負責包括監督華文報紙在內的華人事務，蒲魯賢作證這篇文章旨在於煽動中國動亂。

普特向蒲魯賢讀了一份英文報紙上的文章中的一段話：「他們〔清政府〕在全世界眼裏，至今仍是最無能、最腐敗、最墮落、最無可救藥的種族，被征服民族的命運落入他們手中。」他接着問蒲魯賢：「這豈不是說征服了中國的滿族，是人們所見過最糟糕的統治者嗎？其語氣難道不是與〔《中國日報》文章〕裏面的字句同樣強烈嗎？」蒲魯賢回答：「是的，我想是的。」

普特隨後提出：

> 這是一項報復性檢控……〔政府〕不應該對華人用一部法律，對歐洲人人卻用另一部法律。〔政府〕自詡對英國人與外國人的法律是一樣的。但，不幸的是，特別在執行這一條例時，中國人被挑出來，受到檢控，而其他發表更激烈言辭的人卻被放行了……歐洲人能通過而華人卻被挑出來接受懲罰，這有失公允。[19]

然而，審理此案的正按察司皮葛（Francis Piggott）在向陪審團作出指引時，則認為上述比較中西報紙的觀點與此案的審判無關：

> 關於殖民地的其他報紙已經說得到夠多了。然而，他們〔陪審員〕必須記住，兩個錯誤不等於一個正確，而且對他們來說，這兩個問題完全不相關。[20]

皮葛的意見也反映了英國更深層次的政治焦慮，在他看來，這焦慮應該比言論自由和法律面前人人平等更為優先：

> 大家都知道中國該受批評，但法律的基礎是英皇政府有責任對中國皇帝友好，和他做生意，並必須承認其政府的存在，就像承認法國或德國政府那樣……這並不是甚麼新原則。[21]

清政府倒台後，這種友好責任由袁世凱治下的北京政府所繼承。可能基於皮葛所提到的這個原則，當時華文報紙繼續因批評北京政府而被檢控。在1913至1916年間，香港一些華文報紙和期刊，如《實報》、《時報》和《現象報》等，皆因發表文章批評袁世凱及其在中國恢復帝制而被港府起訴。[22]

將報紙編輯帶上法庭審判未必一定是對香港政府最理想的做法，因為公開庭審反而會給這些編輯有機會在法庭上公開政府的惡行和醜陋行徑，給他們一個宣示政治立場的舞台。因此港府往往利用一些更迅速秘密的方法對付這些編輯，例如透過驅逐令不經審判地將他們遞解出境。[23]另外，對一些隱晦的報導，香港政府也未必有充分證據足以定罪，例如報紙刊登一些語帶相關的圖畫或者歌

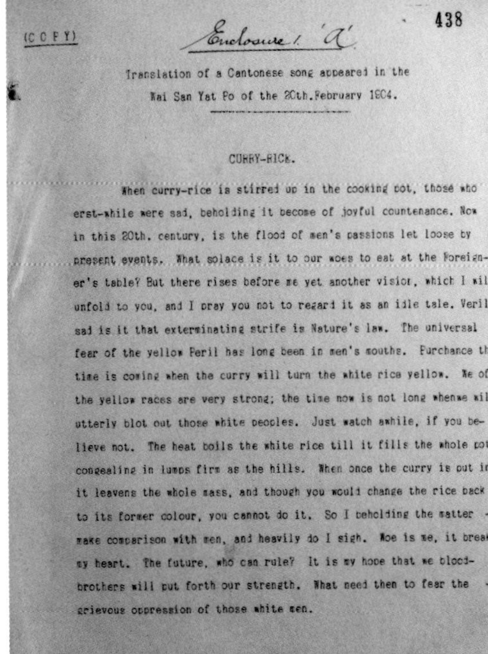

(COPY) Enclosure 1. 'A' 438

Translation of a Cantonese song appeared in the Wai San Yat Po of the 20th. February 1904.

CURRY-RICE.

When curry-rice is stirred up in the cooking pot, those who erst-while were sad, beholding it become of joyful countenance. Now in this 20th. century, is the flood of men's passions let loose by present events. What solace is it to our woes to eat at the Foreigner's table? But there rises before me yet another vision, which I will unfold to you, and I pray you not to regard it as an idle tale. Verily sad is it that exterminating strife is Nature's law. The universal fear of the yellow Peril has long been in men's mouths. Perchance the time is coming when the curry will turn the white rice yellow. We of the yellow races are very strong; the time now is not long whenwe will utterly blot out those white peoples. Just watch awhile, if you believe not. The heat boils the white rice till it fills the whole pot, congealing in lumps firm as the hills. When once the curry is put in it leavens the whole mass, and though you would change the rice back to its former colour, you cannot do it. So I beholding the matter — make comparison with men, and heavily do I sigh. Woe is me, it breaks my heart. The future, who can rule? It is my hope that we blood-brothers will put forth our strength. What need then to fear the — grievous oppression of those white men.

圖 1.2
港府翻譯的「咖喱飯」歌詞。來源：Francis Henry May to Alfred Lyttelton, 24 March 1904, CO129/322, courtesy of The National Archives of the UK。

詞。1904年，《維新日報》的編輯和負責人，因為刊登了一篇名為「咖哩飯」（譯名）的中文歌詞而被驅逐。因為港府懷疑這篇歌詞背後的用意，特意找人把它翻譯（圖1.2），並將翻譯稿在行政局內討論。這篇歌詞被認為寓意是指黃種人好像咖哩汁一樣滲入白飯（白種人社群），最後會把整碗飯變成黃色，黃種人終會戰勝白種人。港督會同行政局認為，這首歌詞意在挑起中國人對外國人的仇恨和不信任，下令將編輯和負責人遞解出境。[24] 另在1905年，《公益報》三名編輯，因為刊登了冒犯美國總統羅斯福女兒（她不久便訪問香港）的圖畫而被驅逐出境。[25]

因戰之名走新聞預審之路

第一次世界大戰期間，新聞審查規例在國防和軍事安全的名義下被進一步加強。1914至1916年間，根據英皇會同樞密院發出的敕令，港府不僅被授予權力起訴那些發表煽動性文章、挑起對英國的仇恨或不滿或報導敏感戰爭資訊的報紙，而且還有權要求新聞界提交準備出版的稿件進行預審。[26] 為此，港府成立了由一名英軍將領領導的新聞審查辦公室。以下是港府要求香港所有報刊提交材料進行預審的兩封信函，內容節錄如下：

先生：

我奉總督閣下指示，要求你在出版之前，將擬在貴報上刊登的所有報導提交給新聞檢查員和總參謀部官員。

（簽名）施勳

輔政司

1914年8月21日[27]

我奉命通知你，總督希望所有以任何方式提及下列主題的新聞報導在發表前應交送新聞檢查員：

（1）籌安會。

（2）帝制在中國的復興。

（3）任何在中國或日本發生提及英國公使的事。

（4）中日兩國局勢。

（5）無論在何處發生關於印度和印度人的新聞或資訊……

以上僅為概括說明應提交審查的新聞主題，總督閣下希望我向你強調，只要我們對任何出版內容有疑義時，你即應將其他報導內容提交審查。

（簽名）施勳

輔政司

1916 年 9 月 4 日 [28]

港府有時還會就某份報章所報導的某項新聞作個別查詢，以下是輔政司於 1916 年 4 月 14 日致英文報館《南華早報》的信件。

先生：

我奉命請你解釋今日貴報為何在第七頁的路透社電報插入「勞倫蒂克號的俘獲」標題。該路透社電報中並沒有提到「勞倫蒂克號」，而提到船隻名稱則嚴重違反了本殖民地向公共新聞界發出的指示。[29]

1914 至 1919 年間，包括西文和華文在內的許多報紙因違反審查條例而被質詢、警告或起訴。下表概述了其中的一些舉措。

表 1.1

報導日期	報紙名稱	報導內容	針對報紙的舉措
1915 年 9 月 23 日	南華早報	發佈有關俄羅斯彈藥供應的新聞	提交至輔政司，後者發出警告信[30]
1915 年 10 月 12 日	南華早報	發表文章提及羅西斯船廠	輔政司會見編輯，後者承諾以後將提交所有內容[31]
1915 年 11 月 5 日	南華早報	發表兩封提及日本軍事情報的電報	1915 年 11 月 6 日，編輯被新聞檢查員警告[32]
1916 年 7 月 27 日	南華早報	發表一篇有關俄羅斯海軍的文章	編輯被警告[33]
1917 年 8 月 17、18 日	中外新報	發表反對中國總統的文章	因違反審查規例，發表和傳播可能引起對英國皇室的不滿和在英國屬民間煽動華人仇恨的言論而被起訴[34]
1917 年 5 月 15 日	孖剌西報	發表一篇關於兩艘汽船抵港的文章	因違反審查規例而被起訴[35]
1918 年 5 月 11 日	士蔑西報	發表有關英國船隻動向的文章	因違反審查規例而被起訴[36]

預審制度並沒有隨着一戰的結束而消失。1920 年代初的幾次大規模罷工，加劇了港府對於香港日益高漲的反日和反殖情緒的恐懼，終使其建立了一個長期的新聞政治審查機制，只對香港的華文報刊進行管控；這個機制至少維持了三十年，一直延續到二戰後初期。下一章將揭示出香港的政治審查制度如何從懲罰性審查演變為定期的預審制度，這種措施強制要求報館把樣稿交由政府檢查員逐日審查。新聞管治從懲罰編輯已發表的內容，擴大到每日對華文報紙樣稿的內容進行政治預審，然後才允許其印製出售給公眾。審查機關毫不避忌地印在報紙上異相的點或叉，正如下一章的圖片所示，那些符號遮蓋的正是政治審查之下的「香港日常」。

註釋

1 英國報紙在十九世紀也同樣不時被政府以誹謗控訴，詳見 Martin Hewitt, "The Law and the Press," in *Journalism and the Periodical Press in Nineteenth Century Britain*, ed. Joanne Shattock (Cambridge: Cambridge University Press, in press), 147-164。另見 Mark Hampton, *Vision of the Press in Britain*, 1850-1950, (Illinois: University of Illinois Press, 2004), 30-39。

2 見 Christopher Munn, *Anglo-China: Chinese People and British Rule in Hong Kong*, 1840-1880 (Hong Kong: Hong Kong University Press, 2009), Chapter 7。

3 *China Mail*（下稱《德臣西報》），1858 年 4 月 22 日，CO129/67。

4 *Hong Kong Telegraph*（下稱《士蔑西報》），1881 年 7 月 12 日，CO 129/193。

5《士蔑西報》，1881 年 7 月 25 日，CO 129/193。

6《士蔑西報》，1883 年 6 月 25 日，CO 129/210。

7《士蔑西報》，1883 年 9 月 3 日，CO 129/210。

8 Letter from Acting Governor Henry Marsh to Earl of Derby, 25 Sep 1883, CO 129/211; letter from Governor Pope Hennessy to Earl of Kimberley, 27 Jul 1881, CO 129/193.

9 Letter from the Acting Governor Marsh to the Earl of Derby, 25 Sep 1884, CO 129/217.

10 *Post Office Ordinance 1900*.

11 李少南：〈香港的中西報業〉，載王賡武主編：《香港史新編》下冊（香港：三聯書店〔香港〕有限公司，2017），頁 563-604。

12 Chinese Publications (Prevention) Ordinance, 1907.

13 *Hong Kong Hansard*（下稱《香港議事錄》），1907 年 10 月 3 日。

14 Confidential note addressed to Governor John Anderson, 19 Jun 1908, CO 129/351.

15《香港議事錄》，1914 年 4 月 23 日。

16 以往關於港英新聞法律史的研究誤認為這些法律所賦予的廣泛權力很少使用，因此總體上存在新聞自由。例如 Norman Miners 在評論 1910 年代總督的審查權時寫道：「香港政府只使用過一次這些廣泛的權力」，見 Normal Miners, "The Use and Abuse of Emergency Power," *Hong Kong Law Journal* 26, no. 1(1996) : 51；亦見於李少南：〈香港的中西報業〉，頁 597。本書修正這些對香港新聞自由歷史的論述。

17 律政司曾向立法局議員解釋，《中國刊物（禁制）條例》亦適用於以英文印製的資料，只要法庭認為該等資料在中國引起騷動或騷亂，見《香港議事錄》，1907 年 10 月 3 日。

18《南華早報》，1911 年 5 月 23 日。

19 同上註。

20 同上註。

21 同上註。

22 對《實報》的檢控，見《南華早報》，1913 年 9 月 26 日；對《時報》的檢控，見《南華早報》，1915 年 11 月 23 日；對《現象報》的檢控，見《南華早報》，1916 年 4 月 21 日。

23 當時有多條法例授權政府未經審判作出驅逐，例如 *Peace Preservation Ordinance, 1886*、*Banishment and Conditional Pardons Ordinance 1882*。

24 Francis Henry May, Officer Administering the Government of Hong Kong to Alfred Lyttelton, Secretary of State for the Colonies, 24 Mar 1904, CO129/322, 434-442.

25 殖民時期政府擁有巨大的驅逐出境權且經常行使，詳見 Christopher Munn, "Our Best Trump Card: A Brief History of Deportation in Hong Kong, 1857-1955," in *Civil Unrest and Governance in Hong Kong: Law and Order from Historical and Culture Perspectives*, ed. Michael H.K. Ng and John D. Wong (London: Routledge, 2017), 26-45。有關《公益報》的事件，見同書 32 頁。

26 見審查規例（Censorship Regulations 1916），附於 Letter from Hong Kong Governor to Andrew Bonar Law, *M.P.*, 24 Oct 1916, CO 129/435。

27 Letter from Hong Kong Governor to Andrew Bonar Law, M.P., 24 Oct 1916, CO 129/435.

28 同上註。

29 同上註。

30 同上註。

31 同上註。

32 同上註。

33 同上註。

34《南華早報》，1917 年 9 月 3 日。

35《南華早報》，1917 年 5 月 18 日。

36《南華早報》，1918 年 6 月 7 日。

02

香港報紙檢查處：
報紙樣稿逐日預審的時代

查員凡有送檢文字，苟經通過者、必有經手檢查者署名於其上、否則必有交加符號、塗劃於其上、以故代表原告起訴之副律政司費士萊氏聲稱，此案苟非有人偽造証據，則必有人在法庭偽誓云、迨至昨伊司提訊此案時、代表被告申辯之律師羅文錦氏、請求法庭准其再召原告方面前証人上堂，俾資盤詰案中要点，……、証人乃自承於公務忙迫之時、間亦未有署名、（被檢去）又……，本年四月以前、檢查員對於送檢各稿、祇於稿之末端署名、表示稿內各種文字、均准刊登、其後此種辦法、略有變更、即凡送檢之稿、每各段均分別署名是也、（被檢去）而昨日提訊時、此案進行、非常濡滯、蓋……代表被告之律師對于証人加以……盤詰、（被檢去）

不過小題大作

羅律師曰、自前次審訊之後、（被檢去）代表原告方面之費副律政司，聲稱該証人尚未到庭、可請羅律師稍候數分鐘，羅律師曰，吾甚欲根據法理、將此問題解決之也，伊司曰、自本公司個人意見而論、此種問題、不過小題大作而已、羅律師答曰、此非本律師發生此議，不過政府方面之律政司、嘗憤然提及此點而已、伊司曰、憤激之下、何語應有、羅律師曰，本律師甚

逐日預審（1920－1940年代）

在1922至1926年間大規模罷工運動發生期間，令香港政府的合法性面臨有史以來最為嚴峻的挑戰。[1]港府對怎樣維持在港穩定統治感到焦慮，特別是當時正面臨着反帝運動中國民黨與共產黨所形成的統一戰線，因此港府進一步擴大了對新聞界的控制。新聞管制的範圍從懲罰編輯的違法報導，逐漸擴大至針對華文報紙樣稿內容的逐日審查。立法與司法部門再次成為這個新聞例行預審機器的重要組件。1922年海員大罷工發生後，《緊急情況規例條例》應聲出台。此條例未經仔細辯論，僅於三分鐘內便匆匆通過了。[2]條例授權香港總督制定審查、控制和取締出版物等規例。任何人如違反條例下的任何規例，便可處以港幣一千元以下的罰款及一年以下的監禁。1925年省港大罷工發生期間，港督更根據《緊急情況規例條例》所賦予的權力，大幅擴大新聞報紙審查規例（下稱《報紙規例》）。港府根據這些規例（摘錄如下），有權預審報紙和其他種類的出版物，港督甚至有暫停報紙出版的權力。

（一）若任何載有華文內容的報紙、標語或宣傳冊（合法商業廣告除外）**事先並未提交華民政務司並獲得通過**，則任何人不得印製、出版或派發任何該等報紙、標語或宣傳冊。（二）若任何報紙、標語、宣傳冊、文字或圖畫旨在或可能勸說或誘導任何個人或公眾成員，（1）在貿易、商業、就業或雇傭過程中不與任何人或某些人交易、貿易、為其工作或僱傭他們；（2）從事任何旨在或可能導致破壞公共安寧的行為；（3）干擾法律的實施或治安（law and order）的維持，則任何人不得進口、印刷、出版、複製、持有或控制、張貼或分發該等報紙、標語、宣傳冊、文字或圖畫。（三）未經華民政務司許可，除合法商業廣告外，任何人不得進口任何載有華文內容的報紙、標語或宣傳冊。任何人不得持有任何未經許可進口的報紙、標語或宣傳冊。（四）總督會同行政局有權在其認為適當的期間內或在進一步的命令之前，禁止印刷及出版任何報紙。……[3]

以上規例開啟了一個對香港華文報紙進行預審的時代。《緊急情況規例條例》原本是在香港發生史上最大規模的罷工時，為維持治安（在英國人的角度）所制定的，但當為期十八個月的罷工在1926年秋季結束，這些緊急審查措施仍繼續實施。1931年法律進一步修改，賦予警察權力搜查違法報館的新聞稿件和印刷設備。當然，英文報紙不受這種預審措施規例管制。[4]

「細讀每一行」：新聞審查員如何工作

雖然歷史研究者難以在官方檔案記錄中，找到港府如何去逐日審查報紙樣稿，但在一些有關新聞審查起訴案件的新聞報導中，可以找到政府審查員和報刊編輯的證詞，這些證詞反映了二十世紀初的香港，日常審查工作是如何地普遍，以及審查員與編輯在報紙樣稿付印之前的晚上是如何密切地「合作」。從這些新聞報導中摘錄的內容，相當詳細地描繪了這些工作場景。另外，《華僑日報》前編輯吳灞陵的日記和個人收藏，為鮮為人知的香港報紙檢查處的日常運作提供了重要證據。

省港大罷工期間，新聞稿件預審的工作由三名華人太平紳士以兼職形式負責，並與華民政務司轄下一名華人以及教育司署的兩名華人員工合作進行。省港大罷工之後，新聞稿件預審工作變成恆常化和制度化，並由新成立的香港報紙檢查處負責，這個檢查處由一名叫劉子平的副華民政務司領導，劉氏受過良好教育，曾經在廣東寶安縣當過縣長。[5]香港報紙檢查處由1928年5月17日正式開始運作，由劉子平領導兩位全職新聞檢查員每天負責在幾個小時內，細讀所有華文報紙新聞稿的每一行。兩人輪班工作，一個人從下午四時到六時，另一個從晚上六時到八時，審查時間後來延長至十一時，此制度後來再延長到凌晨一時半，以便審查員能審查來自大陸的夜間新聞。審查員有時會在十二時四十五分給各報社打電話，告

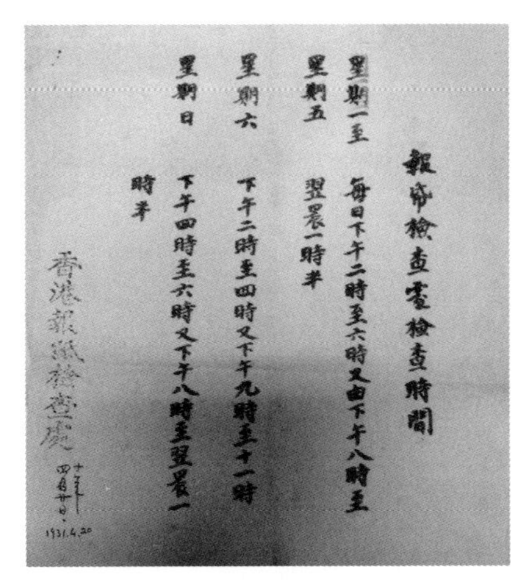
報帋檢查處檢查時間
星期一至星期五　每日下午二時至六時又由下午八時至翌晨一時半
星期六　下午二時至四時又下午九時至十一時
星期日　下午四時至六時又下午八時至翌晨一時半
香港報紙檢查處
二十年四月廿日
1931.4.20

圖 2.1
香港報紙檢查處的營運時間通知。來源：香港大學圖書館吳灞陵特藏。

訴他們，如果他們有任何要審查的文章，須盡快送來，過了這個時間，遲來的電報，諸如從上海發來的消息，就被送到審查員的私邸進行審查。審查員的審查方法是用紅色或藍色的鉛筆或墨水筆以叉號或橫線將敏感內容刪除，並將自己的姓氏簡簽在段落旁，表示該段落經審核通過可以發表。[6] 圖 2.1 是吳灞陵收藏的一張關於香港報紙檢查處營運時間的通知。

當新聞檢查員把不被通過的字眼刪去，報紙編輯便要將被刪去的文字從版面抽起，在當時沒有電腦軟件的年代，印刷之前一晚在版面抽起文字的話，報章編輯是沒有辦法再將稿件排版，惟有把版面留白或以交叉、框號或黑點來填補空白處，有時甚至乾脆以「被檢查處抽起」幾個大字去代替。所以當時在街頭售賣的報紙出現有打叉黑點方框的文章並不罕見。圖 2.2 至 2.8 顯示了這類被刪節過的新聞報導。當時有新聞從業員透露，政府其實不希望公眾知道甚麼內容被抽起，但是沒有更好的辦法來處理而已。[7]

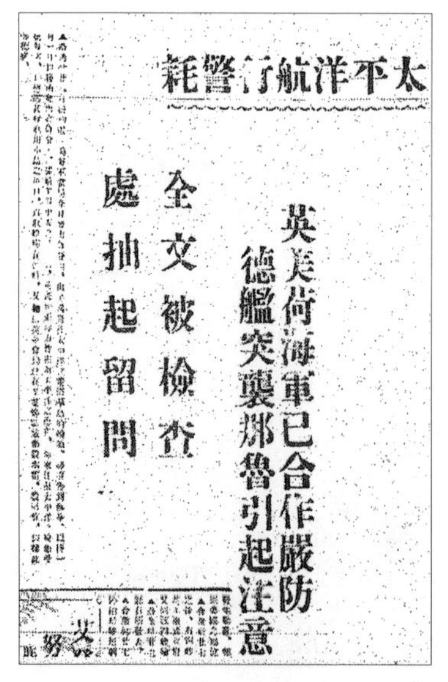
太平洋航行警耗
英美荷海軍已合作嚴防
德艦突襲那魯引起注意
全文被檢查
處抽起留問

圖 2.2
被審查後的報紙。來源：《華字日報》，1940 年 12 月 29 日。

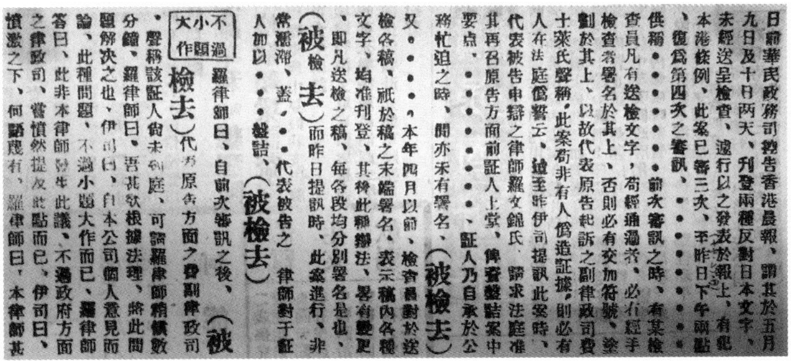

日前華民政務司控告香港晨報、謂其於五月九日及十日兩天、刊登兩種反對日本文字、未經送呈檢查、逕行以之發表於報上、有犯本港條例、此案已審三次、至昨日下午兩點、復爲第四次之審訊、••••••••供稱••••••前次審訊之時、有某檢查員凡有送檢文字、苟經通過者、必有經手檢查者署名於其上、否則必有交加符號、塗劃於其上、以故代表原告起訴之副律政司費士萊氏聲稱、此案苟非有人僞造證據、則必有人在法庭僞誓云、續至昨伊司提訊此案時、代表被告申辯之律師羅文錦氏、請求法庭准其再召原告方面前證人上堂、俾審盤詰案中要点、••••••、證人乃自承於公務忙迫之時、間亦未有署名、（被檢去）又•••••本年四月以前、檢查員對於送檢各稿、祇於稿之末端署名、表示稿內各種文字、均准刊登、其後此辦法、署名變更、即凡送檢之稿、每各段均分別署名是也、（被檢去）而昨日提訊時、此案進行、非常遲滯、蓋••代表被告之　律師對于証人加以•••盤詰、（被檢去）

不過小題大作

羅律師曰、自前次審訊之後、（被檢去）代表原告方面之費副律政司•聲稱該証人尚未到庭、可謂羅律師稍嫌數分鐘、羅律師曰、吾甚欲根據法理、將此問題解決之也、伊司曰、自本公司個人意見而論、此種問題、不過小題大作而已、羅律師答曰、此非本律師發生此議、不過政府方面之律政司、嘗憤然提及此點而已、伊司曰、憤激之下、何必提有、羅律師曰、本律師甚

圖 2.3　被審查後的報紙，以符號和「被檢去」代替被刪字句。來源：香港大學圖書館吳灞陵特藏內 1928 年 6 月剪報（日子和報紙名稱不詳）。

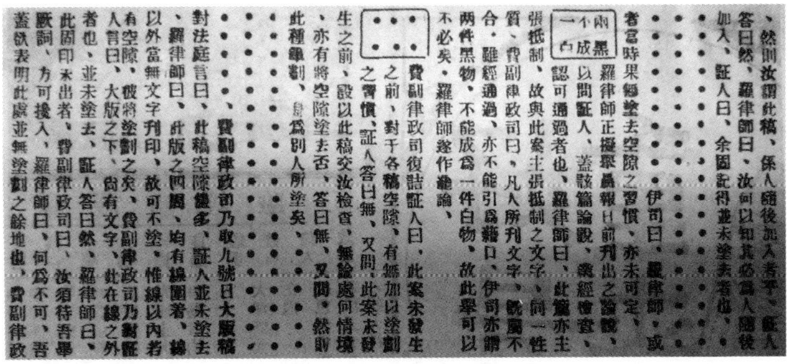

、然則汝謂此稿、係人隨後加入者乎、證人答曰然、羅律師曰、汝何以知其必爲人隨後加入、證人曰、余固記得並未塗去者也、••伊司曰、羅律師、或者當時果嘗塗去空隙之習慣、亦未可定、

兩黑不成一白

羅律師正擬舉晨報日前刊出之論說、以問證人、蓋該篇論說、業經檢查、認可通過者也、羅律師曰、此篇亦主張抵制、故與此案主張抵制之文字、同一性質、費副律政司曰、凡人所刊文字、既屬不合、雖經通過、亦不能引爲藉口、伊司亦謂兩件黑物、不能成爲一件白物、故此舉可以不必矣、羅律師遂作罷論、

••• •••

費副律政司復詰證人曰、此案未發生之前、對于各稿空隙、有無加以塗劃之習慣、證人答曰無、又問、此案未發生之前、設以此稿交汝檢查、無論處何情境、亦有將空隙塗去否、答曰無、又問、然則此種筆劃、是爲別人所塗矣、••、費副律政司乃取九號日大版稿對法庭言曰、此稿空隙甚多、證人並未塗去、羅律師曰、此版之四圍、均有線圍着、線以外當無文字刊印、故可不塗、惟線以內若有空隙、被將塗劃之矣、費副律政司乃對證人言曰、大版之下、尚有文字、此在線之外者也、並未塗去、證人答曰然、羅律師曰、此固印未出者、費副律政司曰、汝須待吾舉厥詞、方可接入、羅律師曰、何爲不可、吾蓋欲表明此處並無塗劃之餘地也、費副律政

圖 2.4　被審查後的報紙，以符號代替被刪字句。來源：香港大學圖書館吳灞陵特藏內 1928 年 6 月剪報（日子和報紙名稱不詳）。

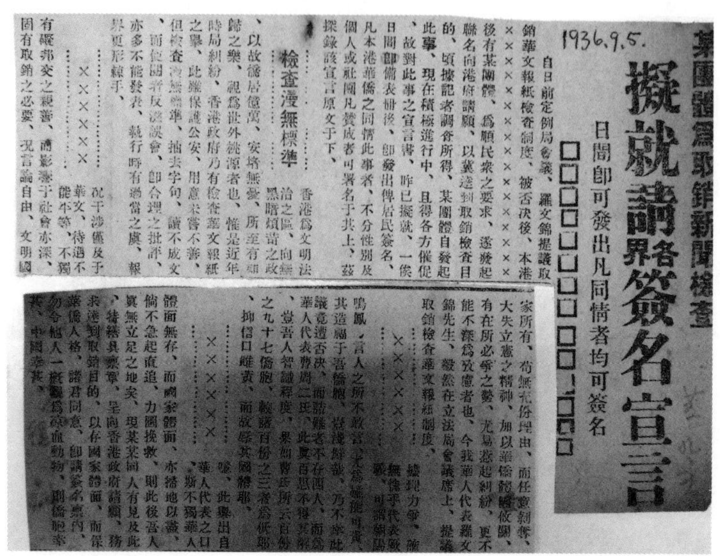

某團體為取銷新聞檢查

擬就請各界簽名宣言

日間即可發出凡同情者均可簽名

□□□□□□□□□□

1936.9.5.

自日前定例局會議、羅文錦提議取銷華文報紙檢查制度、被否決後、本港××××××××××××××後有某團體、為順民衆之要求、遂發起聯名向港府請願、以冀達到取銷檢查目的、頃據記者調查所得、某團體自發起此事、現在積極進行中、且得各方催促、故對此事之宣言書、昨已擬就、一俟日間印備表冊後、即發出俾居民簽名、凡本港華僑之同情此事者、不分性別及個人或社團凡贊成者可署名于其上、茲探錄該宣言原文于下、

檢查漫無標準

香港為文明法治之區、向無黑暗煩苛之政、以故僑居億萬、安堵無憂、所至有如歸之樂、視為世外桃源者也、惟是近年時局糾紛、香港政府乃有檢查華文報紙之舉、此雖保護公安、用意未嘗不善、但檢查漫無標準、抽去字句、讀不成文、而使閱者反滋誤會、即合理之批評、亦多不能發表、執行時有過當之處、報界更形棘手、×××××況于涉僑及于華文、待遇不能平等、不獨有礙邦交之親善、而影響于社會亦深、固有取銷之必要、現言論自由、文明國家所有、苟無充份理由、而任意剝奪、大失立憲之精神、加以華僑體[illegible]攸關、有在所必爭之勢、尤易惹起糾紛、更不能不[illegible]為預慮者也、今我華人代表羅文錦先生、毅然在立法局會議席上、提議取銷檢查華文報紙制度、×××××據理力爭、[illegible]

鳴鳳、言人之所不敢言、尤為[illegible]可貴、其造福于吾僑[illegible]、豈淺鮮哉、乃不幸此議竟遭否決、而[illegible]者不存西人、而為華人代表曹周二氏、此真百思不得其解、豈吾人智識程度、果如曹氏所云百份之九十七僑胞、[illegible]百份之三者為低耶、抑信口雌黄、而故昧其國體耶、噫、此舉出自華人代表之口、斯不獨華人×××××體面無存、而國家體面、亦掃地以盡、倘不急起直追、力圖挽救、則此後吾人實無立足之地矣、現某某同人有見及此、特[illegible]具稟事、呈向香港政府請願、務求達到取銷目的、以存國家體面、而保華僑人格、諸君同意、即請簽名[illegible]內、勿令個人一紙[illegible]為[illegible]血動物、則僑胞幸甚、中國幸甚、

圖 2.5　被審查後的報紙，以符號代替被刪字句。來源：香港大學圖書館吳灞陵特藏內 1936 年 9 月 5 日剪報（報紙名稱不詳）。

西江×屢犯不逞

主力現漸退返廣州

高鶴交界各地已無×蹤

江會之綫×尚增援頑抗

西犯×軍撤退廣州

×增江會防我反攻

夏威加强西江防務

中山沿海並無戰事

×機四日連續轟炸

汕頭市成修羅場

死傷數十毀屋甚多

粵參議員陸續抵韶

圖 2.6　被審查後的報紙，以符號代替被刪字句。來源：《大公報》1939 年 5 月 6 日，鳴謝《大公報》。

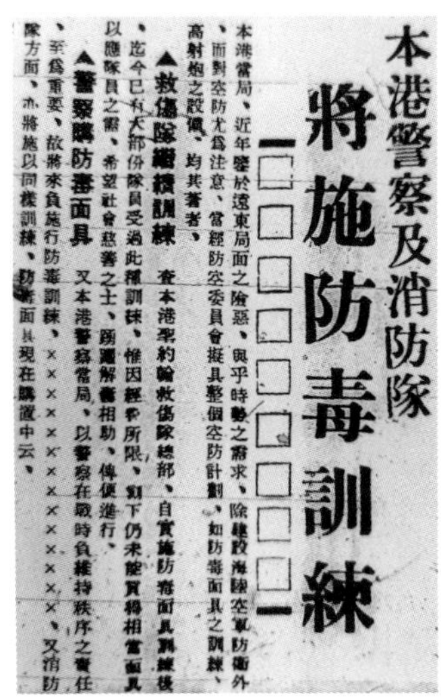

本港警察及消防隊
將施防毒訓練
□□□□□□□□

本港當局、近年鑒於遠東局面之險惡、與平時勢之需求、除建設海陸空軍防衛外、而對空防尤為注意、當經防空委員會擬具整個空防計劃、如防毒面具之訓練、高射炮之設備、均其著者、

▲救傷隊繼續訓練　查本港聖約翰救傷隊總部、自實施防毒面具訓練後、迄今已有大部份隊員受過此種訓練、惟因經費所限、刻下仍未能買得相當面具以應隊員之需、希望社會慈善之士、踴躍解囊相助、俾便進行、

▲警察購防毒面具　又本港警察當局、以警察在戰時負維持秩序之責任、至為重要、故將來負施行防毒訓練、××××××××××、又消防隊方面、亦將施以同樣訓練、防毒面具現在購置中云、

圖 2.7
被審查後的報紙，以符號代替被刪字句。來源：《工商日報》1936 年 9 月 21 日，鳴謝 The Robert H.N. Ho Family Foundation。

樂亣學・持刀斧以增國庸・執干戈以衞社稷」一語句・希望男位男女青年・能夠遵守此四語邁進・至與×死戰之英勇將士・均爲兵卒・我國人口有四萬萬五千萬之衆・何以會有缺乏兵源・理由是因我國人向不注重兵卒・至實有「好仔唔當兵」之錯・今日則不然・已爲戰時之國家・希望一般青年・人人能夠讀時可以執戈□□□□・□□□□□□□□・□□□……

青年會、和其他青年團體領導下・共烘烘地參加籌賑及賑濟工作・□□□□□・□□・□□□□□□□・□□□□・□・□・□□□□・□□・□□□□□・□・□□□□・□□□□□・青年同志們要瞭明白我們今日的青年・是他日的家的柱石・民族的棟樑・我們的使命・□□・□□・□□□□□□□□・□□□□□□□□□・□□□□・□□□□□・□□□・凜發揚我們中華民族幾千年維護世界的光榮我們應以文化的人道的明燈・照耀整個黑暗的世界・你們不要渺小你一份子・須知國家民族是集合每一個份子而成的・你應盡你最大的努力・發揮頂點的聰明才智・貢獻於你的前途・你的國家・你的民族・做一個偉大時代的中華國民・宗成中華民族劃時代的光榮史・我們希望各個青年團體・自

圖 2.8
被審查後的報紙，以符號代替被刪字句。來源：《華僑日報》1939 年 5 月 8 日，鳴謝《南華早報》。

再者，如果新聞檢查員覺得整篇報導都不適合刊登，便會直接在文稿上用紅筆打一個大交叉，然後在稿件中央蓋上香港報紙檢查處的藍色蓋印，列名「此稿不得登載」，就如本書的封面圖片一樣。圖 2.9 和 2.10 是吳灞陵收藏的被印上「不得登載」的查禁新聞手稿，其內容是分別報導 1931 年中國商人到香港舉債以穩定中國貨幣，以及香港工會人士於 1929 年到廣州參加反蘇俄示威，抗議蘇俄在中俄鐵路問題上壓逼中國。

有時候，審查員會與編輯面談，告訴他們哪些事項不能報導。某編輯在法庭上被盤問時，提到劉姓審查員曾對他說了甚麼話時，他答道：「他有告訴我們不要發表任何暴力反日的文章。」[8] 華民政務司有時會直接通知華文報紙編輯要避免報導甚麼新聞題材，吳霸凌的個人收藏內便有一張通告，顯示港府要求報社不要報導危害

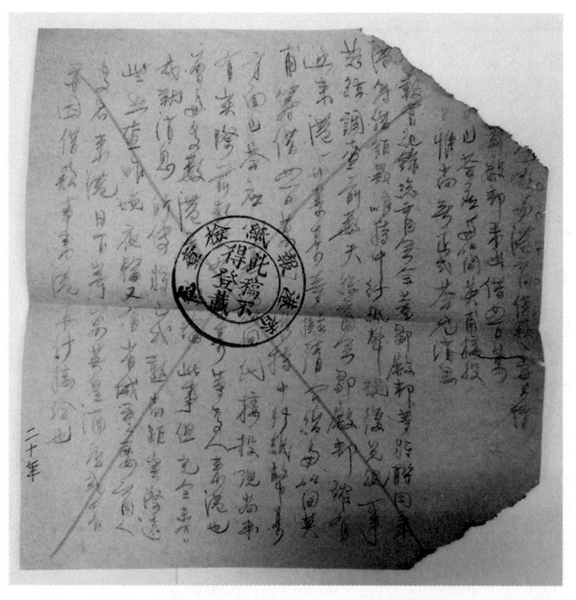

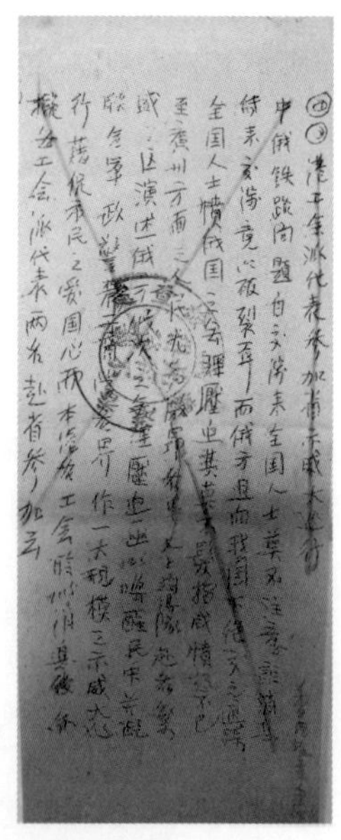

圖 2.9、2.10　被審查後禁止刊登的報導。來源：香港大學圖書館吳灞陵特藏。

港人對英國忠誠的報導，或者影響中英關係，或提倡共產主義的內容，如有違反，報紙有機會根據新聞檢查規例被起訴。[9]

到底甚麼類型的新聞和甚麼字眼才會遭受查禁？當新聞審查措施成為一種日常的強勢政治工具，港府可用來壓制任何他們認為可能給英國造成麻煩的新聞，包括批評殖民管治、危害英國在東亞的地緣政治利益、破壞地區勢力平衡或煽動華人民眾參與政治活動的報導，都可挑起港府的敏感神經，特別是1930至1940年代，英國受殖民地獨立運動和共產主義思想散播困擾，被懷疑左傾反帝的華文報紙都可被查封，特別是讀者不多的小報，例如一份名為「小日報」的左傾小報，出版不久便被政府按例查封和禁止出版。[10] 在以下兩次轟動的政治審查事件中，更清晰展現出倫敦和港府的焦慮：1928年和1931年，分別發生根據《報紙規例》而進行的刑事檢控，其中便涉及了香港五家主要的華文報紙。

「防勝於治」：1928年《晨報》案

1928年5月，中日兩國在山東濟南發生軍事衝突，造成六千多名中國人死亡，這在中國掀起了一波反日抗議與抵制日貨的浪潮。港府再次利用新聞審查法例檢控華文報紙，以壓制那些可能危及英日關係的反日情緒在香港散播。

香港華文報紙《晨報》報導了上述事件並發表了多篇愛國社論。於是，該報的編輯和出版人被指違反《報紙規例》第一條規例而被捕，原因是報導中某些語句和段落並未得到新聞檢查處預先批准。該等語句亦被視為誘使群眾支持杯葛日貨運動，因而同時違反《報紙規例》第二條規例。違規的報章句子如下：

警示國人……凡欲保存國族者，不要使用日貨。如果你們只能維持五分鐘的熱度，就做好準備成為亡國奴……

所有同胞共同努力。日本人在挑戰我們，殘殺我們中國官民。全民一致，斷絕與日本的經濟往來。[11]

這次對《晨報》承印人和出版人為期四天的審訊報導，記錄了當時控方、裁判官及辯護律師之間的對話，當中揭示了司法程序與法律如何共同維持英國在東亞的地緣政治利益，支持日本而犧牲衰弱的中國。這些對話也清楚表明了在港的華人精英們很清楚新聞自由的重要性。然而令他們失望的是，在香港實行的維穩版英式普通法制度下，他們並沒有得到此種自由。

著名華人律師羅文錦（後來成為立法局議員）為被告出庭辯護。羅氏認為在本案中使用《報紙規例》違反了此規例最初因緊急情況而制定的初衷，並提請法庭注意《緊急情況規例條例》的序言，該序言規定：「在總督會同行政局認為屬緊急情況（an occasion of emergency）或危害公安（public danger）的情況時，總督會同行政局可訂立任何他認為合乎公眾利益的規例。」羅氏指出，這條序言授予港督極大權力，猶如一張沒有填金額的「空白支票」，因此應該根據該條例制定時的情況（即1920年代大罷工所造成的混亂）進行嚴格解釋。他也進一步控訴，指法院知道，而且應該知道，現在緊急情況並不存在，並詢問裁判官，政府試圖審查新聞、封鎖新聞，壓制言論自由，是否就不會有人抗議？他又說：「濟南事件是關乎到中國人切身利益的大事，香港的華文報紙服務於華民大眾……沒有理由冷漠地描述事件。」[12]

而裁判官伊夫斯（Eaves）則無視有關指責，拒絕接受羅氏辯解：

我不能接受這種觀點。考慮到出版煽動性內容可能對公眾造成的危害……可以說這些「危害公安」的事每天都持續存在，預防顯然勝於治療……[13]

裁判官沒有評論羅氏關於新聞自由的觀點，但明確闡述了在他眼中維護殖民統治和國家安全是更重要的考慮：

如果被告尚存一絲公民責任感的話，他們一定會意識到，在當時華人的不穩情緒下，發表這種文章可能會進一步刺激到本殖民地華人與日本人……[14]

結果，伊夫斯重判《晨報》所有印刷公司的合夥人被罰款二百五十港元，報紙出版人被罰款五百港元，他們都被判處一個月監禁。

此外，裁判官出於對居港日本僑民群體情緒的重視，亦向被告們特別地施加了具有羞辱性的懲罰：

當一個人透過新聞媒體傷及他人時，他最起碼可以做的是透過同一媒體公開道歉，糾正錯誤。我因此補充，如果在七天內，被告連續兩日在《晨報》上刊登……以下列措辭向在香港的日本人群體表示悔過和歉意，我願意向有關當局建議減輕刑期。

道歉的內容是：「我們……以《晨報》印刷者中發公司和出版人梁燦（譯名）的名義，於去年5月9日和10日，在該報上以中文違法印刷和發表了一些主張抵制日貨的內容，傷害在港的日本僑民群體，並因此被判處罰款和監禁。在此，我們向香港的日本人表示悔過和歉意，並建議及忠告在港華人要和平友

> 好地生活，並繼續像從前那樣與所有人進行貿易，無論其國籍為何。」[15]

本案的判決雖然符合英國在中日衝突中保持中立、壓制香港反日情緒的立場，同時引起了華人群體的不滿，以及英文媒體的反感。一向被視為親政府的《南華早報》意外地反應強烈，在判決後第二天發表了題為「新聞審查案」的社論：

> 判定被告違法並不一定能證明施加在其身上的極端懲罰是合理的。當然，這也不能為極度無能、前後矛盾且令人生厭的新聞審查制度作辯解。裁判官認為審查規例並沒有越權，但為了做出此決定，他不得不說潛在危害公安的情況一直存在——這種言論完全剝奪英式言論自由這個基本權利，必須制止；像香港操作此種新聞審查制度是無法容忍的。[16]

面對如此巨額的罰款，又無力支付，《晨報》被逼於 1928 年 6 月 21 日停刊。[17]

只有總督才是法官：1931 年四家華文報紙案

港府施行的逐日預審不僅是為了維繫英國與其他列強的關係，以及其在東亞的地緣政治利益，也是為了遏制對香港內部管治的不滿聲音。

1931 年 2 月，四份本地報紙（《華僑日報》、《南強日報》、《南中報》及《中華日報》）在未經政府新聞檢查員事先同意下，發表了一系列關於香港域多利監獄囚犯抗議和罷工的報導，違反了《緊急情況規例條例》下的《報紙規例》被一併起訴。這四家報紙報導稱，在 1930 年 12 月 17 日至 20 日連續四天裏，三百多名囚犯拒絕工作，抗議得不到足夠的食物。武裝員警被派入監獄鎮壓抗議，並將罷工者隔離關押。四天四夜，囚犯們不斷通過監獄的窗戶大喊他們幾乎要餓死了，吸引了很多人聚集在監獄附近。[18]

控方稱這些新聞報導沒有按照《報紙規例》預審。審訊在中央裁判司署舉行。在 1931 年 2 月 4 日的審訊中，被告律師羅士庇（F. H. Loseby）在傳喚證人（包括負責審查相關報導的政府新聞檢查員）盤問之前，質疑《報紙規例》是否適用於和平時期的香港。他堅稱，若該等規例並不適用，便應撤銷指控。他更認為，一旦危機和緊急時期已過，使用緊急情況規例是嚴重濫權。控方則堅持條例字面的解釋，指在總督廢除這些規例之前，規例一直有效：

> 裁判官林塞爾（Lindsell）：「誰說危險已經過去了？」
>
> 羅士庇先生：「我們現在還有甚麼危險的證據嗎？」
>
> 裁判官林塞爾：「大部分的危險可能已經過去了，但有些危險可能還存在。」[19]

裁判官在這一法律問題上做出不利於被告的裁決。他認為：

> 對〔辯方律師〕這一論點的回答似乎是：除了總督會同行政局外，還有誰能當法官去裁斷緊急情況已經過去了？儘管最壞的情況可能已經過去，但仍有一些危險依然存在。在我看來，這裏有一個這樣的推定：由於這些特別規例沒有被廢除⋯⋯制定這些規例時所處於的緊急情況就還未完全結束。因此，這些辯護論點不能成立，案件必須繼續進行。[20]

裁判官林塞爾隨即將聆訊押後一週至 2 月 12 日，屆時將盤問政府新聞檢查員。出乎意料的是，到了開庭那天，控方申請撤銷所有指控，因為與此案有關的報紙檢查員梁先生無法出庭。此案的離奇結局甚至引起了英文媒體懷疑，《南華早報》報導有推測是梁先生已經離開香港，因為政府希望避免梁氏在法庭披露令政府尷尬的政治審查細節。[21]

在同一專欄上，《南華早報》編輯批評了一直針對華文報紙的審查制度，因為這種機制也影響了諸如《南華早報》等不受審查制度約束的西報，《南華早報》批評審查機制違反言論自由，破壞了公眾對新聞界和政府的信心，令許多人錯誤地認為政府亦控制西文報紙的新聞。《南華早報》認為既然動亂時期已經過去了，政府應還香港言論自由。[22]

1936 年社會對新聞審查的爭議

對華文報刊審查制度的抗議一直持續到第二次世界大戰爆發，華人社會與港府之間的爭論也不限於法庭辯論。1928 年，香港主要的華文報紙聯名向華民政務司提出請願，要求解除新聞審查制度，但不成功。[23] 1936 年 7 月，五十名香港華文報紙編輯向立法局華人議員羅文錦遞交了一份聯名信，要求他在立法局提出審查制度問題。羅氏在 1936 年 8 月 26 日的立法局會議上正式提出了這項議題：

> 羅：主席先生，我起立提請以我名義提出的議案：「本局認為，目前對華文報紙的新聞審查制度應予廢除。」[24]
>
> 我已列出了實施審查的相關規例，和制定這些規例所依據的（緊急情況規例）條例。那麼，本局究竟是在何種情況下通

過該條例的？當時殖民地正經歷著有史以來最為嚴重的生死存亡關頭。前景嚴峻，危機四伏。在……1922年2月28日，本局召開緊急會議……在該會議上，司徒拔爵士（Reginald Stubbs）向立法局介紹這項措施時還談到了以下內容：

「為了殖民地的安全，必須儘早採取措施賦予行政部門最嚴厲的權力，以處理那些因布爾什維克主義（Bolshevism）者的誤導行為而隨時可能發生的混亂局面。」

我們可以看到，在需要總督會同行政局只有在緊急或危害公安的情況下才可以行使的權力的幌子下，這制度已變成政府對華文新聞界實施的一套永久性的審查制度。[25]

隨後，羅氏進一步抨擊中英文報刊的不平等待遇：

尊敬的議員們或許還記得，我曾於(1936年)3月19日在本局提出一項議案，而各位尊敬的議員或許已經看過一些英文報章評論該次辯論。有一家華文報紙翻譯了其中一篇英文報刊的社論文章，打算在21日星期六刊登。這篇譯文原本只是英文報紙社論，卻被扣留審查，直到23日星期一才被允許發表。另一家華文報紙本打算在3月22日星期日發表一篇關於此次辯論的社論文章，其中也涉及本殖民地的現行憲法，但這篇文章全文都遭查禁……[26]

就在今日午宴前，我收到華文報刊界的各種投訴。有人向我表示，一篇談及今天下午舉行辯論的文章被完全查禁，還有其他一些涉及新聞審查制度的事項，大多數也盡被查禁……我這裡有一封代表本港全體華文報刊界的華文報業協會所寫的信，日期為7月27日。由於對此種審查制度深感不公，他們要求我在會上提出此事。該信載有約五十名編輯和記者的簽名，並附有所有香港主要報紙的印章。[27]

羅氏所提到的辯論文章確實如他所說，在本地報紙上被禁封。如圖 2.11 所示，報紙編輯的聯名信及他們提出議案的新聞報導都被嚴格審查。圖中的方塊與圓點代表了那些被新聞檢查員剔除的部分。其中的第一組圓點前的一段話說，審查制度是為了應付緊急情況而設，這種情況在十一年前就已結束。圓點後面的句子說：「……固各同業特聯向華人代表羅君文錦，請為設法，要求政府撤消華報檢查條例……。」圓點所刪掉的句子可能是闡述廢除審查的理由，批評審查制度，或支持華文報業廢除審查制度的呼籲。此種內容無疑觸動了港府神經，因此被審查員刪除了。

隨後，羅氏引用了許多英國法律權威來支持他的論點，他認為

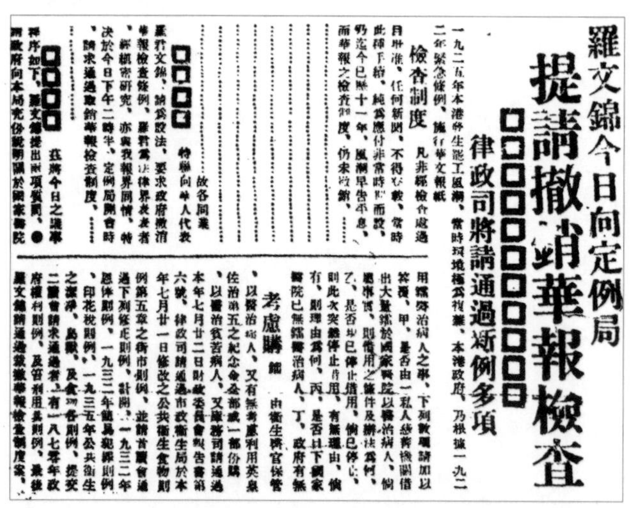

羅文錦今日向定例局
提請撤銷華報檢查
□□□□□□□□□□□□
律政司將請通過新例多項

一九二五年本港發生罷工風潮、當時環境極爲複雜、本港政府、乃根據一九二二年緊急條例、施行華文報紙檢查制度　凡非經檢查處通過者、任何新聞、不得刊載、當時此種手續、純爲應付非常時期而設、乃迄今已歷十一年、風潮早告平息、而華報之檢查制度、仍未撤銷、……

……………………

故各同業特聯向華人代表羅君文錦、請爲設法、要求政府撤消華報檢查條例、羅君爲法律界表表者、經機密研究、亦與我報界同情、特決於今日下午二時半、定例局開會時、請求通過取銷華報檢查制度、……

□□□□　茲將今日之議事程序如下、羅文錦提出兩項質問、●詢政府向本局宣佈說明關於國家醫院用鐳質治病人之事、下列數項請加以答覆、甲、是否由一私人慈善機關借出大量鐳於國家醫院以醫治病人、倘果係實、則借用之條件及辦法爲何、乙、是否已停止借用、倘已停止、則此次突然停止借用、有無理由、倘有、則理由爲何、丙、是否日下國家醫院已無鐳醫治病人、丁、政府有無考慮購鐳　由衞生醫官保管、以醫治病人、又有無考慮利用英皇佐治第五之紀念會全部或一部份購、以醫治貧苦病人、又庫務司請通過本年七月廿二日財政委員會報告書第六號、律政司請通過市政衞生局於本年七月廿一日修改之公共衞生食物則例第五章之街市則例、並請首讀會通過下列修正則例、計開、一九三二年恩俸則例、一九三二年輕易犯罪則例、印花稅則例、一九三五年公共衞生之潔淨、畜獸、及食物各則例、提交二讀會請求通過者、有一八七零年政府權利則例、及管利用具則例、最後羅文錦請通過取撤華報檢查制度案、

圖 2.11　羅文錦立法局議員要求政府取消報章預審的新聞部分被刪。來源：《華字日報》，1936 年 8 月 26 日。

香港原本應該如同英國及其殖民地般長期享有新聞和言論自由，如今卻遭到剝奪：

現在，新聞自由在英國是一個公認的事實，據我所知在英國治下的所有殖民地也是如此。正如我所查閱的參考材料所明白指出：在 1693 年，英國政府正式放棄對印刷業的預防性審查，改為懲罰性審查。(權威法學家) 布萊克斯通 (Blackstone) 有言 ——「新聞自由……在於對出版不設任何事前的限制，而不在於出版後不受任何刑事責任」。

《霍爾斯伯里英格蘭法律全集》(*Halsbury's Laws of England*) 第六卷（第二版）第 590 頁，與憲法有關的部分寫道：「除了與舞台劇許可、或褻瀆或煽動性誹謗、或司法程序報導的出版有關的法例外，政府不能對公共新聞進行任何控制。」……在本書第 712 頁提到英國殖民地：「在英國殖民地擁有如同在英國的新聞自由。」鑑於香港現在的普遍情況，這句話讀起來尤為可悲。[28]

另一位葡萄牙裔議員布力架（J.P. Braga）支持羅氏的議案。他說：

（羅氏）已講得很清楚，華文報業某程度上已經被封鎖了十一年，而方法就是以《緊急情況規例條例》賦予政府關閉任何違規華文報紙的權力……議案提起者已闡明，這種緊急情況現在已結束一段時間了。現在並沒有緊急情況。[29]

布力架似乎是唯一支持該議案的人，大多數委員都贊同政府的立場。反對該議案的議員佩特森（J.J. Paterson）說：

我不認同。新聞界的力量非常強大，正因為這種力量，閣下，也因為當今世界局勢緊張，我認為無論如何，最好暫時保留新聞審查制度。[30]

輔政司代表香港政府作出回應，明確表示基於國家安全，繼續嚴格預審華文報紙符合情理。在反駁羅氏論點時，他談到《緊急情況規例條例》概述的危害公安情況當中，中國政治因素扮演着重要角色：

這種危險仍然存在，而且會繼續存在，直至中國有一個絕對穩定的政府為止……香港的福祉有賴於與貿易客戶保持良好關係，而……沒有甚麼比一個壞印象，更快地損害這些關係，即肆無忌憚地把殖民地當成煽動動亂的基地……出版不受管制會嚴重地傷害我們與中國、與其他友好國家的關係，以及殖民地本身，那麼預防勝於治療。……政府認為，（報社）即使擔心（違法）的後果，卻不一定能阻止他們繼續出版違規的東西。而且一旦造成損害，即使出版人在法庭上判刑，也不能完全挽救。因此，政府無法接受這項議案。[31]

羅氏繼續反駁輔政司防患於未然的觀點：

若華文報業要在如斯定義的危害公安情況結束後，才可享有新聞自由，那麼我覺得我這個人是活不到新聞自由的那天了……如果你要在理想國家、平和美滿和沒有軍備的仁慈政府〔在中國〕出現時，才給華文報業新聞自由，那麼我跟你說，先生，不用給，因為這世上將沒有人可以享受到這種自由！[32]

並非所有華人立法局議員都贊同取消對華文報紙的審查。其中一位議員曹善允表示反對，這不僅是他認為取消新聞審查可能對香港造成危險，也因為部分華人的知識水平不足，不應擁有新聞自由。曹氏說：

> 香港處於中國邊界，華人人口不少於97%。在目前遠東政治氣氛如此動盪不安，華文報紙很容易也很自然地發表超過限度的議論……這些議論如果不可取又毫無節制，可能在外界造成誤解，在殖民地內部挑起事端。我認為防勝於治。因為如果這些議論在群眾中，特別是在華人社會更為愚昧的階層中，激起了不良情緒或仇恨，是最難抑制或平息的……在這97%的華人間，智力上並不是完全均等的。[33]

不出所料，羅氏議案被否決，香港的新聞審查措施繼續存在。政府不僅保留了那些授權政治審查的緊急情況規例，更在中日戰爭爆發後，進一步細分並重新制定審查措施，賦予港督更大權力。1938年，不單香港的華文報紙受到嚴密審查，政府還要求英文報紙在政府認為有需要的時候提供新聞稿預審。[34] 圖2.12顯示一篇《南華早報》有關為日本人工作的華人的報導中有文字給刪掉。日本人侵香港前，港府希望在中日戰爭中保持中立，因此刪除了許多新聞報導中與日本或日本人有關的字樣，導致報紙上出現許多「X」字，就如圖2.13和2.14所示的新聞報導一樣。[35]

新聞預審與帝國焦慮症

本章揭露了殖民時期新聞預審制度的隱秘運作，也是對香港所

SHANTUNG CHAOS

Puppet Governor Faces Great Obstacles

FIGHTING EVERYWHERE

Peiping, Mar. 17.

"Any one working for the Japanese (censored)." That idea is fixed more firmly in the minds of almost all Chinese than any other, according to Mr. Ma Liang, the Governor of Shantung, who is at present in Peiping reporting conditions to the Peiping Provisional Government. The 81-year-old Governor told newspaper correspondents that at first it was the hardest task in North China to eradicate this idea.

Describing conditions in Shantung Mr. Ma Liang states that fighting is occurring in almost all of Shantung's hundred districts. A real war is raging in the southern forty hsien but almost every one of the northern sixty hsien suffers frequent skirmishes. Some Shantung troops are still operating against the Japanese in western Shantung, north of Tsinan. Bandits and irregular troops are operating elsewhere.

圖 2.12 《南華早報》內被刪新聞。來源：《南華早報》1938 年 3 月 19 日，鳴謝《南華早報》。

重慶昨被狂炸大火

激烈空戰×喪七機

公私損失在積極發掘清查中

圖 2.13 《華僑日報》有關日本侵華的新聞被刪。來源：《華僑日報》1939 年 5 月 4 日，鳴謝《南華早報》。

晉南晉西均有劇戰

×企圖強渡黃河爲我痛擊

×谷口師團被殲滅二千餘

×機廿七架

分襲重慶成都

在渝與我空軍激戰

×機兩架被我擊落

觥籌交錯×偽聯歡中

南京偽首要多人中毒

梁鴻志高冠吾等巡受毒最重

酒中置毒料係抗日份子所爲

圖 2.14 《華字日報》有關日本侵華的新聞被刪。來源：《華字日報》，1939 年 6 月 12 日。

廣受讚譽的「自由與法治」的祛魅。本章也修正了以往的學術研究，這些研究錯誤地認定香港的新聞規例和審查法律賦予香港政府的廣泛權力鮮有使用，而總體上新聞業仍較自由。從前述的檔案研究中，我們可以得知為何港府無視殖民者與被殖民者都普遍認同的新聞自由的重要性，和英國擁有的新聞自由，仍然堅持通過法律制度控制華文報業。

其實早於 1883 年 7 月 20 日，港督寶雲（Bowen）就政府打算起訴《士蔑報》一事，致函當時的殖民地事務大臣德比伯爵（Derby），寶雲在信中寫到起訴理由：

> 應該記住的是，相比更大且更分散的社群，香港這樣小的社群，而且集中在一個如此狹小的空間裡，其中的新聞報紙肯定會比較個人化，影響力也更小。這裏的新聞界當然不必要擁有那種在其他地方擁有的強大力量。[36]

看來英國打算賦予香港的法律制度中，言論自由似乎從來都不是其中一部分。1900 年代的中國革命、1910 年代國民黨與北洋軍閥的鬥爭、日益高漲的反日運動、國共合作導致 1920 年代香港的勞工運動，以及在其他英國殖民地，例如印度越來越明顯的獨立勢力抬頭等事件所引起的恐懼，使港府不斷收緊香港的新聞管制政策，特別是華人群體對侵略中國的日本充滿怨恨。英國對日本卻立場曖昧，在中國缺乏強大政府的情況下，港府通過新聞審查壓制反日和反殖民情緒，似乎是緩解英國對國家安全及東亞地緣政治焦慮的最好辦法。在亞洲的其他英國殖民地，包括新加坡，也同樣實行了類似的政治審查措施。[37]

一旦授予香港政府言論和新聞的審查權，香港政府就會在實際危機及緊急情形以外繼續使用此種權力。即使在相對和平的時期，僅僅是想像中的危險，香港政府也能夠方便地繼續以審查制度來壓制異見。前述因報導囚犯罷工而遭起訴的案件，以及關於審查制度的立法局辯論也正體現了這一點。圍繞着「防勝於治」的論述反覆被政府高官、法官及立法局議員用來證明新聞審查制度的合理性，這凸顯了想像中的緊急狀態，對支持香港繼續實施審查制度所起的作用。如我們所見，新聞審查並不局限於緊急情況或戰爭時期，即使在和平時代，只要港府宣稱危機永久存在，新聞審查仍會持續運作。同樣出於英國對殖民地動盪不安的地緣政治感到焦慮，按察司皮葛、裁判官林塞爾及裁判官伊夫斯等法官，也在新聞控制和審查方面跟行政部門通力合作。在合作過程中，今天法律教科書上所謂的言論自由、司法與檢控獨立等原則，似乎並不是最優先考慮。

二戰結束後，香港的政治審查制度進行了戰略性調整。中華人民共和國成立後，大量難民湧入香港，韓戰爆發，全球冷戰地緣政治、國共兩黨透過各自在香港的報紙雜誌持續展開意識形態戰，以及新的大眾媒體形式（如電台廣播的興起），都大大地增加了維持貿易和商業資訊自由流通同時，進行有效媒體審查的複雜性。港府不能僅僅依靠逐日預審的方式來遏制其認為不良內容與思想的傳播。在二十世紀下半葉，港府通過本地政府部門與英國駐北京和其他地方的機構，不單監控香港媒體，還對學校和教育界進行監控和政治審查。再者，港府通過新的言論管制法例，對媒體和教育界設下新的、更緊的紅線，使政府可以消滅麻煩於萌芽狀態，一些「惹事生非者」（包括記者、編輯、出版商、學生、教師和校長）被逮捕、拘留，甚至未經審判即被驅逐出境。第三和第四章將全面介紹從 1940 年代末到 1960 年代末在冷戰地緣背景下，針對媒體和教育界的政治監控和審查。

註釋

1 關於這些罷工的描述，參見蔡榮芳：《香港人之香港史 1841-1945》（香港：牛津大學出版社，2001），頁 109-167；Ming K. Chan, "Hong Kong in Sino-British Conflict: Mass Mobilization and the Crisis of Legitimacy," in *Precarious Balance: Hong Kong Between China and Britain, 1842-1992*, ed. Ming K. Chan and John D. Young (New York: Routledge, 1994), 27。

2 正如羅文錦在 1836 年 8 月 26 日的立法局會議上所指出，見同日《香港議事錄》。

3 G.N. No. 369 of 1925, Hong Kong Government Gazette, 25 June 1925.

4 G.N. No. 621 of 1931, Hong Kong Government Gazette, 2 October 1931.

5 關於劉子平生平，見香港大學圖書館吳灞陵特藏內吳氏的筆記和一份 1970 年 4 月 7 日的剪報（報名不詳）。

6 香港報紙檢查處運作資料綜合自香港大學圖書館吳灞陵特藏和吳氏的日記，《南華早報》，1928 年 6 月 15 日、21 日及 1931 年 2 月 5 日。檢查處後來又增加了兩名審查員，見《香港議事錄》，1936 年 8 月 26 日。

7 見香港大學圖書館吳灞陵特藏內吳氏收藏的一份 1974 年 8 月 22 日的剪報（報名不詳）。

8 《南華早報》，1928 年 6 月 15 日。

9 見一份華民政務司至報界通知的中文翻譯稿，藏於香港大學圖書館吳灞陵新聞史料。

10 楊國雄：《香港戰前報業》(香港：三聯書店〔香港〕有限公司，2013)，頁 210-225。

11 句子是《南華早報》報導的中文翻譯，非《晨報》原文，《南華早報》，1928 年 6 月 21 日。

12 《南華早報》，1928 年 6 月 15 日。

13 同上註，1928 年 6 月 21 日。

14 同上註。

15 同上註。

16 同上註。

17 同上註，1928 年 6 月 22 日。

18 同上註，1931 年 2 月 5 日。載有被起訴文章的報紙原文，見《華僑日報》與《南強日報》，1930 年 12 月 18 至 20 日。

19 同上註，1931 年 1 月 29 日。

20 同上註，1931 年 2 月 5 日。

21 同上註，1931 年 2 月 13 日。

22 同上註。

23 同上註，1928 年 4 月 17 日。

24《香港議事錄》，1936 年 8 月 26 日，頁 179。

25 同上註，頁 181-182。

26 同上註，頁 183。

27 同上註，頁 183、190。

28 同上註，頁 182-183。

29 同上註，頁 184-185。

30 同上註，頁 186。

31 同上註，頁 188。

32 同上註，頁 189。

33 同上註，頁 187、190。

34 這措施後來成為法定權力，見 G.N. No. 622 of 1939, Hong Kong Government Gazette, 4 Aug 1939.

35 關於 1930 年代英日關係和英國對日本侵華初期的容忍態度，見 Yoichi Kibata, "British Imperialism in Asia and Anglo-Japanese Relations, 1930s-1950s," in *The International Order of Asia in the 1930s and 1950s*, ed. Shigeru Akita and Nicholas J. White (Farnham, England: Ashgate, 2010), 49-60。

36 Letter from Hong Kong Governor to Earl of Derby, 20 Jul 1883, CO 129/210.

37 見《南華早報》，1928 年 3 月 28 日。其中報導了在 1928 年 3 月 4 日，有四人因張貼和持有政治海報在新加坡被捕。

03

共產主義：下一站香港

二戰結束，英國在國民黨政權反對下，重佔香港。[1] 香港政府對於本地華人居民的愛國以及反殖情緒十分敏感。中國內戰令大量共產黨和國民黨支持的報社遷移到香港，令港府倍感不安。[2] 雖然戰後重建的財政壓力使港府不能持續每天預審所有中文報紙，港府仍不時與中文報章的編輯和出版人開會，警告他們不要報導傷害中英關係以及危害香港管治的新聞。港府又警告報刊編輯，如果不按政府

國民日報
被港政府停版一月

【專訊】政府新聞處，昨日下午四時發表如下消息一則：「現得政府發言人消息，港督會同議政局發出命令，香港國民日報，着由本年六月八日起停版一個月。此命令係根據一九三八年十月七日憲報所載第七百七十五號政府公佈之一九二二年防衛法（即一九二二年第五號之法令）第二則第二十四條執行。據政府發言人稱：此命令之頒布，係因議政局對于本年六月七日星期五該報社論第二篇之內容（編者按：原文題目為「通緝岑維休」）認為足以引起民衆對於港方與中國負責當局合作引渡附敵份子之辦法，發生誤會，且含有鼓動民衆輕視本港法令與秩序之意味。

圖 3.1
《國民日報》被停刊通知。
來源：《工商日報》1946 年 6 月 9 日，鳴謝 The Robert H.N. Ho Family Foundation。

要求報館會被關閉。[3] 例如在 1946 年 6 月，港督楊慕琦在其短暫的戰後管治中，便使用了戰前的新聞規例將國民黨支持的《國民日報》停刊一個月，以懲罰該報批評親香港政府的《華僑日報》出版人勾結日本人。[4] 但當《國民日報》停刊後不久，香港政府開始意識到，其實是共產黨的報章而非國民黨報章，才是真正的國家安全威脅。

「共產黨已徹底地滲透勞工界、教育界以及新聞界」

楊慕琦（Mark Young）卸任港督、葛量洪（Alexander Grantham）接任時，全球地緣政治正處於二十世紀的另一個關鍵點：中國政權更迭。葛量洪在 1947 年 7 月抵達香港數個月後，便評估如果國民黨在內戰中給共產黨打敗，對香港和其他在亞洲的英國殖民地地會產生何種影響？他在警務處政治部（Special Branch of the Hong Kong Police）（後文簡稱政治部）協助下，與英國駐南京大使館合作，收集、整理並分析中國內戰最新形勢，以及共產黨在香港的活動情報。這些情報不僅會上呈至英國殖民地部，相關咨文也會發送至新加坡、馬來亞與北婆羅洲砂拉越的殖民地政府，因為這些地方同樣視共產黨為嚴重的國家安全隱患。[5] 早在 1948 年初，共產黨與其他反國民黨團體（如中國民主同盟、中國國民黨革命委員會）在香港的活動日益頻繁，就已暗示「南京政府的末日不遠了」。[6] 這個情況提示港府，如果中國落入共產黨手上，「在港的共產黨員將會變得麻煩」，並會成為「像國民黨一樣的領土收復主義者」。[7] 所幸的是儘管「共產黨在中國軍事與政治上大舉勝利，令殖民地（共產黨員）的活動與士氣大增」，[8] 但種種跡象顯示，即使共產黨在內戰中獲勝並取得政權，他們也無意立即收回香港。[9] 儘管共產黨直接進攻香港的可能性很低，但隨着人民解放軍向南推進，英國也同意要加強香港駐軍，[10] 葛量洪也組織了全方位監視，並制定措施「防範緊急突發事件」。[11]

為實現此目標，葛量洪需要搜集關於共產主義組織及他們在港活動的詳細信息。1948 年 12 月 11 日和 1949 年 4 月 21 日，政治部突擊檢查了銅鑼灣天后廟道一位共產黨領導人的住所，以及位於中環永吉街，據傳是中共秘密辦公室的某地點。[12] 在突擊檢查中，政治部「繳獲了重要檔案，揭露共產黨在廣泛領域內活動的野心」。[13] 根據這些檔案，政治部於 1949 年 6 月編製了一份題為「中國共產黨在香港」、長達十八頁的秘密報告，其中包括共產黨滲透香港的「基本概述」，以及香港市委（Hong Kong Municipal Committee，政治部認為此組織受中共華南分局指揮）的組織結構圖和主要人員名單。此報告還提供了「幾乎所有在港已知的重要共產主義組織」的細節。[14] 尤其令人震驚的是報告指出，在香港市委領導下，「共產黨已徹底地滲透勞工界、教育界以及新聞界」。[15] 據稱，香港市委勞工部可以影響香港工會聯合會（工聯會）屬下的三十八個工會。這些工會代表各行各業的工人，從香港主要公共事業的僱員（包括電車公司、香港電燈、中華煤氣、九龍船塢、香港電話公司和牛奶公司），到海員、木匠、人力車夫、製藤工人和茶葉包裝工皆是。[16] 此外，據說其宣傳部在香港有五份報紙（包括《文匯報》、《大公報》和《華商報》等）、九份雜誌、八家印刷廠和十七家書店。報告又稱新華通訊社香港分社是「中共宣傳品的供應中心」，向報紙提供新聞材料。[17] 還有證據表明，共產黨正把「香港當作華南和東南亞的控制和宣傳中心」。[18] 青年部則「負責所有面向青年工人、農民、士兵、僱員、青年和少年知識分子的政治教育」[19]，截至 1949 年 4 月，此部門已在轄下的青年團招募了將近三千七百名十四至二十五歲的成員。政治部認為，青年團在香港「根深蒂固」，是一個「滲透學校和工會」的既危險又高效率的機構。[20] 據說青年部更利用一些教師協會，控制或影響香港許多學校。而受共產黨影響的詳盡學校名單中，有九十所學校劃歸為「共產黨主導」或同情共產黨遭「滲透」，總計約佔香港八百多所學校的 11%。[21] 報告也指出，十四所共產黨控制的學校，派出代表組成了一個教育委員會，「在代理人所控制或滲透的學校中組織政治灌輸的活動」。[22] 這些代理人被認為是「偽裝」成教師或學生，[23] 按指示組織學生團體，如讀書會或歌唱團，藉以傳播共產主義，有時還帶學生到郊外野餐，在那裏「跳秧歌舞，並進行灌輸⋯⋯」。[24] 共產主義報紙和出版社則為學校提供報紙，加強了這種政治灌輸的效果。政治部擔心不僅中文學校，教會學校也受到影響。[25] 儘管香港的共產黨員並不算多（根據政治部估計，約有二千名共產黨員和四千名青年團團員），但他們「戰略性地分佈於日常生活的各個領域」，並能夠藉着他們「在勞工、新聞及其他宣傳領域的影響力」，「在他們（有意願）時，製造大量麻煩」。[26] 鑑於此種「棘手且危險的情況」，葛量洪認為「必須採取措施⋯⋯應對共產黨在教育和其他領域日益擴散的惡性影響」。[27] 葛量洪警覺到這些措施可能會限制某些「民主權利」，卻表示如要保護香港社會結構，這些措施是必須的，因為「共產黨正利用和濫用民主權利和自由來破壞香港」。[28]

畫下政治紅線

即使香港政府面臨共產主義宣傳的增長勢頭，以及共產黨可能在內戰中獲勝的雙重威脅，葛量洪仍不認為在香港「嚴厲鎮壓所有共產主義活動」是明智的。相反，他從實用主義角度考量，認為「採取傳統政策，不干涉中國的政治事務和保持中立」的同時 [29]，「警惕地監視共產主義活動並在其越界時予以制止」對香港仍然有效。[30] 他向英國建議，採取嚴厲措施鎮壓共產主義活動，不僅會「提前阻礙香港與共產中國貿易的可能性」，而且會「使共產主義變得更為隱蔽」，並有機會導致全面罷工甚至恐怖主義，而他並不願意承擔全面鎮壓帶來的風險。[31] 因此，葛量洪在餘下的總督任期內，對於共產黨及其滲透香港的活動，採取「兼顧平衡」的政策，既不挑釁也不姑息，並迅速地遏制共產黨任何超越法律界限的活動。[32]

1949 年 10 月 1 日，毛澤東在北京天安門廣場宣佈中華人民共和國成立，兩週後，葛量洪發現人民解放軍在香港邊境出現。儘管情報顯示中共並不打算馬上對香港提出收回要求，而且對香港展開軍事攻擊的可能性也不大，但葛量洪在目睹 1949 年 10 月香港到處掛滿中華人民共和國五星紅旗後，並沒有輕視這勢頭「在密集貧民區積聚的更大力量」。[33] 話雖如此，這些壓力仍沒有動搖葛量洪「對抗共產主義影響在香港擴散的政策」，正如他在 1950 年 3 月向英國建議的那樣：

> 對抗共產主義影響在香港擴散的政策並不在於嚴厲鎮壓……那樣做只會惡化情勢，使共產主義運動完全轉入地下，重要是在其超越法律界限時予以打擊。如果所有共產主義者都僅僅因為他們參與共產主義運動而遭鎮壓，這將使共產主義者感到高興，因為他們有理由批評政府「不民主」。另外，一旦運動轉入地下，將變得更加難以辨識，而且很可能會採用恐怖主義作為武器。[34]

葛量洪維持一貫政策，「逮捕並驅逐那些明顯越界，而且應受法律制裁的人士」，違法的共產主義者會被「送回中國境內享受新民主」。他認為香港的生活條件仍然優於內地，而且「大體上仍保留」諸如言論和新聞自由、行動自由等基本權利，這能夠阻止共產主義者及其支持者在香港煽動大規模動亂，因為「無論在港的共產主義者如何宣揚新中國的好處，他們大部分並不想被送回中國」。[35] 英國在 1950 年 1 月正式承認中華人民共和國後，內閣成員曾考慮採取更為嚴厲的措施鎮壓香港的共產黨活動。[36] 經過高層討論，英國聽從了葛量洪對香港局勢的判斷，明確允許葛量洪制定他認為適合香港地緣政治情勢的策略和法律措施，以抑制「中國共產黨濫用香港的款待」。[37] 自 1948 年秋，葛量洪一直為中國政權更迭做準備，他收緊法律，極大地限制了集會、結社、言論和新聞的權利，務求阻止越來越多「中國共產黨員滲透殖民地，並防範其活動可能帶來的困境和危險」。[38] 他的第一步舉措，是在 1949 年 5 月修訂《社團條例》。此後，附屬於外國政黨的組織均無法在香港註冊為合法社團，而成為非法組織。[39] 此法例旨在防止共產黨「在殖民地建立公開的組織」，不過共產黨員的身份並不違法。另一個目的是控制文化和大眾傳播媒介，如「眾所周知作為共產主義宣傳和滲透工具的歌唱團體和戲劇社團」。[40]

港府認為有大量證據表明共產黨隱藏在香港，目的通常是「在華人社會各階層滲透和傳播共產主義思想，藉此在殖民地奪取主導地位和影響」。[41] 港府為了遏制共產主義、反帝主義和民族主義思想的傳播，特別是在教育、勞工和新聞領域 [42]，應當準備好新的法律權力，為香港未來幾十年的言論自由劃定了界限，並密切「監視共產主義活動以在他們越界時制止」[43]，這個畫定政治紅線的戰略和效果將會在後文詳細闡述。

教育司署反共特別局：
篩查教師與課本，關閉學校，驅逐校長

長久以來，教育領域都被視為一個贏取香港年輕人民心的重要戰場。在葛量洪任總督期內，法律授予政府新的權力，政治篩查教師和學校管理人，審查課本，並關閉任何公然向學生灌輸共產主義、反帝主義和民族主義思想的學校。1948 年 12 月政府修訂《教育條例》，擴大了港督會同行政局的權力，若港督認為學校、管理者或教師「損害殖民地、英聯邦、公眾、或任何學校學生的利益」，他可以關閉學校，撤換管理者或取消教師的資格。[44] 1949 年 4 月《教育規例》也被修改，明確禁止在學校進行政治宣傳。[45] 新修訂的《教育條例》還要求教師必須向教育司申請教學許可。[46] 雖然批准與否的準則為「教育方面的考慮」，但所有申請都會提交給政治部「更全面地審查」[47]，避免「在教育中加入政治灌輸之成分而出現弊端」。[48] 條例修訂後，亦要求學校教室裏使用的所有教科書與宣傳冊等，必須經過教育司的批准。[49]

1949 年 7 月，教育司署內部設立過一個反共特別部門，在殖民地時期港府反共工作的相關研究中，未有學者關注此事。這個部門稱為特別局（the Special Bureau），是由一位資深的西方教育官員領導 [50]，承擔主要可分為兩種性質的職責：其一是「鎮壓」，其二是「建設」。[51] 在「鎮壓」方面，包括調查和遏制共產主義、反帝主義和民族主義思想在學校的傳播，以及必要時鎮壓學校裏的共產主義活動。[52] 而「建設」所指的，是在校內推進「自由和民主教育理想」，以對抗共產主義宣傳。[53]

在「鎮壓」方面，特別局與政治部密切合作，監視與調查學校管理人和教師，識別學校中的親共同情者，提出解僱教員的建議，

甚至在必要時接管學校。特別局必須與政治部「就所有影響教育的事項持續交流情報」，後者也直接參與監視學校活動和教學人員的任務。港督和教育司每月都會收到關於各學校及其工作人員有否傾向共產主義的秘密報告，報告中會列出疑似是親共同情者或共產主義活動參與者的名單。校內員工的流動也納入監視範圍，追蹤共產黨教師從一所學校轉往另一所學校時可能會做的「系統性滲透」工作，政治部同時會調查可疑人員，或跟他們面談。[54] 政治部不但會監視標籤為共產黨主導或滲透的學校教員，公立學校和教會學校的教師也是政治部監控的對象。例如，中華循道教會學校聘用的兩名林姓和羅姓華人教師，就被發現在課堂上宣傳共產主義，並鼓勵學生閱讀共產主義書籍。同樣，據報告，清愛公學（譯名）的校長被指每週都會在家裏舉行會議，活動包括演講和表演「共產主義舞蹈」。[55] 又例如，在收到某學校教師正在宣傳共產主義的情報後，政治部搜查了該教師的宿舍，發現「一個共產主義作品藏書室」和「具有左翼傾向的學生論文」。[56]

特別局與政治部合作採取最為嚴厲的措施，是關閉那些被發現持續公開地從事共產主義宣傳的左派學校。最早被關閉的學校之一，是位於新界青山的達德學院。達德學院（後文簡稱「達德」）成立於 1946 年 9 月，是一所私立專上院校，其教員「由多位能力出眾且有見識的教授組成」。[57] 六百名學生中大多數「不是香港居民，而是來自遙遠的中國省份和東南亞國家」。[58] 當達德的註冊申請提交給港府時，該學校被懷疑與中共或反國民黨組織有關聯。因此，批准許可擱置了一段時間，因為「教育司認為校長或管理者政治背景不理想」，辦學校只是政治活動的「偽裝」。[59] 然而，教育督學到該校現場檢查後，認為那裏幾乎沒有政治活動的跡象，「除了政治學講座中可能有少許偏見」。報告稱達德「比殖民地的大多數其他機構擁有資質更好的教員」。[60] 收到報告後，教育司決定批准達德的註冊，但他「親自約談」達德的管理者，並警告他「任何可能令本政府尷尬的政治活動都將導致學校關閉」。[61] 然而，達德註冊不到一年，政治部的調查顯示達德並不在意教育司的警告。1948 年 9 月 7 日，「一個中國傳信人在香港被捕，他手上持有多份檔案」，從這些檔案可見達德學院與一個共產主義組織有聯繫。警方還發現「證據表明……達德的教師與殖民地的共產主義活動有關」，並認為「該學院從其學生團體中向中國共產黨軍隊提供兵源，發揮了重要而積極的作用」。達德還被發現曾創辦過一本名為《達德青年》（譯名）的雜誌，該雜誌被認定「顯示」了其教員和學生的「政治傾向」。[62] 葛量洪認為達德「不是真正的教育機構，而是一個政治灌輸中心」，並且「已經成為共產主義陰謀的溫牀」，根據生效不及一個月的《教育條例》第十九 A 條授予港督的新權力，他取消該校的註冊並關閉了學校，因為他認為允許達德繼續營辦會「損害殖民地的利益」。[63]

不同於學生主要來自非居港華人的達德，香港還有一些共產黨控制的學校，由本地共產主義者開辦，主要面向本地學生。勞工子弟學校就被引用為「教育機構十分容易落入壞人之手」的例子。這些學校曾經「在香港主教倡議為工人子弟提供教育的情況下擴建」。他們被認為由「一個工會極端分子主導的委員會管理，由沒有資質的教師組成，他們鼓勵師生在學校滲入政治」。[64] 在 1949 年，香港有十二所勞工子弟學校。如果為阻止共產主義、反帝主義和民族主義傳播，而關閉所有這些學校，那麼政府就有必要為 1940 年代末至 1950 年代激增的學生人口以及來自內地的民眾尋找替代的學校。[65] 因此，港府利用《教育條例》的授權關閉了其中七所，並將學童轉移到兩所「專為此目的而建」的新公立小學。[66] 教育司署還撤換了其餘五所學校校長，這些學校隨後受到「嚴密監督」。[67] 教育司羅威爾（T.R. Rowell）向亞洲其他英屬殖民地教育部門領導發表演講時，把香港控制共產主義學校和共產主義分子的政策，概括為「盡可能密切地監視他們的活動」以及「在適當的時候對個別教師採取鎮壓措施」。[68]

英國於 1950 年 1 月承認中華人民共和國，並沒有減低港府對中國的敵意和警惕；相反，此事引發了另一個決定，即「最好向所有註冊學校的領導層發出正式通知，警告他們任何為政治目的而濫用教育的行為，將導致有關教師被解僱」。[69] 此類通知發出後，香港出現了一些「解僱據稱是共產主義者的教師」的案例。[70] 港督不僅通過《教育條例》取得解僱教員的權力，能夠迅速地鎮壓個別校長及教師，另外通過《遞解出境條例》也取得非常廣泛的自由裁量權，他可以為了香港的「和平與秩序」（peace and order）而驅逐任何人。[71] 在英國宣佈承認北京政府前一晚，香島中學校長盧動被驅逐出境。香島中學被認為是一所「由共產黨控制或支配的學校」，而盧動是「殖民地教育事務中的最高層共產黨員」，他曾擔任工聯會教育部負責人。[72] 此時英國承認北京政府，用葛量洪的話說，是「承認事實，而非贊同」，對香港政府抵抗共產主義在香港年輕一代的傳播，反帶來了更多顧慮而非安慰。[73] 港督的顧慮是「現在共產主義中國鄰近香港」，香港學校可能成為「引誘大批學生到中國學習洗腦課程」的中心。當這些學生返港時，他們將「成為宣傳代理人」幫助傳播共產主義。他發現了在距離香港邊境不到一百公里的廣東惠州，已經建立了一所專門開設此類政治灌輸課程的學校。[74]

教科書是「意識形態鬥爭」的工具

如前所述，除了「鎮壓」措施外，特別局還採取「建設」措施，以抗衡共產主義、反帝主義和民族主義思想在學校傳播。其中一項便是向學校提供展示「民主的美德和英聯邦協作理念價值」的教學和宣傳材料，以對抗校內的共產主義宣傳活動。[75] 香港政府認為，「共產主義的教義與共產主義的勢力同樣必須設法解決」，而責成特別局設計「計劃精密的反共宣傳和反共教育活動」。[76] 特別局被要求「全面研究共產黨過去所使用過的教育和宣傳手段」，如何使其理念不僅在香港而且在華北和馬來亞有「吸引力」，因而香港政府的「反制計劃採用與共產黨人類似且被證明有效的方法，如報紙文章、專題新聞報導、特殊的學校教材、廣播和戲劇以及歌唱團體的組建等」。[77] 同時，特別局建議不宜「將直接的政治宣傳引入教育」，而應努力「呈現一個公平、平衡和良好的政府形象」。

1950 年代初，在韓戰爆發導致冷戰緊張局勢升級的背景下，香港以及其他英屬殖民地的教育主管，以至來自英國殖民地部的官員在亞洲舉行了一系列秘密年度會議。這些會議的主要目的之一，是在東南亞的英國殖民地分享「建設式措施」的經驗，這些措施旨在「保護教育免受共產主義灌輸」，包括「在各地複雜民族間，塑造共同國族認同」以及編寫「適用的教科書」。[78] 1950 年，會議決議採納這種觀點：「如果在兒童和青年間的意識形態鬥爭失敗了，便意味着整體的失敗。」東南亞事務專員麥唐納（Malcolm MacDonald）在會議開幕詞中，呼籲建立「一種語言（即英語）作為任何一個……地區的教學媒介」，以便「形成對居住國家的國族忠誠」。他提醒在場的教育主管，「人類的進步取決於保持思想自由，特別是兒童之間」。當然，在他看來，共產主義思想應該被排除在這種自由之外，因為「共產主義政府專橫地控制人類思想和觀點」，旨在產生「奴隸思維」。因此麥唐納強調，提供合適的教科書是各殖民地面臨的逼切問題。[79] 同樣在會議上，香港教育司羅威爾在報告中向同事介紹了特別局當前完成的「建設性工作」：出版了六本小學教材，為中學編寫一系列中英文課本，向學校發放公民課程的材料和教學大綱，為華語學校建立教學大綱委員會，贊助廣播劇的作者，與英國文化協會和美國新聞處合作，巡迴展示有教育意義的圖片，並投遞資料至教師的私人地址，展開「隱蔽宣傳」。[80] 他說，特別局還製作了十六毫米短片，受命「保留一個特別挑選的電影庫，用以宣傳良治政府和有序生活」。[81] 出席會議的教育主管一致認為，「不良宣傳最危險的工具是通識、公民、歷史和地理的教科書」。羅威爾則回應稱，香港教育司署正在為華語學校編寫歷史教材，並承認香港「在提供中文教科書方面與其他地區相較處於領先地位」。[82] 然而，香港政府似乎並不認為準備和供應香港所有華語學校之教科書是一個可持續的解決方案，因為大多數此類學校都是沒有政府補貼的私立學校。香港政府採取了更具效益的政治控制方法，在 1952 年成立了課程和教科書委員會，負責設計課程，並為教育司提出建議，評估商業出版社出版的教科書是否適用，從而審查不良教材。符合政府教學大綱和課程要求的教科書歸類為「推薦」或「批准」，每學年開始前，政府會向學校發佈批准使用的教科書清單。[83]

教育條例和規例也在 1952 年大幅度修改，務求加強控制教育內容和活動。新法律明確禁止學校進行「任何具有政治性質的教學、教育、娛樂、遊戲、宣傳或活動」。[84] 教學大綱、課程表和所有教學材料需要由教育司批准 [85]，政府對學校將「隨時進行突擊」檢查，核查有否任何具共產主義性質的活動和材料。[86] 出席 1952 年會議的英屬殖民地教育主管一致認為，殖民地教育當局有責任為教師提供培訓，確保他們能夠「教導學生認識民主的優勢，以及培育他們的警覺性，察知任何極權意識形態，必然會對民主生活方式造成威脅」。[87] 1950 年的會議還詳細討論了教師「緊急培訓」的問題。在此背景下，1950 年新加坡成立了第一所全日制教師培訓學院，一年後，類似的培訓學院也在香港成立，並以港督葛量洪的名字命名，兩者均是培訓小學教師的學院。[88]

羅威爾承認，儘管結合了以上「鎮壓」和「建設」的措施，政府仍不足以遏制共產主義思想在學生之間傳播。例如，審查課堂上使用的教科書並不能阻止學生「在所謂的『自學』小組、或課外活動、散步或郊遊時」受到政治灌輸。[89] 此外，即使政治部與教育司署聯合審查教師背景，但仍有「許多沒有前科的教師能夠通過政治保安檢查，到後來才發現是親共分子」。[90] 另一個問題是在校外銷售的共產主義書籍，這「嚴重阻礙（教育司署）杜絕危險宣傳品影響學校」。還有在私人場所播放面向年輕人的宣傳電影和動畫，這使得《公眾娛樂場所條例》中對所有公開放映電影的審查規定無法適用。[91] 儘管如此，葛量洪擔任總督五年後，仍向殖民地部大臣報告了他限制共產主義「對學校體系擴張的影響力」方面的成就。他寫道，在香港被認為是由共產黨主導、滲透，或有中共同情者的學校比例，從 1949 年的 11%（九十所學校）下降到 1952 年的 8%（八十三所學校）。同期，「可能受到政治灌輸」的學生比例從 12.5%（一萬六千一百九十六名學生）下降到 8.5%（一萬六千七百三十二名學生）。[92] 然而，下一章將提及，共產黨在香港教育領域的影響，仍然是葛量洪的繼任者們最頭痛的問題。

對新聞界採取行動：紫石英號事件

在校外，香港政府與那些傳播共產主義和反帝主義的左派報刊和新聞機構繼續鬥爭，特別是《文匯報》、《大公報》、《華商報》和香港新華社，均被認為只會發表「中國共產主義宣傳機器的指示」。[93] 令英國政府難堪的新聞報導會被認為是「越界」，因此需要制裁。[94] 例如，1949 年 4 月，英國軍艦紫石英號（Amethyst）在長江下游遭到人民解放軍炮火攻擊，其艦長遇難，許多船員受傷，而受損船隻被人民解放軍扣押了十週，直到 7 月下旬才有機會逃到香港。香港的左派華文報紙發表了來自新華社的新聞報導和社論，將這一事件描繪為人民解放軍保衛中國領土、抵禦英帝國主義侵略的軍事勝利，因為紫石英號一直試圖阻止人民解放軍渡過長江進入南京。[95] 這些報導和社論將英國描述為「紙老虎」，[96] 而在紫石英號事件前，左派報紙已經肆無忌憚地連串攻擊「英國和美國的政策（尤其是對北大西洋公約組織）」，使葛量洪「越發難以容忍」。紫石英號的報導為他提供了「合適機會」去對付這些報紙。葛量洪很快便提議根據《緊急規例條例》或《社團條例》關閉新華社和共產黨控制的報紙。[97] 然而，英國駐南京大使施諦文（Ralph Stevenson）卻希望「避免採取任何可能減少」紫石英號及其被扣船員「安全離開機會的行動」，因為他們「目前可任由共產黨處置」，葛量洪的議案隨即擱置起來。[98] 他還擔心葛量洪提議的行動將「被指控干涉新聞自由」，並且有機會使路透社和《字林西報》陷入不利處境，因兩者正處於在中共掌控下的上海地區。[99] 他建議港府採取任何行動取締共產黨控制的報紙和新聞通訊社時，「不應基於這些機構與中國共產黨的從屬關係（即便這相對容易證明），而應基於特定的顛覆性文章」，並根據香港現行法例進行起訴。[100] 他還認為鑑於將共產主義新聞從香港完全清除屬不切實際，「允許它通過一個公開機構集中發佈可能更好，因為此種公開機構一旦逾越既定的限制，就會受到懲罰」。[101] 葛量洪最終同意這項謹慎的外交策略，並承諾不會根據《社團條例》（該條例禁止社團在政治上與外國政黨有聯繫）關閉香港新華社，而是針對報紙或新聞文章在法例上「越界」來着手處理。[102]

葛量洪認為香港新華社對紫石英號在 1949 年 7 月 30 日逃脫事件的回應已然越界，應該採取行動。8 月 3 日，即紫石英號抵達香港水域當天，新華社通過香港的左派報紙發表了葛量洪形容為「報復式、無禮而歪曲的」事件版本。[103] 新華社指控紫石英號在逃走過程中擊沉了一艘中國輪船，導致多名乘客溺亡。[104] 其評論進一步將紫石英號的脫逃描述為在 4 月 20 日入侵長江和人民解放軍防線的嚴重罪行外，又一樁「嚴重罪惡」。報導更指此事件教訓中國人民認識到帝國主義者的「兇惡、虛偽和無恥」。該機構的評論還重申一位人民解放軍將領呼籲中國人，為 4 月 20 日和 7 月 30 日犧牲的同胞「致哀和復仇」。[105] 葛量洪將這種新聞報導視為粗暴濫用新聞自由與「污蔑皇家海軍名譽」，他考慮了三種行動方案：根據《誹謗條例》及《煽動條例》起訴發表文章的香港新華社；或關閉香港新華社；或「向香港新華社發出嚴正警告，如再發生任何此類情況，政府將採取堅決行動」，而這種行動「可能意味着立刻關停」該社。但來自倫敦和駐南京使館的警告認為，鑑於英國在中國的利益，香港新華社不能被關閉。起訴該機構「需要證人，其中可能包括布林德上將（Admiral Brind）出庭」，這「顯然不可取」。[106] 因此，港府選擇了最溫和的方式，於 8 月 4 日致函香港新華社社長，警告他新華社的文章「越界」而且「散播內容屬誹謗和煽動性質」，若有任何進一步的違法行為，將導致該機構及其負責人受到法律制裁。不到一週，港府認為是領導香港中共組織青年部的香港文藝會社人員周光明（譯名）即被驅逐出境，儘管沒有證據顯示這次驅逐與「紫石英號事件」直接相關。[107] 葛量洪在其回憶錄中借言論和新聞自由的說辭，為政府猶豫是否關閉香港新華社和共產主義報紙的態度而辯護：「我們猶豫是軟弱的表現嗎？我們害怕嗎？不，我們沒有。這代表了自由世界最為重要的價值之一就是言論自由和新聞自由。」他亦強調自己更傾向於「依靠司法程序」，而不像歷任港督般使用緊急情況規例所授予的廣泛行政權力，「以行政來壓制（新聞）」。[108] 這種自由世界說辭裏的言論和新聞自由是會受不斷擴大的法網制約，而這法網是會隨着地緣政治升溫而擴大，使更多新聞人員墮入法網。

韓戰與監控新聞的新權力：1951 年刊物管制法

1949 年 12 月，港府整理日本佔領前所頒佈過的緊急規例時，把這些規例進一步擴充為《緊急情況（主體）規例》，其中包括一百三十七條規例，使政府有權審查出版物，禁止政府認為會損害公共利益的內容出版，以及搜查發佈此類內容的任何新聞機構和場所。[109] 這些權力將在港督宣佈他認為出現緊急情況或危害公安的情形時生效。[110] 英國殖民地部大臣鍾斯（Arthur Creech Jones）向所有殖民地總督呈達了一份長達七頁的秘密通告，要求他們評估其法律權力，以「對付顛覆活動和宣傳，即使嚴重程度還不足以宣佈緊急狀態，但如果不盡早處理，或會導致必須宣佈緊急狀態的局面」。[111] 他更要求各位總督「提醒所有政府成員注意目前共產主義的威脅」，以及提議方法去「阻止和打擊顛覆分子和組織，特別是共產主義者的活動」。[112] 然而，與此同時為了防範報復，他亦提醒各地總督，「在此類性質的立法中，當然不應具體提及這是針對『共產主義』和『共產主義者』的」。[113] 港府回應了其要求，進一步收緊了有關控制出版物、報紙和新聞機構的現行法律，「授予更大權力以限制有顛覆性或損害國家安全的作品入境，或在該殖民地出版」。[114] 一項名為《刊物管制綜合條例》的新法例於 1951 年 5 月 17 日生效，此法例在香港長期有效，直到 1987 年才被廢除。這項立法鞏固並擴大了香港政府對於紙媒在印刷、出版、銷售、流通、進口、管制、註冊和許可等方面的控制權力。[115]

新法例賦予政府最重要的權力之一，是法院有權下令取締報紙或禁止出版不良內容。此種權力曾在緊急情況規例中出現，但緊急情況規例只有在發生緊急事件或公共危機時方能生效。[116] 然而，《刊物管制綜合條例》使該權力成為政府平時亦能夠行使的一般實體法律，即使沒有緊急事件或公共危機，也可以執行。只要政府起訴報紙的編輯、印刷者或出版者發表煽動性內容或誘使個人支援任何港督會同行政局認為會損害殖民地安全的外國政黨或團體，縱使法院還沒審判，律政司便可向法院申請將報紙停刊，某程度上達到未審先判之效。[117] 一旦報館被下令停刊，警察即有權進入其所在地，沒收和扣押所有用於出版的設備和材料，以及強行清理阻礙警方的人員或物品。[118] 此法律的另一重大變化是，允許政府處罰報紙惡意發佈可能引起公眾恐慌或擾亂公共秩序的假新聞。[119] 香港的這項新罪名源自 1933 年頒佈的馬爾他《新聞條例》。[120] 律政司祁利芬（John Bowes Griffin）在立法局會議上解釋這條例時承認，報紙被停刊可能會「干涉新聞自由和言論自由，而在自由世界中，這兩種自由該受到謹慎保護，而且理應如此」。然而，他亦指出濫用這種寬容可能會引致「縱容而非自由」。他認為「任何有責任感地履行其職責的報紙都無須擔心」，新的法律提供了「行使新聞自由和言論自由界限的真正指南」。[121] 雖然香港在二戰前制定的新聞法，針對的是對於報紙和期刊的管控，但《刊物管制綜合條例》擴大了新聞管控網絡，將新聞通訊社包括在內，這些機構現在被要求向政府註冊並提供其所有者、印刷者、出版者、經理和編輯的個人資料，否則便必須停止營運。如果這些關鍵人員中的任何一位與被停刊的報紙有聯繫，政府也有權註銷此類新聞通訊社的註冊。[122] 因為中國捲入韓戰，1951 年 5 月聯合國大會通過決議對中國實施禁運，新的新聞法亦在同一個月通過，隨着亞洲冷戰緊張局勢在 1950 年代初期達至頂峰，這新聞法馬上成為對付左派報紙和香港新華社的武器。

再與新華社較量

英國在軍事上參與韓戰支援美國，並支持聯合國對中國的禁運，正式成為中國的敵人。在 1950 年代初，香港因此變成「非自願的冷戰參與者」，被逼在以下兩者之間取得平衡：一方面，香港需要跟隨英國成為美國的親密盟友，展示出打擊共產主義的姿態；另一方面，香港需要保護自己，防止受到內地侵襲。[123] 當英國參謀長和內閣國防委員會決定，若中國發動攻擊時，只會部署最低限度的武力保衛香港，港府便着手加強監管左派新聞媒體，因為這些新聞內容是公然具有煽動和顛覆性的。[124] 在《刊物管制綜合條例》通過後不久，為香港左派報紙提供新聞報導和宣傳的主要機構新華社，就必須按港府要求註冊為新聞通訊社，提供主要人員的詳細資料，並根據新頒佈的條例繳付押金港幣一萬元。中英在韓戰中是站在對立面，北京與倫敦相討建立正式外交關係的談判陷入僵局，而北京又要求給予新華社外交豁免，免受《刊物管制綜合條例》監管。中國政府在北京廣播電台發表講話，指新華社是中華人民共和國的國家機構，因此根據國際慣例不受香港本地法律約束，這也符合蘇聯對其官方新聞通訊社塔斯社的豁免要求。[125]

在紫石英事件後不久，葛量洪與新華社之間再一次較量實力，他建議英國採取嚴厲措施，修改新通過的《刊物管制綜合條例》，授權警方強行進入任何未註冊的新聞通訊社，關閉該機構並沒收其財產。[126] 但殖民地部和外交部在與北京臨時代辦商討後，拒絕了這種做法，並要求港府「不得進一步修改該法例」。[127] 港府只能按指示，通知香港新華社社長，他必須遵守本地法律進行註冊，否則停止運作。如果不進行註冊，政府將根據《遞解外國人出境條例》對他和其他相關人員採取行動。殖民地部說明為何採取這種更溫和的方式時強調，如果採用葛量洪的方案，恐怕會有「英國在華官方工作人員遭到報復」的風險。[128] 1952 年 4 月 4 日，香港新華社社長因此接到政府要求，必需在一個月內向政府註冊登記。5 月 5 日，當一個月期滿時，新華社致函港府重申其國家機構角色，因此不應受本地法律管轄，但也表示了「其註冊為國家新聞通訊社的意願」。[129] 香港政府在答覆中，首次承認香港新華社為國家新聞通訊社，但同時強調，在 5 月 23 日這一延長截止日期前，新華社仍須根據香港法律註冊，否則政府會採取進一步行動。[130] 5 月 20 日，華人律師陳丕士（Percy Chen）在新華社授權下與香港律政司會面，他警告說關閉新華社，英國駐華領事官員會遭遇報復。

此外，陳氏還表示，驅逐香港新華社社長出境並不可行，因為他有英國國籍，亦將準備在必要時把任何對新華社人員的檢控上訴到樞密院。[131] 新華社不僅沒有在港府規定的截止日期前登記註冊，還發表了「煽動性文章」，譴責港府因為《大公報》發文討論同年 3 月警察鎮壓暴亂的行動，而起訴和刑事審判《大公報》一事（相關細節將在本章的下一節討論）。考慮到英國駐華領事官員會遭遇報復之威脅，此事便提升至由英國外交部接管，以「再給中國人一次機會」。[132] 英國駐北京臨時代辦藍來訥（Leo Lamb）奉命致函中國外交部，要求新華社註冊登記。他在 6 月 6 日致中國外交部副部長的信中強調，「能否繼續允許新華社在香港運作」，「取決於該機構的行為是否遵守國際規範，是否遵守本地法律要求，其中包括登記註冊」。他還在信中提到，其他政府的國家新聞通訊社都已遵守註冊的要求。[133] 該公函的副本抄送至華盛頓和世界各地的英國高級專員，提醒他們中國可能對領事官員作出報復。[134] 在同一日，葛量洪致函新華社社長，通知他如果他未能在再延長至6月21日的截止日期前註冊，或再次發佈煽動性文章，新華社將被立即關閉而不再另行通知。[135] 新華社社長在最後期限的前兩天回覆，鑑於新華社的「香港分支已被認可為國家機構」，該社同意根據《刊物管制綜合條例》註冊。同一天，新華社在香港報紙登記官處註冊，使倫敦和香港的官員，暫時擺脫了四種冷戰力量之間的鬥爭：其一，參與由美國領導，與世界各地共產主義政權的角力；其二，保護英國在中國的利益；其三，維護英國在香港殖民統治的安全；以及支持自由世界代表言論和新聞自由的說辭。然而，這四種不時矛盾的力量在未來二十年持續困擾着香港。

在回顧新華社註冊事件時，英國外交部認為這是「採取（謹慎的）強硬政策應對中國，因而得到微小卻明確的成功」，英國並認為中國並不「如她所表現出來般高興」。外交部還提醒港府，如果香港新華社「再有不當行為」，就取消其註冊。[136] 與此同時，葛量洪繼續忙於處理香港新聞工作者的許多其他「不當行為」，這些人被認為是受中共控制，試圖從事公開和秘密的反殖顛覆活動。

起訴《大公報》

1951年11月21日，九龍東頭村發生嚴重火災，焚毀了三千多間木屋，逾一萬五千名寮屋居民無家可歸，這不僅暴露了港府無力應付龐大移民的住房需求，也展現出「共產黨趁機利用局勢挑起事端」的能耐。[137]

許多寮屋居民是從1940年代末起，陸續逃離中國的內地人。

由於沒能「擠進……擁擠的貧民區住房」，他們便「在城中炸毀之處或附近山坡上的簡陋棚屋安頓下來」，許多人為自己搭建了「房屋——如果由破舊的煤油罐、廢棄的搭板或舊袋子組成，只有幾平方英尺的建築也能叫房屋的話」。[138] 火災發生後，左派報紙將這場燒毀面積超過三千平方米的大火，描述為百年來最大的火災，並發表了許多報導。他們批評香港政府拖延發放社區領袖捐贈給災民的資金，又逼使災民搬往偏遠地區，以及香港華人社會福利之不足。與這些報導同時發表的，是工聯會為災民免費發放大米和衣物的消息。[139] 在工會支持下成立的火災災民辦事處向政府請願，抗議政府清拆寮屋區和遷移災民的做法，並呼籲政府協助派發左派組織捐贈給災民的物資。但至 1952 年的 1 月到 2 月間，警方逮捕了辦事處多位工作人員，並且以「危害香港和平與秩序」的罪名將他們遞解出境。[140] 2 月，廣州市的十六個社會組織召開會議，決定組成慰問團赴港探望災民。會議成員歡迎被驅逐回國的香港人，並譴責港府的驅逐行動，宣佈堅決支持「香港同胞的正義的反迫害鬥爭」。[141] 可是，當慰問團於 3 月 1 日抵達深圳市，港府卻在記者會上宣佈拒絕慰問團入境。[142] 其時由接待委員會召集的數千名支持者早已聚集在九龍火車站，他們揮舞着國旗並放聲高歌，準備迎接來自廣州的慰問團。[143] 這些支持者得知慰問團無法入境而離開火車站時，與奉命驅散人群的警察發生衝突，最終演變成一場涉及一萬多名華人和數百名警察的騷亂，其間警察發射了「一百九十八枚催淚彈、一發老虎鎗（子彈）和兩發左輪手槍子彈」。[144] 這場被稱為「三一暴動」的騷亂，導致一人死亡，數十人受傷，一百多人被捕。在被捕人士中，有十八人被定罪，十二人被遞解出境。[145]

北京《人民日報》在 3 月 4 日發表評論，抗議港府打壓慰問團支持者，而香港的三大左派報紙，即《大公報》、《文匯報》和《新晚報》，在翌日也轉載了這篇評論。文章指責港府是基於「美英帝國主義危害我國的毒辣陰謀」，打算「把香港變為帝國主義侵犯我們的基地的陰謀」，而「有計劃有佈置地屠殺當地我國居民」。評論更警告說，港府和倫敦當局必須「為其在香港向偉大的中華人民共和國人民的挑釁行為所造成的嚴重後果，一定要擔負全部的責任」，並斷言他們將「在中國人民的偉大力量面前碰得頭破血流」。[146]

這篇言辭激烈的評論使港府透過其新通過的《刊物管制綜合條例》，對付這三家報紙。3 月 19 日，這三家違規報紙的出版人、印刷商和編輯被檢控，罪名是出版煽動性內容，這些內容旨在「煽動讀者仇恨和蔑視政府，或引起對政府的不滿，或在挑起本殖民地居民之不滿情緒」。[147] 如果報紙因這項指控而被定罪，根據條例，便可能會被停刊。[148] 在《大公報》的庭審中，政府律師的開場說辭，強調一般自由不受政治干預：「無論英國國旗在哪裏飄揚，我們都極為珍視言論和寫作自由。起訴的目的並不是阻止一個人擁有任何政治信仰。控方絕不是針對共產主義。」然而，他接下來指出，法律「確保這些自由不被濫用」。法律尤其禁止那些「可能破壞和平、煽動暴亂，或煽動民眾對本地政府心生不滿或嫌隙的文章或言論」。[149] 身為被告之一的《大公報》編輯在庭上供述，報社只是履行職責發表「三一暴動」的事實，報導對政府的批評並沒有任何煽動意圖。他還提到，《大公報》亦曾發表政府對騷亂的官方說明，並且與「被指控的文章並列」，確保公平和排除任何煽動性意圖。[150] 而高等法院高級副按察司威廉士（Bill Williams）指示陪審團時，強調「文章陳述內容之真實性不足以成為辯護理由」，陪審團「並非召集來問責或調查暴亂起源」，陪審團是需要判斷這篇文章是否「挑起了民眾對政府的仇恨與蔑視」。[151] 經過四十五分鐘的審議，陪審團判定出版人和編輯有罪，他們隨後被威廉士判處罰款或監禁。[152] 應控方根據《刊物管制綜合條例》所授予之權力提出的申請，威廉士亦下令《大公報》停刊六個月。在宣讀判決後，威廉士對《大公報》大發感言：「你們在報紙上發佈的關於『三一事件』的敘述，從頭到尾都是謊言……你們的報紙為本殖民地造成邪惡影響。」[153]

港府通過這次事件成功打壓香港主要左派報紙，導致中國外交部向英國駐北京臨時代辦提出措辭強烈的抗議，譴責港府「非法審訊」和逼害華文報紙，以及那些「踐踏香港華人居民基本自由和權利」的措施。[154] 其後，針對《大公報》的出版禁令隨後縮短為十二日，而出版人和編輯的上訴最終被合議庭駁回。港府撤銷了對《文匯報》和《新晚報》的指控，部分原因是擔心庭審可能會成為「辯護律師進行左翼宣傳的平台」，反而「起了反效果」。[155] 例如，在《大公報》的審判過程中，被告披露了警方為避免引起公眾注意，而在深夜將數十名異議人士遞解出境的策略，以及關押被驅逐者（其中許多是政治異議人士）的秘密羈留營的位置，即九龍尖沙咀漆咸道附近（現香港科學館附近）。[156] 被驅逐者或乘警方卡車從羈留營被帶到中國邊境，或租用民船運走，或由水警輪帶到中國內地附近區域釋放。[157]

港府把遞解出境視為手上「最好的王牌」[158]，因為政府能夠依據香港眾多有關驅逐出境的法律（包括《驅逐不良分子條例》）賦予的權力，快速且成本低廉地處理侵擾香港的「惹事生非者」。[159] 如果某人「被懷疑可能煽亂或損害公共安寧」，上述權力允許政府視之為不良分子並下令驅逐，除非此人是英國屬民或在港居住十年或以上。[160] 這條例亦是清除「不良」的記者、編輯和媒體工作者的慣用利器。在 1952 年 1 月 10 日，八名涉嫌參與左翼宣傳的電影工作者在午夜被捕，並於次日清晨被驅逐到中國內地。其中包括數名男女演員及導演，還有著名編劇司馬文森，他是《文匯報》知名主筆，被認為是中共在香港的電影工作者中進行統戰工作的領袖人物。[161] 此外，儘管中國提出了抗議，但在接下來的幾個月裏，五十多名左派工會成員也被遞解出境，其中一些人被認為曾參與組織慰問團和「三一暴動」。1952 年 3 月，香港主要英文報紙《南華早報》發表了一篇社論，介紹了一些白人或者至少是政府官員對於通過遞解出境來清除異見人士的觀點：「任何不願意為本殖民地基本利益服務的人必被請離。這並不是『迫害』：這只是一種維護安全的簡單措施。」[162]

愛國是國家安全隱患

除了鎮壓本地媒體和遞解其工作人員外，葛量洪還向殖民地部提議按《刊物管制綜合條例》所授予的權力禁止從內地進口報紙，因為這些報紙「對 3 月 1 日的騷亂和其他近期事件的報導尤其令人厭惡」。他認為如果沒有此類禁令，對香港左派報業「起訴的效果」將「很大程度上被抵消，因為大陸刊載類似不良內容的出版物可以在香港流通」。[163] 然而，由於擔心中國報復，以及這項禁令與英國一直以來宣揚的自由世界言論相左，這個方案再次被擱置。在回應葛量洪的信中，英國駐北京臨時代辦藍來訥（Leo Lamb）表示，禁止內地報紙進口香港將是「公然否定了我們假裝維護的權利和自由」。因此，這種措施「將很容易被中國政府的宣傳所利用，反而對我們不利」。此外，擬定禁令可能會為中國提供藉口禁止遞送來自香港和英國的報紙給英國駐北京臨時代辦。[164]

儘管葛量洪未能禁止內地刊物進口，但成功逼使新華社根據香港新聞相關法律註冊，亦起訴了《大公報》，將其出版人和編輯定罪，更將主要的左派電影工作者遞解出境，這些行動被認為已經明顯限制了「可能在本地擴散宣傳的危害」。[165] 1953 年韓戰停火和 1954 年日內瓦會議後的中英建交，也緩和了韓戰期間嚴峻的國際緊張局勢。[166] 在接下來數年，左派媒體攻擊香港政府和英國政府的語氣上也有所緩和。[167] 香港左派遵循中共「和平共存」的外交政策，開始專注於「和平滲透」，而香港學生和青年仍是其「首要目標」。[168] 共產主義宣傳人員通過頌揚新中國成立以來取得的成就，強烈召喚目標對象的「民族主義情感」。[169] 中共在學生和工人階級中宣揚此種情緒的同時，香港的國民黨擁護者在美國支持下，也在香港華人之間散佈他們自己的愛國主義及反共宣傳。雖然英美外交上團結一致反對共產主義，但在「把香港作為美國反中計劃的基地」這一方面，港府與倫敦當局的看法不盡相同。[170] 由於港府陷於英國、中國和美國之間，在不斷變化且有時顯尷尬的冷戰關係之中，葛量洪必需時刻保持警覺，密切留意國共兩黨在香港的宣傳活動，並在兩個陣營的「愛國」活動中可能會造成麻煩時採取行動。[171] 那些政治事件的紀念日和慶祝活動，港府尤為緊張。例如，要求政治部和教育司署監察有多少所學校在國慶日、國際兒童節和勞動節懸掛中華人民共和國國旗。[172] 學校會被預先警告不要違反《教育條例》，該條例禁止展示具有政治性質的旗幟。警察有時甚至在發現學校懸掛中國國旗時，會對學校展開搜查並盤查教員。[173] 至於 10 月 10 日台灣當局在街頭與商舖公然展示旗幟，與一週前掛出的中國國旗分庭抗禮，也使港府憂心忡忡。1955 年 10 月 10 日，在「許多街道，尤其是灣仔、筲箕灣、鑽石山和九龍工業區」，懸掛了台灣當局旗幟，還有「在銅鑼灣、油麻地和長洲的住宅、徙置屋邨及民船的窗戶或屋頂上飄揚」。當國民黨擁護者在大型集會中重申效忠蔣介石，以及右派領袖在慶祝酒會上向美國駐香港總領事莊萊德（Everett Drumright）敬酒時，警方在沒有受到國民黨擁護者阻攔的情況下，以「在官地上非法僭建」為藉口，拆毀了國民黨擁護者在九龍荔枝角放置的幾個大型宣傳牌樓。[174]

然而一年後，港府再度在雙十節拆除愛國主義標誌時，國民黨擁護者的反應不再是平靜與配合。1956 年 10 月 10 日「雙十節」，徙置事務處一名初級職員撕毀了貼在九龍李鄭屋徙置區 G 座牆上的台灣旗幟，引發了香港歷史上最嚴重的騷亂事件，這就是「雙十暴動」，並催生了一項臭名昭彰的法律措施：可以不經聆訊即時拘留「不良分子」。[175] 事件之初，少數國民黨擁護者聚集起來要求道歉，繼而襲擊徙置事務處職員。當晚，九龍其他地區亦爆發了暴亂，約有五千名暴徒，其中大部分是國民黨擁護者，縱火、焚燒並搶掠左派學校和店舖。[176] 事件在接下來兩天不斷蔓延加劇。英軍奉召在街上巡邏並實施宵禁，並警告市民有中槍的危險。事件導致最少六十人死亡，其中四十三人死於槍傷。[177] 10 月 14 日，港府頒佈《緊急（拘留）規例》，允許警方拘留牽涉「雙十暴動」而被捕的任何人長達十四日。[178] 如果港督認為「任何被拘留者應繼續扣押，以便進一步調查」，還可以授權警方延長拘留十四日。[179] 在之後一個月，更為嚴厲的《緊急（拘留令）規例》於 11 月 13 日生效。新規例允許港督會同行政局無限期拘留他們認為不便遞解出境的被捕者，部分原因是自 1950 年代中期後，中國越來越不願意接受被遞解者。[180] 在 1956 年，一千二百多人因參與「雙十暴動」而根據上述新規例被拘留，而在 1957 年葛量洪卸任後，此項規例的使用並沒有因暴動平息而停止。[181]

註釋

1 國民黨對英國重佔香港的立場與美國在中間的角色，見蔡榮芳：《香港人之香港史》，頁 270；孫揚：《國民政府對香港問題的處置（1937-1949）》（香港：三聯書店〔香港〕有限公司，2017），頁 82-105。

2 關於共產黨和國民黨支持的報社遷移到香港，見李少南：〈香港的中西報業〉，頁 563-604。

3 見香港大學圖書館吳灞陵特藏內吳氏與香港政府於 1946 年 4 月 7 日開會的會議紀錄筆。

4 關於華僑日報出版人被稱勾日事件，見孫揚：《國民政府對香港問題的處置》，頁 142-148。關於報章對國民日報被停刊的反應，見《工商日報》，1946 年 6 月 9 和 21 日。

5 在 1948 年 8 月 2 日葛量洪致殖民地部大臣鍾斯的信件上，收件人包括這些地區的官員，見 FCO 141/14419。香港警務處政治部是一個專門負責反共行動的部門，見 Hua-ling Fu and Richard Cullen, "Political Policing in Hong Kong," *Hong Kong Law Journal*, 33, no. 1 (2003): 199-230。其他殖民地的類似組織，見 Kah-choon Ban, *Absent History: The Untold story of Special Branch Operations in Singapore, 1915-1942* (Singapore: Raffles, 2001); *Leon Comber, Malaya's Secret Police 1945-60: The Role of the Special Branch in the Malayan Emergency* (Singapore: Institute of Southeast Asian Studies, 2008)。

6 "Political situation in China as it affects Hong Kong" from Wallace for Colonial Office, Apr 1948, CO 537/3726.

7 同上註。

8 Report on Communist Activities in Hong Kong for the six months ending 31 Dec 1948, in memo from Colonial Office, 9 Mar 1949, FCO 141/14419.

9 Chi-kwan Mark, *Hong Kong and the Cold War: Anglo-American Relations 1949-1957* (Oxford: Oxford University Press, 2004), 26-30; John M. Carroll, *A Concise History of Hong Kong* (Lanham, MD: Rowman and Littlefield, 2007), 135-136.

10 Carroll, *A Concise History of Hong Kong*, 136.

11 Report on Communist Activities in Hong Kong for the six months ending 31 Dec 1948, FCO 141/14419.

12 警務處政治部行動記錄，見 letter from Security Intelligence Far East at Singapore to Commissioner-General of Singapore, 11 May 1949, CO 537/4815。

13 Letter from Grantham to Arthur Creech Jones, Secretary of State for the Colonies, 2 Aug 1949, FCO141/14419.

14 "The Chinese Communist Party in Hong Kong" by the Special Branch of Hong Kong Police, 30 Jun 1949, "Foreword" and organisation chart in Appendix X, FCO 141/14419.

15 Letter from Grantham to Arthur Creech Jones, 2 Aug 1949, FCO141/14419.

16 "The Chinese Communist Party in Hong Kong," 5-8, Appendix I.

17 同上註，頁 9-10。

18 Telegram from the Secretary of State for the Colonies to Governor of Hong Kong, 17 Mar 1949, CO 537/4815.

19 "The Chinese Communist Party in Hong Kong," 11.

20 同上註，頁 12。

21 Savingram from the Governor to the Secretary of State for the Colonies, 17 Nov 1952, CO 968/259.

22 "The Chinese Communist Party in Hong Kong," 13-14.

23 同上註，頁 14。

24 Letter from J. F. Nicoll, Officer Administering the Government of Hong Kong to James Griffiths, Secretary of State for the Colonies, 21 July 1950, CO 141/14419.

25 "The Chinese Communist Party in Hong Kong," 14.

26 同上註，頁 18。

27 Letter from Grantham to Arthur Creech Jones, 2 Aug 1949.

28 同上註。

29 Colonial Office's report on recent changes in policy towards Chinese Communists in Hong Kong, 12 August 1949, CO 537/4815.

30 Letter from Grantham to the Secretary of State for the Colonies, 27 March 1949, CO 537/4815.

31 同上註。

32 Alexander Grantham, *Via Ports: From Hong Kong to Hong Kong* (Hong Kong: Hong Kong University Press, 1965), 139, 169.

33 "Reds Deny They Claim Hongkong," *New York Herald Tribune*, (Paris edition), 14 February 1950, CO 537/6054。關於直接進攻香港可能性的評估，見 Report on Communist Activities in Hong Kong for the six months ending 31 December 1949, FCO 141/14419; letter from J. F. Nicoll, to James Griffiths, 21 July 1950; Carroll, *A Concise History*, 135。有關香港的軍事預備，見 Mark, *Hong Kong and Cold War*, 40-49。

34 Report on Communist Activities in Hong Kong for the six months ending 31 Dec 1949.

35 同上註。

36 英國在決定承認中華人民共和國時所面臨的問題，在於既須保護英國在大陸的利益，同時又須維持與美國的團結，見 Mark, *Hong Kong and the Cold War*, 84-93；*The Everyday Cold war: Britain and China, 1950-1972* (London, NY: Bloomsbury, 2017), 14-

19。有關於這一決定及美國對承認中華人民共和國的態度的前人著作，見 James T. H. Tang, "From Empire Defence to Imperial Retreat: Britain's Postwar China Policy and the Decolonization of Hong Kong," *Modern Asian Studies* 28, no. 2 (1994) : 326-327, footnotes 32, 33。

37 Telegram from the Secretary of State for the Colonies to Governor of Hong Kong, 17 March 1949; letter from N.D. Watson of to Sidebotham, 23 March 1949, CO 537/4815.

38 Colonial Office's report on recent changes in policy towards Chinese Communist in Hong Kong.

39 Societies Ordinance (Cap. 151), s. 5.

40 Colonial Office's report on recent changes in policy towards Chinese Communist in Hong Kong.

41 Letter from J.F. Nicoll to James Griffiths, 21 July 1950.

42 Minutes to Sir T. Lloyd, 24 Aug 1949, CO 537/4916（作者不詳）。

43 Letter from Grantham to the secretary of State for the Colonies, 27 March 1949.

44 Education Amendment (No. 2) Ordinance, 1948, s. 10.

45 Education Regulations, 1949, reg. 34.

46 Education Amendment (No. 2) ordinance, 1948, s. 5.

47 Report of T.R. Rowell, Director of Education of Hong Kong for the Second Conference of Directors and Deputy Directors of Education, held in the Department of Education, Fullerton Building, Singapore, 4 and 5 September 1950, Appendix VIII, CO 968/259.

48 見香港律政司在 1948 年 12 月 22 日立法局會議上對 1948 年教育修訂（2 號）條例目的之解釋。

49 Report of T.R. Rowell, Education Regulations, 1949, reg. 30(3).

50 "Counter-Communist Education" in Report of T. R. Rowell, CO 968/259.

51 同上註。

52 同上註。

53 同上註。

54 Reports of Hong Kong Police Special Branch for November and December 1952, January and February 1953, CO 968/259.

55 Reports of Hong Kong Police Special Branch for November and December 1952, February 1953, CO 968/259.

56 Reports of Hong Kong Police Special Branch for November 1952, CO 968/259.

57 Letter from Grantham to Arthur Creech Jones, Secretary of State for the Colonies, 2 April 1949, CO 537/4815.

58 Secret Savingram No. 51 from the Governor to the Secretary of State, 16 March 1949, CO 537/4815; letter from Grantham to Arthur Creech Jones, 2 April 1949, CO 537/4815.

59 Letter from Grantham to Arthur Creech Jones, 2 April 1949.

60 同上註。

61 同上註。

62 同上註。

63 Secret Savingram No. 51 from the Governor to the Secretary of State, 16 March 1949; letter from Grantham to Arthur Creech Jones, Secretary of State for the Colonies, 2 April 1949; letter from the Colonial Secretariat to the Manager of Tat Tak Institute, 20 January 1949, CO 537/4815; Education Amendment (No. 2) Ordinance.

64 Report of T. R. Rowell.

65 1946 至 1954 年間，香港的學生人口從六千增加到二十五萬，見 Kin-Lop Tse, "The Denationalization and Depoliticization of Education in Hong Kong, 1945-92" (PhD Thesis, University of Wisconsin-Madison, 1998), 136。

66 Report of T. R. Rowell.

67 周奕：《香港左派鬥爭史》（香港：利文出版社，2002），頁 19-20。

68 Report of T. R. Rowell.

69 同上註。

70 同上註。

71 關於港府廣泛的驅逐權力，見 Christopher Munn, "Our Best Trump Card," 26-45。

72 Letter from J. F. Nicoll, Officer Administering the Government of Hong Kong to James Griffiths, Secretary of State for the Colonies, 21 July 1950, CO 141/14419；周奕：《香港左派鬥爭史》，頁 96。

73 Report on Communist Activities in Hong Kong for the six months ending 31 Dec 1949.

74 同上註。

75 "Counter-Communist Education."

76 同上註。

77 同上註。

78 Report of the Second Conference of Directors and Deputy Directors of Education, held in the Department of Education, Fullerton Building, Singapore, on 4 and 5 September 1950, 2, CO 968/259.

79 同上註，頁 1。

80 Report of T. R. Rowell.

81 同上註；"Counter-Communist Education"。

82 Report of the Second Conference of Directors and Deputy Directors of Education, 9.

83 Paul Morris and Anthony Sweeting, "Education and Politics: The Case of Hong Kong from an Historical Perspective," *Oxford Review of Education* 17, no. 3(1991) : 249-267.

84 Education Regulations, 1952, reg. 88.

85 同上註，reg. 87。

86 Report of T. R. Rowell.

87 Report of the Fourth Annual Conference of Directors of Education and Senior Education Officers held in the Office of the Commissioner-General for Southeast Asia, 9 September 1952, CO 968/259.

88 Report of the Second Conference.

89 Report of T. R. Rowell.

90 Report of the Second Conference.

91 Report of T. R. Rowell; Report of the Fourth Annual Conference.

92 Savingram from the Governor to the Secretary of State for the Colonies, 17 November 1952, CO 968/259.

93 Telegram from R. Stevenson of British Embassy in Nanking to Foreign Office, 13 June 1949, CO 537/5116.

94 是否越界（Overstepping the limits）是港督和倫敦經常用以討論是否對左派實施制裁行動的標準，如 Telegram from the Secretary of State for the Colonies to the Governor, 18 August, 1949, CO 537/5116。

95《大公報》，1949 年 4 月 21 日、24 日及 26 日。

96 Savingram from Grantham to the Secretary of State for the Colonies, 11 May 1949, CO 537/5116.

97 Telegram from Grantham to Secretary of State for the Colonies, 23 April 1949, CO 537/5116.

98 Telegram from R. Stevenson, to Foreign Office, 25 April 1949, CO 537/5116.

99 Telegram from R. Stevenson, to Foreign Office, 13 June 1949, CO 537/5116.

100 同上註。

101 同上註。

102 Telegram from Grantham to Secretary of State for the Colonies, 22 June 1949, CO 537/5116.

103 Telegram from the Governor, 6 August 1949, CO 537/5116。關於紫石英號逃往香港的報導，見《華僑日報》，1949 年 8 月 1 日、3 日。

104《大公報》，1949 年 8 月 3 日。

105 Telegram from the Grantham to the Secretary of State for the Colonies, 5 August 1949, CO 537/5116。新華社評論原文，見《大公報》，1949 年 8 月 3 日。

106 Telegram from the Grantham to the Secretary of State for the Colonies, 9 August 1949, CO 537/5116.

107 Telegram from the Grantham to the Secretary of State for the Colonies, 9 August 1949; telegram from the Secretary of state for the Colonies to Grantham, 19 August 1949, CO 537/5116. Reuter, 9 August 1949, CO 537/5116。關於周的領導角色，見"The Chinese Communist Party in Hong Kong," 12。

108 Grantham, *Via Ports*, 148-149.

109 Emergency (Principal) Regulations, (A277 of 1949)。這些規例的許多內容一直保留在香港的法規中，直到 1995 年廢止，見 Michael Ng, Sheng-yue Zhang and Max Wong, " 'Who but the Governor in Executive Council is the Judge?' — Historical Use of the Emergency Regulations Ordinance," *Hong Kong Law Journal* 50, no. 2 (2020): 425-461。

110 與緊急狀態的區別，見同上註。

111 "Powers for Dealing with Subversive Activities," telegram from A. Creech Jones to the Officer Administering the Government of Colonies, 18 Feb 1950, CO 537/5389.

112 同上註。

113 同上註。

114 Telegram from the Officer Administering the Government of to the Secretary of State, 20 Sep 1950, CO 537/5389.

115 刊物管制綜合條例綜合和修訂了以下法例：Printers and Publishers Ordinance, 1927; Prohibited Publications Ordinance, 1938; Chinese Publications (Prevention) Ordinance, 1907。

116 Emergency Regulations Ordinance, s. 2, Emergency Regulations 1938, regs. 21-25.

117 Control of Publications Consolidation Ordinance, s. 3-4.

118 Control of Publications Consolidation Ordinance, s. 4 (4).

119 Control of Publications Consolidation Ordinance, s. 6.

120 Press Ordinance, 1933 of Malta, s. 13.

121 1951 年 5 月 2 日立法局會議記錄。

122 Control of Publications Consolidation Ordinance, s. 16, News Agency Registration Regulations, 1951, reg.15.

123 有關香港如何在中英關係與英美關係之間變成「非自願的冷戰參與者」("reluctant Cold Warrior")，見 Chi-Kwan Mark, *Hong Kong and the Cold War*, 6。

124 參謀長和內閣國防委員會建議採取「虛張聲勢的政策」阻止中國進攻，以免削弱英國軍方在其他地方的冷戰工作，見 Chi-Kwan Mark, *Hong Kong and the Cold War*, 50。

125《南華早報》，1951 年 8 月 22 日。

126 Control of Publications Consolidation Ordinance 修改方案，見 savingram from Grantham to the Secretary of State, 8 December 1951, FO 371/99362。

127 Savingram from Secretary of the State for the Colonies to the Officer Administering the Government of Hong Kong, 28 February 1952, FO 371/99362.

128 同上註。

129 Telegram from Grantham to the Secretary of State for the Colonies, 11 May 1952, FO 371/ 99362.

130 在中英之間沒有正式外交關係的情況下，香港新華社的國家通訊社地位是一種非正式但「被主張且實際上被承認」的地位，正如駐北京臨時代辦藍來訥在 1952 年 5 月 21 日致外交部的電報中所述，見 FO 371/ 99362。

131 據總督所述，陳丕士在會上「自稱是在沒有具體授權的情況下發言」，但他被倫敦和港府視為「新華社的華人律師」以及中國政府「在這一事件上的顧問」，見 "New China News Agency in Hong Kong" by C.H. Johnston of Foreign Office, 27 May 1952, FO371/ 99362，及 Telegram from Grantham to the Secretary of State for the Colonies, 25 May 1952, FO371/ 99362。關於陳丕士與中共的關係，見 Percy Chen, *China Called Me: My Life inside the Chinese Revolution* (Boston: Little Brown, 1979)。

132 Head of China and Korea Department of Foreign Office R. H. Scott, "New China News Agency in Hong Kong," 27 May 1952, FO 371/ 99362; telegram from Foreign Office to Charge d'Affaires in Beijing, 29 May 1952, FO 371/ 99362.

133 Letter from Leo Lamb to Chang Han-fu, Vice Minister for Foreign Affairs of the PRC, 6 June 1952, FO371/99362.

134 Telegram from Commonwealth Relations Office to the U. K. High Commissioner in Canada, Australia, New Zealand, South Africa, India, Pakistan and Ceylon, 5 June 1952, FO371/ 99362; telegram from to Charge d'Affaires in Beijing to Foreign Office requesting the draft letter to be passed to Washington, 30 May 1952, FO 371/99362.

135 Telegram from the Secretary of State for the Colonies to Grantham, 28 May 1952, FO 371/99362; note on "New China News Agency in Hong Kong" by J. O. Lloyd of Foreign Office, 3 June 1952, FO 371/ 99362.

136 Notes between C. H. Johnston of Foreign Office and R.H. Scott on "New China News Agency in Hong Kong" , 26 June 1952, FO 371/ 99362.

137《南華早報》，1951 年 11 月 22 日；Grantham, *Via Ports*, 158; Chi-Kwan Mark, "Everyday Propaganda: The Leftist Press and Sino-British Relations in Hong Kong, 1952-1967," in *Europe and China in the Cold War: Exchanges Beyond the Bloc Logic and the Sino-Soviet Split, New Perspectives on the Cold War*, ed. Janick Marina Schaufelbuehl, Marco Wyss and Valeria Zanier (Leiden: Brill, 2019), 156。

138 Grantham, *Via Ports*, 154-155.

139《大公報》，1952 年 12 月 10 日、13 日；Chi-Kwan Mark, "Everyday Propaganda," 156。

140《華僑日報》，1952 年 1 月 12 日。

141《大公報》，1952 年 2 月 7 日。

142《南華早報》，1952 年 3 月 2 日。

143 同上註；《華僑日報》，1952 年 3 月 2 日；《大公報》，1952 年 3 月 2 日、5 日。

144《南華早報》，1952 年 5 月 6 日。

145 FO 371/99243 引自 Mark, "Everyday Propaganda," 157；《南華早報》，1952 年 5 月 6 日。

146《大公報》，1952 年 3 月 5 日；Fei Yi Ming And Lee Tsung Ying v R (1952) 36 Hong Kong Law Report 133。

147 Sedition Ordinance, 1938, s. 3, s. 4；《南華早報》，1952 年 5 月 6 日。

148 Control of Publication Consolidation Ordinance, 1951, s. 4, First Schedule.

149《南華早報》，1952 年 4 月 19 日。

150 同上註，1952 年 4 月 30 日、5 月 6 日。

151 同上註，1952 年 5 月 6 日。

152 出版人被罰款四千港元或九個月監禁，編輯被罰款三千港元或六個月監禁。

153《南華早報》，1952 年 5 月 6 日。

154 FO 371/99244，引自 Mark, "Everyday propaganda," 159。

156 Transcript of interviews with Governor Robert Black by Steve Tsang in 1987 引自 Mark, "Everyday propaganda," 160。

157《大公報》1952 年 4 月 22 日、29 日，引自 Mark, "Everyday propaganda," 159。另見周奕：《香港左派鬥爭史》，頁 92-93。

158 關於香港歷史上遞解出境的起源、法律權力的來源及使用，見 Munn "Our Best Trump Card"。

159 Badeley to Colonial Office, January 1904, CO 129/327, 23-25，引自 Munn, "Our Best Trump Card," 26。

160 Expulsion of Undesirables Ordinance, cap. 242，該法例於 1949 年 9 月 2 日頒佈，其時距離中華人民共和國正式成立不到一個月。另見 Munn, "Our Best Trump Card"。

161 Expulsion of Undesirables Ordinance, s. 3, s. 4.

162《大公報》，1952 年 1 月 12 日；周奕：《香港左派鬥爭史》，頁 102-103。

163《南華早報》，1952 年 3 月 3 日。另見 Klein, "The Empire Strikes Back," 18。

164 Grantham to the Secretary of State for the Colonies, 8 April 1952, FO 371/99362.

165 Leo Lamb to Foreign Office, 9 April 1952, CO 371/99362.

166 "Survey of Subversive Communist Activities in the Far East," 1 July- 30 September 1952, CO 968/259; Grantham, *Via Ports*, 149.

167 James T. H. Tang, *Britain's Encounter with Revolutionary China, 1949-54* (London: Macmillan, 1992), 115-125.

168 Florence Mok, "Chinese Communist Influence in Chinese Left-wing Press in Cold War Hong Kong, c. 1949-1970"（未發表手稿）。

169 "Hong Kong: Implications of Recent Chinese Policy," Grantham to Secretary of State, 25 June 1956, 2-3, CO 1030/203，引自 Mok, "Chinese Communist Influence"；"Survey of Subversive Communist Activities in Far East"。

170 Hong Kong Police Special Branch, "Chinese Communist Press Machine in Hong Kong: Its Scope and Its Impact," 21 November 1968, 4, FCO 40/222; Local Intelligence Committee, "The Vulnerability of Hong Kong to Non-military Aggression," June 1955, 2, CO 1035/78，二者同引自 Mok, "Chinese Communist Influence"。

171 關於美國在香港參與反共活動和港府的反應，見 Mark, *Hong Kong and the Cold War*, chapter 5 及 Xun Lu, "The American Cold War in Hong Kong, 1949-1960: Intelligence and Propaganda," in *Hong Kong in the Cold War*, ed. Priscilla Roberts and John Carroll (Hong Kong: Hong Kong University Press, 2016), 117-140。

172「尷尬的關係」指的是，儘管在總體上團結一致，美國與英國在承認和發展與中國的正常關係方面存在分歧，見 Mark, *Hong Kong and the Cold War*, chapter 3。

173 Governor to the Secretary of State for the Colonies, 26 June 1953, CO 968/259.

174《大公報》，1952 年 2 月 18 日。

175《南華早報》，1955 年 10 月 11 日。

176 Jones and Vagg, *Criminal Justice in Hong Kong*, 319.

177 同上註，頁 294。

178 現沒有關於被軍隊或警察所殺害人數的確切統計，學者對總體死亡人數說法並不一致。見 Jones and Vagg, *Criminal Justice in Hong Kong*, 299, 301；Klein, "The Empire Strikes Back," 21; Carroll, *A Concise History of Hong Kong*, 146。

179 Emergency (Detention) Regulations, 1956, reg. 2(1).

180 同上註，reg. 2(3)。

181 Emergency (Detention Orders) Regulations, 1956; Jones and Vagg, *Criminal Justice in Hong Kong*, 317; Munn, "Our Best Trump Card."

182 拘留人數見 Jones and Vagg, *Criminal Justice in Hong Kong*, 236。

04

「彼之愛國主義我之革命異端」

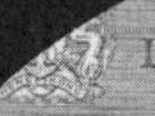

HONG KONG GOVERNMENT
INFORMATION SERVI

BEACONSFIELD HOUSE
5TH & 6TH FLOOR
QUEEN'S ROAD, CENTRAL
VICTORIA, HONG KONG
Cables: Informs, Hong Kong

ISD 4/05(CR)

22nd June, 1967

Mr. Nick Demuth,
Director of English Programmes,
H.K. Commercial Broadcasting Co., Ltd.,
P.O. Box 3000,
Hong Kong.

Dear Nick,

With reference to your letter ref. E/6461 of 19th June, I have no objection to your extending the hours of broadcasting to 1 a.m. on the night before the following public holidays in the next quarter of 1967:

Saturday - July 1st
Monday - August 7th
Wednesday - August 30th
Monday - September 18th.

My Radio News Room will be transmitting to you on these days a 1-minute news headlines and the weather summary for broadcast j before your station closes down at 1 a.m. on the following morni

Yours sincer

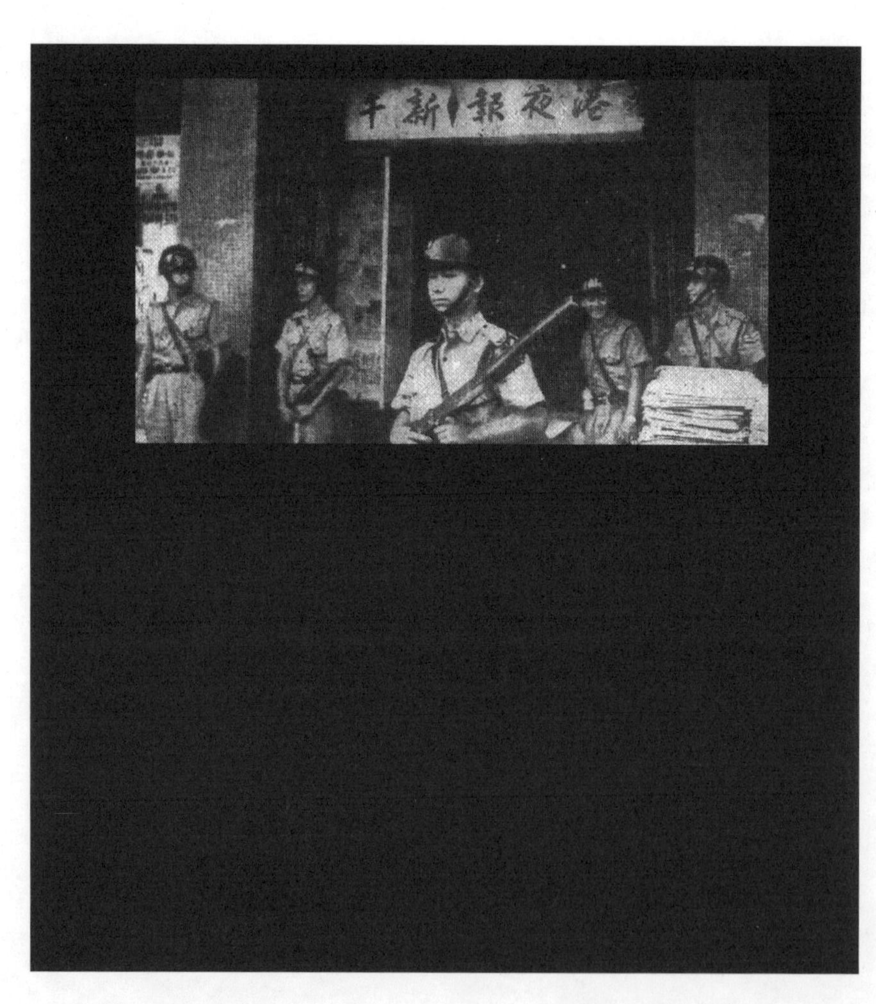
港夜報 新午

葛量洪的繼任者為柏立基（Robert Black），他在馬來亞緊急狀態期間，被任命為新加坡總督，之前曾在香港政府擔任輔政司。柏立基支持即便是在沒有重大內亂期間，仍保留不經聆訊即時拘留的緊急情況規例。1956至1960年間，就有超過三萬二千人因「控制犯罪分子和三合會成員活動」的罪名而被拘留。他們大多數被關押在尖沙咀的拘留中心。[1]這種做法引起本地和英國報紙的批評，以及來自國際法學家協會（International Commission of Jurists）（通常被稱為JUSTICE）等壓力團體的質疑。香港最高法院首席按察司甚至批評此舉「不受歡迎，而且與任何英國社會的普遍觀念相悖」。[2]殖民地部同樣對於法律授予港府針對個人權利且極為廣泛的裁量權表示憂慮，承認「香港……是唯一一個授予總督此等權力而無須其事先公開宣佈緊急狀態的殖民地」，更坦言「對此感到不安」。[3]因此柏立基承諾在時機成熟時，會考慮取消這種「臨時」措施，同時明確表示香港立即廢除這些規例，「在政治上是不明智的」，因為他的目的是要摧毀「外國秘密組織」。[4]他只同意通過建立審查拘留決定的審裁處以「改善」該規例。[5]然而，現實是這些「臨時」緊急（遞解出境及拘留）規例直至1995年才廢除，即在其通過三十年多後，香港回歸前兩年。[6]

1950年代中期，內地從戴上「對香港睦鄰友好的微笑面具」轉變為對抗「老牌帝國主義國家」的「冷峻面具」，柏立基加強監視並採取強硬態度對待兩大共產主義傳播工具：學校和媒體。兩者的宣傳被認為是中共用來「使港府處於被動，並以香港政治問題為威脅阻止（英國）孤立中國」。[7] 在遏止學校的共產主義活動和媒體的共產主義宣傳方面，柏立基面臨比葛量洪更具挑戰性的局面。在1950年代末，中國內地大規模饑荒引致移民數量超乎預期地增長，香港人口從1947年約一百八十萬增加到1958年二百九十多萬，其中超過一百萬是新移民。[8] 每月有超過一萬人越過邊境進入香港，「只要在外面能夠勉強生活」，他們便打算長期留在香港以逃避「極權主義的無產階級統治」。[9] 大量移民湧入，政府原有的教育資源不足以應付那些隨家人來港避難的兒童。香港的左派組織利用這一間隙，為移民子女開設了許多新學校。儘管《教育條例》授權政府關閉有政治背景的「未註冊」學校，但柏立基解釋道，若果「已註冊學校沒有空缺」，則很難「進行嚴格的執法」。[10] 在接下來的十年裏，如何把這些非官方學校教育保持在意識形態的限制之內，是令港府十分頭痛的問題。在逼不得已下，政府「更多的是採取監控行動，而非主動地清除由共產黨操控的學校」。[11] 這些監控制行動，包括嚴厲地打擊那些在中共控制且聲望崇高的學校中的知名教育工作者，務求使其他學校認識到越過政治紅線的法律後果，以收寒蟬效應。

在媒體方面，除報紙外，由於科技進步降低了收音機的成本，無線電廣播成為香港華人（特別是教育程度低的群體）日益流行的信息和娛樂渠道。1950年代末，香港已有三家電台。香港電台是1928年由政府設立的公營電台。而由英國公司運營的麗的呼聲和由本地華商投資經營的商業電台則分別於1949年和1959年獲得許可牌照，作為私營商業電台運營。[12] 每天二十四小時通過電波傳播的海量信息，使政府很難確保這些信息的「政治正確性」。更麻煩的是，香港使用的收音機能夠接收來自內地的廣播。中國廣播電台的共產主義宣傳，是港府和英國殖民地部及外交部都非常關切的問題。當港府發現許多電影公司和劇團均與共產黨有關聯時，電影和現場表演等各種形式的媒體和娛樂也引起了政府關注。

令問題更為複雜的是，在冷戰期間，美國對新中國的外交政策中，香港扮演了十分重要的代理人角色。韓戰結束後，美國與中國正式斷絕外交關係，並孤立中國，在英國的公開同意下，美國在香港建立了第一個間諜中心，多年來一直利用香港當成中國信息和情報的監聽站。[13] 中國則試圖「利用香港的特殊情況」擴大「英美對華外交政策的差距」，是其「分而治之」的戰略的一部分，用於削弱英美兩國的反共團結力量。[14] 那些壓制香港共產主義宣傳的行動，很容易被左派媒體標籤為美國反中計劃的一部分。港府需要擴大針對媒體和學校的監控網絡，不僅是為了能夠迅速採取鎮壓行動，瓦解隱蔽於學校中的共產主義宣傳和政治活動，也是為了對美國在港的反共宣傳活動加以控制，避免不必要地激怒本地左派分子和中國政府。總體目標則是避免任何尷尬情形，出現於中英美三國關係之中。

針對學校、老師和校長的新法律

柏立基繼任後，馬上清點盤查香港的左派學校。據估計，當時香港有四十一所「共產黨控制」的學校，這些學校有超過一萬四千名學生，另外還有一百三十所「共產黨滲透」的學校，這些學校有近六萬名學生。柏立基認為局勢「正變得非常嚴峻」，並啟動了一系列迅速而嚴厲的措施，向教育工作者展示出政府的強硬手段，試圖「收復一些已經失去的陣地，或至少穩住局勢」。[15] 1958 年 1 月 31 日，他頒佈了《教育（修訂）條例》和《教育（修訂）規例》。這套新的法例和規例擴大了政府在「關閉學校或罷免學校校董、校長或教師」方面的權力。除了 1952 年，原《教育條例》所授予的批准校董和教師任命的權力外，據新修訂的條例，校長的任命須經教育司批准，如果教育司認為某位校長不再適任，即可撤銷批准。[16] 如果教育司認為「某位教師接受教育的環境或任何其他因素，使他不適合在本殖民地擔任教師」，也可以取消該教師的資格。[17] 這項新規例嚴重地威脅香港左派學校的教師，因為教師如有內地的教育背景，可能因此被取消註冊資格，即便他們有工作能力而在教學期間沒有違反任何法律。如果教育司認為某校董、教師或學生的行為，是或曾經是「令人不滿意」，即可強行關閉該所學校。[18] 除了這些授予教育司的廣泛權力外，港督還有權取消學校、校董或教師的註冊，只要港督認為他們「有損於公共利益、學生福利或教育」。[19] 對於校內言論和學生活動的控制亦進一步加強，未經教育司許可，不得在學校練習、展示或佩戴具有政治性的「敬禮、歌唱、舞蹈、口號、制服、旗幟、文件或標誌」，以及未經政府批准，不可以在校內成立學生社團。[20] 教育司獲得了絕對的裁量權，可以開除任何參與遊行、宣傳、政治活動或勞資衝突的學生。[21]

1958 年《教育條例》的修訂還引入廣泛的規定，如果政府不滿意學校的建築結構，比如地板強度不足，就可以關閉該學校。[22] 取得授權的檢查員可以檢查學校，並要求學校修繕。如果學校不遵守要求，就可能被關閉，有需要時警方有權進入學校，執行強制關閉令。[23] 儘管政府聲稱新規例是為了確保學生安全，但左派報紙批評這些規定是針對眾多小型左派學校的隱蔽措施，因為這些學校往往缺乏合適的校舍。[24] 政府和立法局則辯稱，這些新規例構成了一套健全的措施，可以保護學生免受身體和教育方面的危害，還可以防範那些已被灌輸不當思想的教師和學生，以及阻擋手段狡滑的政治滲透宣傳者。[25]

遞解校長出境

柏立基並非利用新的權力來針對較小的左派學校，而是瞄準了最大最知名的學校，以「打擊問題的要害，即參與組織向學生進行共產主義灌輸的主要人物」。[26] 1958 年 6 月，他請求殖民地部批准對「著名共產主義學校」培僑中學及其校長杜伯奎採取行動。培僑中學有五十七名教職員工和約一千名學生，在政治部所列出的受共產主義滲透的學校名單中位居第二。[27] 柏立基把杜伯奎描述為「可能是在共產主義教育界中最具影響力的人物」。[28] 此前，在一次學校檢查中，教育司檢查員曾在培僑中學的圖書館發現一些共產主義書籍。他們在報告稱，「各種高超的教學技巧和研習共青團機關刊物《中國青年》是該校的政治灌輸手段」。[29] 杜伯奎還被指控持續僱用兩名已被教育司撤銷資格的內地教師。根據《教育條例》新增的第三十二 A 條，這兩位教師接受教育的環境使他們不適合繼續任教。[30] 教育司向杜伯奎發出書面指示，禁止他在培僑中學舉行政治活動、使用政治性材料或僱用未註冊的教師，並要求他簽署承諾書，確保學校不參與「任何形式」的政治活動，而且須提交一份完整名單，列出學校所有教師和學生姓名和住址。[31] 杜伯奎拒絕簽署此項承諾書。儘管英國駐北京臨時代辦文郁生（Duncan Wilson）發出警告，認為任何針對培僑中學和杜伯奎的行動，都可能不利於「最近得到改善的中英貿易環境」，柏立基在獲得行政局和殖民地部同意後，還是根據《教育條例》第三十七條撤銷了杜伯奎的校長和教師資格，該條款授權港督為「公共利益」而採取此類行動。[32] 為防杜伯奎繼續「予培僑中學和其他學校施加影響，並煽動學生抗議他被撤銷註冊」，柏立基要求警方於 8 月 6 日，即杜伯奎被撤銷註冊的第二日，將他驅逐到內地，因根據《遞解外國人出境條例》所授予的權力，出於「公共利益」可將非英國屬民立即遞解出境。[33]

強行關閉左派學校

在杜伯奎被遞解出境約兩週後，警方對另一所「核心的共產主義中學」—— 中華中學採取行動。[34] 8 月 26 日，大約七十名警察前往位於羅便臣道的中華中學，並按《教育條例》中新的建築規定執行封閉令，理由是該校的「屋頂木樑已腐爛，地板托樑遭白蟻侵蝕」，因此危害到學生安全。親政府的報紙描述此次關閉行動迅速

圖 4.1　警察與記者在封校期間衝突。來源：《大公報》1958 年 8 月 27 日，鳴謝《大公報》。

而順利，「在警察封鎖建築時沒人試圖干擾他們」，左派媒體卻報導了警察對學生、教師及記者的暴行，並提供了此次衝突的照片（圖 4.1）[35]。據報導，在封校過程中有 20 多名學生和教師受傷，記者被警察毆打，相機也被砸壞。[36]

這事件激起了英國殖民地部所謂的「不尋常的曝光度」，並引發了「空前猛烈的」文宣。《人民日報》在其頭版譴責香港政府針對學生和教師，左派國際新聞工作者組織向港府抗議警察對記者的暴行，並將這事件描述為「針對新聞自由的嚴重挑釁」，柏立基建議殖民地部無需理會這些抗議。[37] 然而，出人意料地，在中華中學強制關閉後兩天內，在廣州和英國駐北京代辦正門外發生了數千人的示威活動，柏立基不能再視若無睹。8 月 28 日，中國外交部向英國臨時代辦發出了一份措辭強烈的抗議書，抗議港府自 1958 年 1 月《教育條例》修訂以後對教育工作者和記者所採取的一系列行動。在其「總體抗議書」中，外交部還對驅逐杜伯奎，禁止學校懸掛國旗（下文將詳細討論），以及港府支持國民黨在香港開辦的學校，且批准使用台灣當局的教科書（其中南京被標示為中國首都，蔣介石為總統）提出不滿。這些行動被描述為跟從「（美國）對中敵對政策」和「製造兩個中國」。[38] 中國外交部把這事件提升到一個意想不到的國際地緣政治高度，被認為是一種策略，目的是向英國施壓，逼使英國在外交上脫離美國在第二次台海危機期間支持台灣的政策，而中國對金門和馬祖等近海島嶼的轟炸，正開始於中華中學關閉前幾天。[39] 10 月初，柏立基決定允許中華中學在臨時建築重新開放，以等待原校舍的修復，而這場「小題大做」的事件也就此結束。柏立基承認這一結果「不會阻止共產黨宣稱他們的強硬手段取得了勝利」，但堅稱即使沒有中國的「小題大做」事件也會以同樣方式得以解決。[40] 10 月末，第二次台海危機也開始降溫。[41]

禁止學校組織愛國主義活動

柏立基打壓主要左派學校及其領導人物同時，也持續密切關注其他左派學校學生的活動，尤其是學生們在節日活動中表達的愛國熱情和對中國的忠誠。早在 4 月，教育司就向學校發出通告，一再強調修訂後的《教育條例》，將有禁止展示政治性標誌或旗幟的規定。[42] 左派學校並收到通知，不得在即將到來的 5 月 1 日勞動節期間懸掛中國國旗。[43] 八所左派學校無視指示，在勞動節當天升起五星紅旗。教育司向這些學校發出警告，要求校長對此解釋並採取紀律處分。一週後，另一所左派學校新僑中學（譯名）被禁止在校慶期間升國旗、唱國歌，以及向中國領導人的肖像致敬。[44] 在左派教育工作者和二十多個本地左派工會抗議下，中國外交部向英國駐北京臨時代辦發出抗議信。外交部認為，禁止升國旗、唱國歌是對中國的不友善行為，且剝奪了「生活在香港的中國人神聖不可侵犯的」愛國表達的權利。[45] 由於這種外交層面的質疑，英國殖民地部次長不得不回答工黨議員關於禁止在香港慶祝國際勞動節的質詢，而香港政府也發表聲明以作回應。[46] 聲明承認曾禁止在國際勞動節和新橋中學校慶日懸掛中國國旗。然而，儘管「在通常情況下，香港並不禁止懸掛任何國家的國旗」，但聲明解釋說，政府「不鼓勵以此種方式或在諸如此類的場合大規模或頻繁地懸掛國旗，以免挑起事端或破壞和平」。因此，國際勞動節「被教育司認為不適合學校慶祝」。[47] 在柏立基看來，這個官僚主義式的回應只是客氣地回應中國所提出的「難題」：為何香港的中國學生不能「完全自由地唱中國歌曲、懸掛中國國旗以及閱讀最新的中國歷史、哲學和經濟教科書」。如果不是如此客氣，他的回答可能就像他在向殖民地部大臣解釋時所說的那樣，「對你們來說是愛國主義，對我們來說可能是革命異端」。[48]

鑑於港府加強警惕左派學校的活動，這些學校有時便以常規的學校活動為幌子，隱秘地組織活動表達愛國熱情，這使政府陷入揣測其真正目的之猜謎遊戲。如有絲毫懷疑，政府都會打壓。例如，由十所左派學校贊助四千名學生參加的聯校運動會，原定於 1958 年 12 月 9 日在港島銅鑼灣南華會運動場舉行。在 11 月 12 日，警務處長根據有關公共娛樂和表演的法律所授予的權力，原則上批准了這項活動。然而，在運動會前幾天，學校提交給警方的報紙報導和節目單張，促使警務處長認為這不是「一個簡單的體操表演會」，「實際上背後具有政治目的」。他懷疑活動是對中國在「大躍進」期間取得的成就致敬。[49] 因此，在運動會前一天，政府向組織者通知不予許可的決定，並向公眾廣播該活動已取消。[50]

除了公開打壓涉及共產主義或愛國主義的學校活動外，英國還敦促港府加強對本地共產主義者的監視網絡，使政治部滲透進左派組織，因為「（共產中國的）代理人在大陸之外的活動是英國政府在遠東最為重要的情報目標」。[51] 港府定期聽取地方情報委員會的報告，報告涉及政治部收集和整理有關左派報紙和學校的敏感信息。這些信息涵蓋了廣泛的事務，從左派報紙如何努力增收節支以及左派媒體和學校的人員變動，到目標教師和校長的個人動向和行蹤、某所學校教師會議上討論的內容、以及某所學校在某門課程中所教授的內容。[52] 根據這些信息，從 1958 至 1960 年港府採取了一系列行動，關閉了大批未註冊的左派學校，當時中國正經歷「大躍進」後的經濟危機，因此料到中國對任何針對本地左派利益措施的反應都將是「溫和的」。[53] 港府趁來自北京的政治壓力有所緩和時，決心積極執行《教育條例》，除非學校關閉「會剝奪學童在其社區內獲得的唯一教育途徑」，或因其他「優先於政治的需要」而不可取。結果，一千二百六十三所未註冊學校中僅有四百三十一所（根據政府情報，其中約一百八十所具有左派背景）在教育司署為期十八個月的撤銷註冊運動中倖存。儘管根據《教育條例》教育司有權以政治理由關閉學校，但他選擇以火災隱患或衞生問題、地板承重或教師資格等技術理由，關閉這一大批未註冊學校，這些理由被視為沒有「政治內容或影響」，從而可以減少負面報導（諸如被視為「針對左派或愛國主義教育」的運動）。[54] 針對學校或其關鍵人員的打壓行動，港府不僅報告給了英國，美國也通過其駐香港總領事或位於華盛頓的英美工作組獲得相關信息。[55]

文化冷戰中對媒體的審查

「文化大革命」開始這段時間裏，左派報紙對港府的態度有所緩和。英國殖民地部察覺到「大躍進」與中蘇決裂，導致中國發生經濟危機，使得「香港作為（中國）外匯來源的經濟重要性⋯⋯或許超過了以往任何時候」。[56] 在此期間，香港的左派報刊失去了北京的財政補貼，發行量也日漸減少。讀者人數下降亦表明左派報紙激進的編輯立場，已不再受香港華人讀者歡迎。因此，《文匯報》、《大公報》等主要左派報紙在 1960 年調整策略，不再提供「教條式」的內容（如讚揚共產主義在中國的成就和譴責帝國主義），而是更加關注本地新聞，偶爾甚至是通俗的故事。[57] 這個時期，左派報紙「批評西方外交政策時，往往把焦點放在美國而不是英國」。[58]

然而，即使左派報紙緩和語氣，港府在審查監督媒體及敵對意識形態傳播的任務時，也沒有因此變得輕鬆。大量內地移民湧入，為香港帶來了資本、管理技術、手工技藝和廉價勞動力，使香港工業經濟從 1960 年代起蓬勃發展，相反內地卻正處於經濟災難和饑荒之中。隨着人口增長和工資提高，報紙不再是香港人思想、信息和娛樂的唯一主要來源。在印刷媒體之外，日本等亞洲出口商生產的廉價收音機，促使無線電廣播成為越來越多人（無論識字與否）接收即時新聞，以及音樂與廣播劇等娛樂的方式。[59] 與此同時，電影、話劇和戲曲表演也日益成為市民與親朋好友共度休閒時光的時尚方式。香港的大眾傳播媒體在 1950 年代末和 1960 年代蓬勃發展，不僅吸引了普通民眾，也勾起了冷戰對手的興趣，後者希望將香港的電影院、劇院和廣播變為「亞洲文化冷戰」政治宣傳的重要戰場。[60] 我們將看到港府如何監管和審查新興的大眾媒體，並於這場文化冷戰中，踏着鋼絲繼續遊走於中國、英國、美國和國民黨在港勢力之間。

香港直到 1967 年才擁有免費電視頻道接收服務。在那之前，除了 1957 年推出「昂貴且文化上呆板」的有線電視服務（只有少數富戶才能使用）外，無線電台是香港唯一的聲音媒體。[61] 香港電台（RHK）於 1928 年由港府成立，以響應殖民地部在 1920 年代的號召：「建立殖民地國家與當地社會之間直接的政治溝通渠道。」[62] 香港電台是英國的第二家由殖民政府運營的廣播電台，首家於兩個月前在肯尼亞設立。[63] 在其設立前，香港發生了災難性的省港大罷工，此次罷工由共產黨和國民黨統一戰線支援，目的是挑戰英國統治香港的合法性，因此香港電台自創立之初，政治就是內容策劃方向的舵輪。如 1950 年底一份關於香港廣播業發展的政府內部文件所言，其目的是藉推廣「欣賞和理解香港展現的英式制度」來加強殖民統治。[64] 1947 年麗的呼聲獲得有線電台廣播服務牌照，這是一家總部位於英國的媒體集團，與英國政治機構關係密切，在馬耳他、特立尼達、委內瑞拉、牙買加、巴巴多斯、英屬圭亞那和新加坡經營廣播電台。[65] 港府希望通過麗的呼聲擴展大眾電子媒體，而不必從緊絀的公共預算中撥劃資金，因為這些預算將分配給更為緊逼的戰後重建項目。[66] 據估計，在 1950 年代末，在香港約三百萬人口中，有約七十七萬名成年人和三十九萬名兒童定期收聽電台廣播，其中約三分之二是香港電台的聽眾。[67]

全面控制新聞廣播

為確保不斷擴大的聽眾群體能夠收聽到政治上「理想」的信息，香港電台與麗的呼聲英文和中文廣播頻道內容都有嚴格管制，並受各式各樣的政治審查。廣播處長（Controller of Broadcasting）雖然全面負責香港電台所有節目和運營，但事實上香港電台的節目內容在播出前需經過其他不同政府部門的控制和審查。香港電台的廣播劇和中國戲曲的劇本在播出前經華民政務司署工作人員預審，該署還負責「預審工會和學校公開演出的戲劇」、「中式戲院中的演出」和公開講座的中文講稿。[68] 政府新聞處「壟斷」了提供給麗的呼聲和香港電台（以及後來的香港商業電台，見後文）的新聞。[69] 政府新聞處會收集本地新聞故事，或從路透社購買新聞報導，並向廣播電台提供官方新聞讀稿，供播音員在新聞簡報和節目中播報。[70] 電台必須每天與政府新聞處密切合作，獲得最新的「官方」新聞簡報，供各時段的新聞節目播放。當然，關於這種官方壟斷和審查制度如何運作的政府文件極難找到，但可從香港電台與政府新聞處之間的通信，證明後者為日常廣播提供「官方新聞」的事實。香港電台於 1962 年計劃增加粵語新聞節目時，不得不要求政府新聞處提供額外的新聞簡報，以涵蓋三個主要新聞時段，其中包括日間的十分鐘簡報和五分鐘短簡報。[71] 而政府新聞處在其年報亦承認每天為香港電台、商業電台、麗的呼聲電台和電視台提供中英文新聞簡報。[72]

政府新聞處還有權限制廣播中的政治言論，並負責為「所有關於談論政府活動的的清談或專題報導提供指導」。[73] 麗的呼聲在牌照條件制約下，必須播放香港電台、英國廣播公司（BBC）和英國在各地的公共部門廣播公司製作的節目，這些節目佔總播放時長的四分之一。[74] 據輔政司署報告，麗的呼聲從不忘記轉播「由香港電台推出的，符合公眾利益的特定談話和專題報導」，還讚揚了麗的呼聲「鼎力合作」。[75]

1957 年，港府決定再設立一個商業電台以滿足愈益期望娛樂質素變得更高、內容更多樣化的公眾，以及增加政府自無線電接收設備牌照費獲取之收入，以應付香港電台不斷增加的開支。另一個同樣重要的原因是，如果不提高廣播內容水平，可能會促使更多人收聽附近的廣播電台，如澳門的綠邨電台和內地的廣州電台，這些電台可能會播放不受監管的中共或反英宣傳。[76] 儘管面臨麗的呼聲的遊說和殖民地部施壓，港府還是決定支持名為香港商業廣播有限公司（簡稱商業電台）的財團，此公司由綠邨電台的華人投資者、顯赫的何東家族成員何佐芝領導，並得到怡和洋行和華人領袖（如著名商人兼慈善家鄧肇堅等）支持。[77] 有情報顯示，中國「對香港新的商業廣播服務甚感興趣」，因此所有申請建立新商業廣播電台的投標者都轉至政治部進行政治審查。[78] 在英國麗的呼聲的壓力下，殖民地部將此事提交給英國內閣大臣們討論，由他們決定商業電台牌照該授予麗的呼聲還是授予香港的一群華商。他們雖然擔心「在未來某日（電台）控制權可能會落入不受歡迎的人手中」，最終還是接受了港府和行政局非官守議員的強烈建議，在得到港府「明確保證」後，把牌照授予香港商業廣播有限公司，這些保證是：香港政府將保留對新持牌者所播放節目之內容的完全控制權，並且在香港商業廣播有限公司的運營「以任何方式……有害於公眾利益」時，有權終止該牌照。[79]

應部長們的要求，1959 年 8 月頒發給香港商業廣播有限公司的十五年商業廣播牌照包含了嚴格的條款和條件，使政府能夠「有效控制持牌者」及其節目。[80] 這些條款授權政府新聞處處長「選擇新聞廣播內容」。[81] 按香港商業電台牌照第七（三）條規定，持牌人須播放新聞處處長要求的新聞簡報，並不得轉播除英國廣播公司或香港電台以外任何電台的新聞簡報。[82] 牌照條款也授權處長可預先審查他想要審查的任何節目文稿。[83] 政府還可以要求廣播公司停播「任何事項」，並解僱電台內「任何特定的人或任何類別的人」。[84] 另外，還包括禁止未經政府許可「故意傳播不良宣傳」。[85] 違反任何一項條件，都可能遭撤銷牌照。[86] 與前述相同，我們今天只能從商業電台和政府新聞處的通信來追溯政府新聞控制系統的實際運作。與香港電台需要與政府新聞處協調，才能獲得日常廣播的官方新聞簡報的做法類似，圖 4.2 所示的檔案文件顯示，香港商業電台也曾在 1967 年 4 月要求向其派送「額外的新聞簡報」，為求在某些日期延長廣播至凌晨一點，而政府新聞處長同意了這個請求。[87]

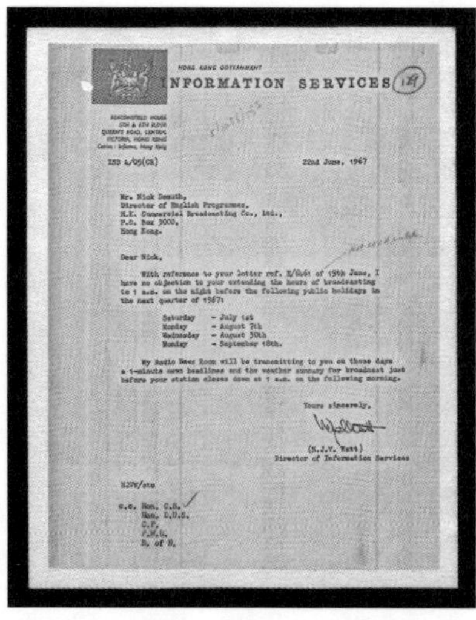

HONG KONG GOVERNMENT
INFORMATION SERVICES

ISD 4/05(CR)　　22nd June, 1967

Mr. Nick Demuth,
Director of English Programmes,
H.K. Commercial Broadcasting Co., Ltd.,
P.O. Box 3000,
Hong Kong.

Dear Nick,

With reference to your letter ref. E/646 of 19th June, I have no objection to your extending the hours of broadcasting to 1 a.m. on the night before the following public holidays in the next quarter of 1967:

Saturday - July 1st
Monday - August 7th
Wednesday - August 30th
Monday - September 18th.

My Radio News Room will be transmitting to you on these days a 1-minute news headlines and the weather summary for broadcast just before your station closes down at 1 a.m. on the following morning.

Yours sincerely,

(N.J.V. Watt)
Director of Information Services

NJVW/etm

c.c. Hon. C.S.
Hon. D.U.S.
C.P.
P.M.G.
D. of N.

圖 4.2

港府給商業電台的信，同意為商台提供額外新聞報導。來源：HKRS 2139-16-3，鳴謝香港政府檔案處歷史檔案館。

英文報紙比華文同行更直言不諱地批評「政府操控本殖民地內的新聞和新聞來源」，公眾也注意到日常的電台新聞簡報受政府控制。[88] 從 1960 年代中期起，政府發現自己不斷受英文報紙的抨擊，他們批評政府向三家廣播電台及麗的呼聲「輸送新聞簡報」。政府新聞處長華德（Nigel Watt）在受訪時回應這些批評，指政府的意圖是「廣播新聞不應成為」三家廣播公司的「競爭因素」。同時，他辯稱政府發送予廣播公司的新聞沒有受到審查，他聲稱政府新聞處「聘有訓練有素的記者，他們遵循職業操守工作」，並且這些「記者有獨立的編輯政策」。[89] 這種官僚式的解釋不僅未能說服報界，反而促使報界進一步揭露政府限制新聞自由：

> 華德先生會發現很難使任何人相信這裏沒有審查制度。（他的）否認是騙不了任何人……記者有多少次被拒絕與政府官員直接接觸，而不得不通過政府新聞處提交問題？報紙有多少次被迫引用匿名發言人的話？政府新聞處有多少次發出事先寫好的、公然迎合政府的文章？……毫無疑問—在本殖民地有……對官方新聞來源的嚴格審查，這是無法否認或掩飾的。[90]

另一家英文報紙《德臣西報》的一篇專欄文章呼應了《南華早報》對港府新聞審查制度的批評，抱怨地說「在不同電台聽到幾乎一模一樣的新聞簡報很是無聊」[91]：

> 這可能會令人感到驚訝，但香港電台、香港商業電台及麗的呼聲對新聞報導並無控制權……大多數［外國新聞］通訊社的新聞電訊直接送入政府新聞處… 有時經過審查後，方才傳遞給［廣播機構］……本地新聞則完全由政府新聞處撰寫，不允許

本地電台修改或更新，除非得到政府新聞處的惠准⋯⋯香港電台及其他電台必須切斷政府新聞處之間的不正當關係⋯⋯[92]

具影響力的新聞雜誌《遠東經濟評論》也批評政府提供的新聞簡報為「文理不通的劣作，完全缺乏『新聞感』或表達技巧」，並譴責政府新聞處，認為「其『死亡之手』重重地落在其他通信媒體上」。[93] 該雜誌編輯戴維斯（Derek Davies）還寫道，不僅是新聞簡報，香港電台的公共事務節目也似乎受到政治審查，證據就是原定在節目中播出關於少數民族（包括印度和緬甸在內的亞洲國家）及其獨立運動的討論被取消。戴維斯援引節目製作人的解釋稱，由於節目的話題「在政治上過於敏感」而被取消。《南華早報》的編輯認為政治審查超出「反共宣傳」的範圍，限制了「對本地和區域事情的平衡且知情的討論」，對此感到非常不滿。[94]

雖然媒體的評論和抱怨不應視為等同事實，但可以肯定的是，1960 年代香港的傳媒界普遍認為政府新聞處是一個專制的政治審查機器，剝奪了公民的言論自由與新聞自由，而當時的傳媒界也熱衷於為這些自由權利發聲，如 1956 年《南華早報》的評論如此表明：

在過去數年裏，新聞處〔Government Information Services, GIS〕內重視帝國建設的官僚把官方宣傳機器變成了一個專職的審查機構，過於傾向把殖民地的新聞、廣播和電視機構當作僕人而非主人。GIS 中的「S」應代表為新聞媒體服務，而不是為政府部門服務。新聞處嚴格控制信息流動—或者經常禁止流動—幾乎扼殺了諸如新聞調查自由等理念，也嚴重侵犯公眾自由合理地獲取信息的權利。[95]

當那些記者及敢言的公民批評政府控制廣播公司新聞內容的政策時，當中許多人可能仍不知道，廣播電台播出的非新聞的娛樂節目，尤其是那些有中文內容的節目，也同樣在警方的日常監控之下，並受港府的管制、審查和操縱，迎合政治目的。

監察娛樂節目

到 1950 年代末，香港電台廣播時間和節目種類增加，使華民政務司署「忙於其他職務的中文寫作者」不堪重負，難以預審那些非新聞類節目。由於人手短缺，又難以找到可靠的「高中文水平」外派人員，華民政務司在 1957 年承認，香港廣播電台和麗的呼聲的文稿預審，「更多是形式上的而非真正的審查」。[96] 然而，缺乏預審廣播節目資源，並不意味着政府放鬆管控廣播電台的節目。港府籌劃及簡化了對香港電台節目的控制程序，確保任何有政治傾向的內容不會播出，而且香港電台也不允許任何「演講者借公共廣播在非新聞節目作宣傳從而獲得政治資本」，特別是那些傾向左派的人，因為他們是在「政府電台」廣播。政府有兩種控制方法。首先，政府「直接操控節目製作，從而形成一個安心又比較迅速的系統⋯⋯檢查節目構思、表演者和材料，此種方式表面上看起來沒有任何控制」。其次，港府制定了一個「深思熟慮的方法」，防止政治資本「在非政治性材料的廣播中」被製造出來。[97]

一份題為「監控廣播」的會議紀錄，記錄了 1958 年代初署理防衛司陶雅禮（Alastair Todd）和廣播處長布祿士（Donald Brooks）（他也是香港電台的負責人）的討論，主題是如何在資源有限的條件下對廣播內容施行有效的政治控制，尤其是在新的商業電台在 1959 年開始運營之後。陶雅禮和布祿士都認為，如果負責政治監督的官員發現不良內容，撤掉一個節目在技術上並不困難。然而，由於「能夠講粵語和普通話的歐洲人人數不足」，比如像「華仁書院中的耶穌會士」那樣的人選，因此華民政務司不可能對眾多廣播頻道的廣播進行政治監督；[98] 而僱用華人承擔這項工作並不可取，「要麼是要顧及他們的政治取態，要麼是他們不願承擔實際非常嚴重的責任」。[99] 在會議結束時，他們同意由警務處政治部人員負責政治監督，確保不受歡迎的現場廣播「不會發生」，並同意如需要可以「迅速地撤換相關播音員，並不再重新錄用」。[100] 不僅播音員受到監控，香港廣播電台的中文節目製作人員，也「理所當然須接受政治安全檢查」，儘管審查系統很難查明他們的真實政治取向。[101]

除了預審廣播劇和戲曲劇本，以及監控現場廣播外，港府還擔心共產主義宣傳滲透進無線電廣播的另一個主要項目，即中國民間音樂和歌曲。電台收藏的黑膠唱片及播出的華語歌曲，由政治顧問李德華（R.T.D. Ledward）領導的高級小組管控。[102] 例如，政府要求廣播處長與華民政務司合作，抄錄和審查香港電台節目中有政治問題的華語歌詞。圖 4.3 顯示香港廣播電台高級節目助理、廣播處長和華民政務司之間有關政治審查的通信記錄。兩首華語歌曲，即《小河淌水》和《百靈鳥，你這美妙的歌手》、傳送到華民政務司的辦公室。《小河淌水》是一首雲南省民歌，描述生活在山區的一對戀人如何相互思念。《百靈鳥，你這美妙的歌手》則是一首新疆民歌，描述正在傲翔的百靈鳥的甜美歌聲。儘管這兩首歌的歌詞沒有政治敏感的內容，華民政務司卻建議廣播處長自香港廣播電台節目抽起這兩首歌曲，因為這兩首歌曲「只是在中國政府定期廣播後才廣傳」。[103] 圖 4.4 可見另一名華民政務司署陳姓審查人員（Samuel S. Chen）寫下的一條審查報告，他向華民政務司報告了他負責「監聽和審查」香港電台的唱片。他指出唱片庫內有八首民歌，可能具有

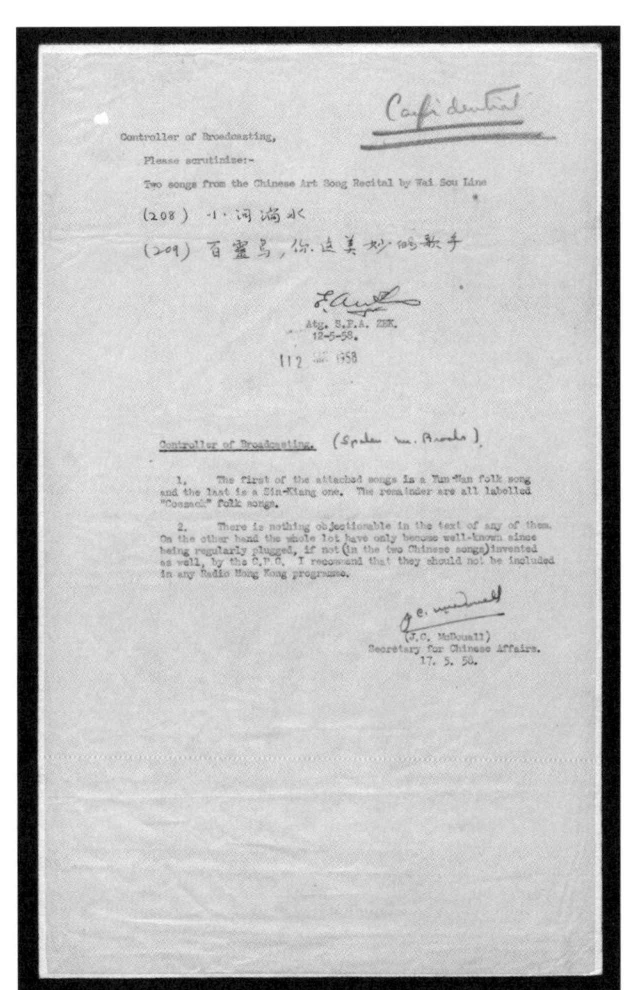

Confidential

Controller of Broadcasting,

Please scrutinize:-

Two songs from the Chinese Art Song Recital by Wai Sou Line

(208) 小河淌水

(209) 百靈鸟，你这美妙的歌手

Atg. S.P.A. ZEK.
12-5-58.

12 [illegible] 1958

Controller of Broadcasting.

1. The first of the attached songs is a Yun-Nan folk song and the last is a Sin-Kiang one. The remainder are all labelled "Cossack" folk songs.

2. There is nothing objectionable in the text of any of them. On the other hand the whole lot have only become well-known since being regularly plugged, if not (in the two Chinese songs) invented as well, by the C.P.G. I recommend that they should not be included in any Radio Hong Kong programme.

(J.C. McDouall)
Secretary for Chinese Affairs.
17. 5. 58.

圖 4.3　港府審查員對香港電台播放的歌曲的審查意見。來源：HKRS 952-1-1，鳴謝香港政府檔案處歷史檔案館。

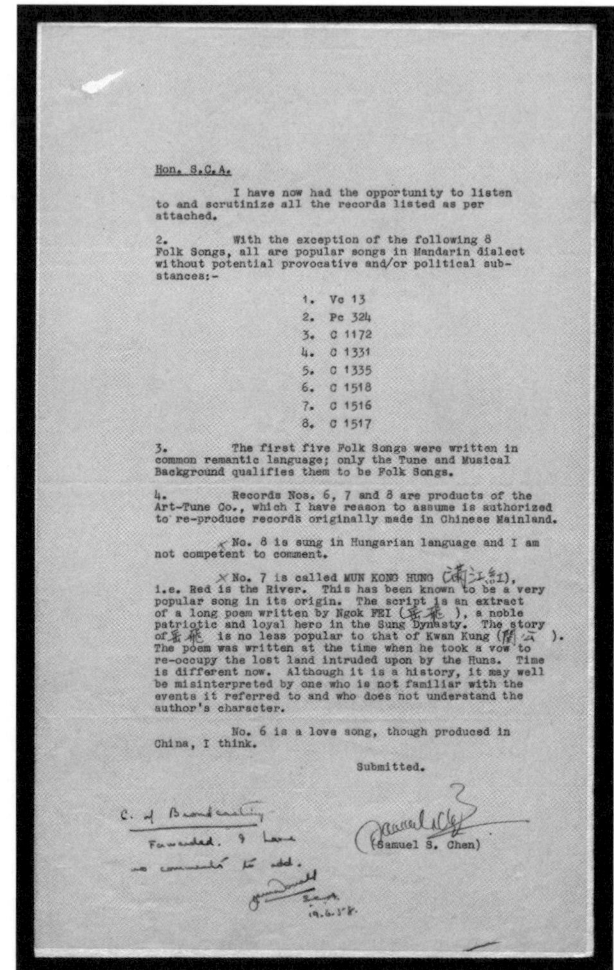

Hon. S.C.A.

I have now had the opportunity to listen to and scrutinize all the records listed as per attached.

2. With the exception of the following 8 Folk Songs, all are popular songs in Mandarin dialect without potential provocative and/or political substances:-

1. Vc 13
2. Pc 324
3. C 1172
4. C 1331
5. C 1335
6. C 1518
7. C 1516
8. C 1517

3. The first five Folk Songs were written in common romantic language; only the Tune and Musical Background qualifies them to be Folk Songs.

4. Records Nos. 6, 7 and 8 are products of the Art-Tune Co., which I have reason to assume is authorized to re-produce records originally made in Chinese Mainland.

×No. 8 is sung in Hungarian language and I am not competent to comment.

×No. 7 is called MUN KONG HUNG (滿江紅), i.e. Red is the River. This has been known to be a very popular song in its origin. The script is an extract of a long poem written by Ngok FEI (岳飛), a noble patriotic and loyal hero in the Sung Dynasty. The story of 岳飛 is no less popular to that of Kwan Kung (關公). The poem was written at the time when he took a vow to re-occupy the lost land intruded upon by the Huns. Time is different now. Although it is a history, it may well be misinterpreted by one who is not familiar with the events it referred to and who does not understand the author's character.

No. 6 is a love song, though produced in China, I think.

Submitted.

(Samuel S. Chen)

C. of Broadcasting

Forwarded. I have no comments to add.

S.C.A.
19.6.58.

圖 4.4　港府審查員對香港電台唱片庫藏的審查意見。來源：HKRS 952-1-1，鳴謝香港政府檔案處歷史檔案館。

「潛在的煽動性和／或政治性」。其中一首是著名的愛國歌曲《滿江紅》，歌曲描述南宋名將岳飛如何「誓要收復匈奴侵佔的失地」。他向華民政務司解釋現在時代不同，雖然這首歌關注的是歷史事件，但可能被不熟悉這些事件的人所「曲解」。[104] 這些報告轉遞給廣播處長之後，華民政務司建議廣播處長把這首和其他兩首歌歌從香港廣播電台的節目中「直接刪除」，這些檔案證據顯示當時政治紅線如何被無限伸延。[105]

此外，政府擔憂香港電台使用內地生產的黑膠唱片引發政治問題，派出政治顧問於 1958 年與廣播處長、華民政務司及輔政司署高級官員討論如何監管和審查這些唱片。截至當年，香港廣播電台已購買了五百五十六張內地生產的黑膠唱片，其中大部分屬各種方言的民歌或戲曲。[106] 那些歌頌「解放後生活和工作條件改善」的民歌尤其使這些高級官員焦慮。他們認為，如果讓香港電台播放這些歌曲，「意味着英國政府正積極支持中華人民共和國」。因此他們建議禁止播放這些歌曲，並決定廣播處長和華民政務司將密切合作，篩查內地生產的民歌，必要時要進行「區分辨別」。這些歌曲不會被完全禁止，除非歌曲「絕對帶有令人不快的政治色彩」。「同樣除了含有政治意味」，內地非民歌唱片也允許使用。[107] 他們亦建議不要禁制古典戲曲的播放，因為這些戲曲的「藝術水平比香港所製作的更高」，但如果含有政治上不利的內容，則另當別論。為確保對戲曲內容政治正確的評估，華民政務司署審查員不僅要按慣例審查戲曲劇本，還要在戲曲播放前進行試聽。[108]

在實踐中，這種審查制度無法將所有政治上可疑的內容排除出大氣電波。對於那些與左派組織有關的電影明星或歌手明顯非政治性的採訪，廣播處長尤其難以做出政治上的評估。當「左派人士」在香港電台的中文廣播中出現時，負責監督此類採訪的政治部官員會通知廣播處長。[109] 廣播處長有時還會致函政府，請示是否允許播放著名紅伶新馬師曾和紅線女拍攝的戲曲表演原聲帶，因為該影片由著名的左派電影製片廠錄製和發行。[110]

除了防止不良內容（主要含共產主義思想的內容）滲透進電台廣播，港府還利用香港電台進行正向宣傳，逐步灌輸「對香港的歸屬感」和「對殖民地的自豪感」，並宣傳英國的「工業成就與殖民地的聯繫」。[111] 香港電台還有助於向香港華人保證英國並沒有對香港「失去興趣」，儘管當時英國對本地紡織業的態度不友好，而且英美在中國外交政策上明顯有分歧。香港電台建議採訪在英國的香港留學生，以及製作專題介紹與沙勞越和北婆羅洲的交流項目，以此強調「英國關注遠東」。此外，為了強調香港如何得益於「英國的工業成就」，一個由政府高官組成的聯合委員會建議香港電台製作一輯關於啟德機場新雷達導航系統的節目，因為這樣的故事「可以成為描述」英國「發明雷達的契機」。聯合委員會建議，所有這些「吹捧」工作都「須謹慎進行」，使香港人相信英國是「一流的而不是四流的國家」。[112]

港府也視香港電台為軟性政策宣傳的工具，一些受歡迎的節目如《家庭聊天》和《家庭日記》（譯名）都是為了解釋政府措施而製作。這些節目的編劇受到「監督」，確保他們瞭解應該避免那些話題，因為政府認為他們缺乏「政治意識」。[113] 另一個流行的廣播節目稱為《茶館》（譯名），虛構茶館中三到四個常客之生動對話而成的「辯解節目」。虛構的討論「有助於在一些不受歡迎的或被左翼煽動的議題上將政府的觀點予以闡釋」。[114]

審查電影與劇團演出

除了聽覺上的娛樂之外，電影和現場表演等視覺上的娛樂也成為港府審查對象。傅葆石及其他學者最近的研究都充分證明，冷戰地緣政治左右了港府的策略，特別是反共宣傳方面的政策，以及審查題材敏感的電影和禁止相關電影在香港影院放映的標準。[115] 因此本書不再於此贅述細節。惟需言明的是，香港電影的政治審查制度自二十世紀初已經開始運作，並由 1953 年的《電影檢查規例》正式確立。

根據《電影檢查規例》對電影進行政治審查，這種廣泛而模糊的權力一直在發揮作用，直至 1988 年香港才對這些規例進行實質性修訂（見第六章）。在規例修訂前，除了性、暴力及道德風化等常見的審查理由外，如果港督任命的審查員認為某部電影可能會挑起種族仇恨、挑起對港府的仇恨或侮蔑、損害香港與其他地區的良好關係，或鼓動擾亂公共秩序的行為，該部電影則有機會被禁映（或被迫刪剪畫面）。[116] 公眾對這些原則的應用和解釋一無所知，直至 1973 年審查指南被公佈出來。[117] 解密文件揭示了港府如何實踐這些原則。港府對電影進行審查，務求盡力防止香港成為亞洲文化和意識形態冷戰緊張對立的場所。港府禁止或刪剪了那些具有「反國民黨」、「仇外意味」或「歌頌」毛澤東的內地電影，也審查那些將中國共產黨稱為「匪徒」或提到「收復大陸」的台灣電影。[118] 不僅是來自中國大陸和台灣的電影，美國製作的反共電影也同樣在審查之列。[119] 這種做法反映出香港的冷戰政策，是按照英美共識打擊共產主義宣傳在亞洲的傳播同時，避免挑釁北京以維護香港的安全。以下審查案例展示出冷戰時期的地緣政治考慮，這些考慮主導着 1950 年代和 1960 年代的電影審查裁決。

1965 年，檢查員禁止一部名為《南海潮》的電影上映，該片講述中國南方某漁村南灣的一個船民家庭故事。在閃回畫面中，一位女性角色追述了一位老人的痛苦經歷：他被惡毒的農場主兼漁船老闆高氏所害（高氏背後的靠山為國民黨軍官），以及一位船家女的不幸：她被逼為高氏來自香港的兒媳做僕人，以此來償還父親的債務。後來，高氏請求當地國民黨政府派出的武裝人員追捕這位船家女時，她便跳入了大海。影片還描繪了日本軍官的暴行，凸顯出他們虐待和殺害婦女兒童的一面。該片在香港被禁的原因是電影檢查員認為它「嘲諷國民黨政府，美化地下共產黨分子⋯⋯並展示日本人在軍事佔領期間的暴行」。審查也是有根據的，因為「共產主義者在整部影片中被稱為無懈可擊的好槍手」，令人們「敬畏」。[120]

戰後香港的審查政策，反映了英國擔憂共產黨在香港華人之間日益受歡迎。同時亦反映了英國與美國及其他盟友在地緣政治上的合作。關於審查員小組對一部名為《北京科學研討會》（譯名）的紀錄片的決定，政府新聞處在其致南方影業公司（香港主要的左派電影製片廠之一）的一封信中，要求製片廠「同意從發言和評論中刪除有關殖民主義、帝國主義和美帝國主義的詞句，以及刪除涉及越南戰爭的圖片、發言和評論」。否則，該部電影將被禁止放映。[121]

檔案證據還表明，美國曾向英國施加外交壓力，要求英國加強審查措施，針對任何被認為是共產黨贊助或利用的香港媒體。1958 年 2 月 5 日，英國外交部發給殖民地部的電報問：港府是否可能採取一些行動阻止共產主義電影、書籍和期刊在香港的製作？[122] 表 4.1 列出了自 1970 至 1980 年代末電檢規定放寬前因政治原因而被禁映的電影。

表 4.1　1970 至 1980 年代末因政治原因被禁映的電影以及禁映原因

電影名稱 （產地和審查年份）（部分為譯名）	禁映的政治原因
阿爾及利亞之戰 （意大利，70，75）	電影講述了阿爾及利亞民族解放陣線如何為了獨立而與法國進行鬥爭，以及「法國的殘酷報復」。
野蠻的行動和嚴厲的懲罰 （北越，1975）	「它以最壞的視角描繪了美國和尼克遜總統。」
聖保羅炮艇 （美國，1967、1974、1975）	電影描述了中國的學生如何要求列強離開中國，並殺死一名試圖營救美國傳教士的美國水手。
八國聯軍 （台灣，1975）	影片描述了中國愛國青年如何去阻止「聯軍的殘酷暴行，卻遭殺害」。
在 9 號公路的偉大勝利 （北越，1975）	電影顯示了「美國的失敗」，並「將越南戰爭的責任完全歸咎於美國人」。
毛澤東傳 （法國，1977）	這是一部關於毛澤東生平和「當時共產黨無法接受的中國人物」的記錄短片。
漁童 （中國大陸，1977）	這部創作於 1959 年的卡通片傳達了「共產黨成功地擺脱了外國勢力」的信息。
古寧頭大戰 （台灣，1981）	電影描述了中國共產黨在進攻金門島時被台灣擊退的情形。
假如我是真的 （台灣，1981、1985）	它可以「被視為反大陸的政治宣傳」。[123]
皇天后土 （台灣，1981）	它描繪了中國大陸「1976 年後存在的地下活動」。[124]
怒火 （台灣，1983）	該片描述了「文革」期間「腐敗的〔中共〕官僚和幹部的生活方式」。
日內瓦的黃昏 （台灣，1986）	該影片批評了「中國政府及其政策、人權的缺乏、偏袒不公，以及黨員中左派與右派間的鬥爭」。

資料來源：J. Michie（HK Government）to C.E. Leeks (FCO), 28 April, 1987, FCO 40/2338; Governor Wilson to FCO, 30 January;26 May, 1989, FCO 40/2823。

不僅是電影受到監管和政治審查，港府的長臂也延伸到了戲劇表演。港府和殖民地部密切地監控着來自內地的戲劇和音樂表演團體的訪港頻率，並在批准他們入境前，先審查演出內容。此外，根據《公眾娛樂場所條例》，所有戲劇劇本和歌曲的歌詞都必須送交港府（包括但不限於華民政務司署和政治部）審查，然後才可能獲得公開表演的許可。因此確保政治上不受歡迎的內容從舞台上被去除。[125] 在一份 1962 年，港府官員發給殖民地部的電報中，為他們監督來自內地表演團體的工作做總結。報告中提到的劇團種類各異，來自中國各省，其中包括中國民間藝術團、汕頭戲劇團、上海紹興戲劇團、上海青年戲劇團、上海樂團和關東（中國東北）雜技團。港府認為「完全阻止這些共產主義者在娛樂領域的活動」是不可取的，但「若他們的演出過於頻繁和成功，甚或由共產主義者壟斷了大眾文化，這亦不符合我們的利益」。港府還擔心「如果這種表演在香港變得過於頻繁，可能會成為〔國民黨支持的〕右翼示威活動的目標」。因此，港府對此類團體每年的入境訪問次數設定了內部限制，並要求他們遵守「警務處處長就批准劇本〔和〕避免政治宣傳而制定的各項條件」。[126]

然而，在 1958 年英國駐華盛頓大使館致外交部的一份電報可以看出，港府控制和審查左派團體的文化活動，卻又不完全禁止他們活動的微妙平衡，對於英國的冷戰夥伴，尤其是美國來說，並不一定稱心滿意。在電報中，英國大使館的卡特（P. L. Carter）要求外交部「顧慮美國人的感受，以真正強大的規模來打擊共產主義反對派」。他建議，如果在香港不便進行公開的政治打壓，則應通過操縱衛生和防火的市政規例，進一步限制共產主義者的媒體活動。[127] 這種平衡策略也沒能阻止香港成為便利國共兩黨和美國進行政治宣傳的中心，以及冷戰大國之間交易政治情報的重要市場。[128] 1960 年代左派工會、媒體和學校在政治審查的範圍內行事，規模和成員不斷增加，港府在 1967 年的暴力衝突中，痛苦地感受到左派對大眾的潛在影響。

「六七暴動」與嚴打左派

1967 年 5 月，香港再度爆發嚴重騷亂，這一次不是由國民黨支持者推動，而是由本地左派所推動，他們被指在 1950 和 1960 年代滲透到工會和勞工組織、學校、文化和媒體組織。暴動始於 1967 年 5 月初九龍新蒲崗人造花廠的勞資糾紛，[129] 結果引發持續七個月的暴亂，造成五十一人死亡、八百四十八人受傷，接近四千五百人被捕。[130] 暴亂是由稱為「港九各界同胞反對港英迫害鬥爭委員會」(下稱「鬥委會」) 領導，顯然獲得中國支持，其時「文化大革命」正落入激進分子之手。[131] 大規模的反殖民運動引發示威、罷工、食品供應的中斷、警察與抗議者的暴力衝突，以及炸彈爆炸。[132] 1964 年接替柏立基的戴麟趾（David Trench）做出回應，他在英國支持下迅速部署強制措施，「嚴打」左派人士，儘管外交部擔心並警告，如果香港鎮壓行動過激會遭北京報復。[133] 1967 年 7 月 12 日，警務處長戴磊華（Edward Tyrer）被替換，因為港府認為他表現得「不願讓他的部隊採取堅決行動」，以及「擔心過度使用武力」[134]，英國也加強在香港的軍事力量，並於 1967 年 5 月 23 日起，實施多項緊急規例應對暴動。港府取得廣泛授權，可以頒佈不經法庭審判的拘留規則，以及拘捕持有煽動性出版物，發表煽動性言論的人等規定。當國家安全受威脅時，自由便沒有了立足之地。雖然戴麟趾和他在英國的同僚，都不認為中國會立即行動企圖收復香港，但英國還是制定了在緊急情況下撤離香港的計劃。[135]

警方在突襲、逮捕和拘留的權力擴大，使警方能夠大規模逮捕激進分子。[136] 規模最大一次突擊行動，發生在港島北角的一座建築。那次行動涉及一千多名警察和士兵，他們還得到軍方三架直升機支援。[137] 為了能夠更長時間地查問被捕者，港督及輔政司有權以任何理由不經審判拘留任何人，無論外國人或英國屬民，最長可達一年。[138] 許多被拘留的左派人士關押在港島摩星嶺的域多利道拘留所（現為芝加哥大學香港校區），那裏由政治部負責管理。為免在法院聆訊期間出現有組織的抗議活動，法官更獲授權可禁止公眾進入法院。[139] 地方法院的量刑限制也從五年年監禁增加到十年。[140]

除了動員左派學校和工會，「鬥委會」更聯合新華社，指揮日銷超過三十五萬份的香港左派報紙展開宣傳戰，支持反帝鬥爭。[141] 這些報紙發表「愛國」社論和報導，並配以聳人聽聞的標題，如「港英帝國主義垂死掙扎，大搞以華制華」[142]、「白皮豬窮凶極惡」[143]、「青年學生發揮反英先鋒作用」[144]、「以暴力對暴力，嚴懲白皮豬，收服走狗」[145]、「華警聲言配合抗暴，對付港英」[146]，另一些給華人警察聽的標題如「為異族賣命值得嗎」、「現在回頭還來得及」[147]。毋庸置疑，港府認為這些文章均有高度煽動性、挑釁性和誹謗性，因而需要打壓。[148] 1952 年用來起訴《大公報》的政治審查法律再度出台。港府與倫敦聯邦事務部之間反覆溝通，最終達成一項決議，即給予本地左派報紙一個深刻教訓的同時，盡量減少激怒中國展開外交報復的風險。決議認為起訴對象不應是《大公報》、《文匯報》和《新晚報》這三家主流左派報紙的負責人，而是《田豐日報》、《新午報》和《香港夜報》這三家左派小報的負責人。[149] 1967 年 8 月 9 日，負責出版和印刷這三份報紙的五名高層主管人員被逮捕，並根據該報刊登的二十一則新聞報導，指控他們干犯了九十九項罪行，包括違反《煽動條例》刊登煽動性文章，違反《刊物管制（綜合）條例》刊登「可能引起公共輿論恐慌或擾亂公共秩序的假新聞」，以及違反《煽惑離叛條例》煽動警隊成員間的不滿情緒。[150] 港府還利用《刊物管制（綜合）條例》賦予的暫停出版權，成功使法院在 8 月 17 日頒令暫停三家報紙的發行，聽候審訊結果。[151] 暫停令下達

圖 4.5　警察關閉和搜查三家左派報館。來源：《工商日報》1967 年 8 月 19 日，鳴謝 The Robert H.N. Ho Family Foundation。

後，一隊手持長槍的警察突擊搜查了這些報紙的辦公室，三十多名工作人員在突擊行動中被捕（圖 4.5）。[152] 同 1952 年《大公報》案中被控的出版人和承印人一樣，這三家報社被控的出版人和承印人利用庭審，在被告席上抗議英國「政治迫害」和剝奪新聞自由。審理此案的裁判司萊特（E. Light）重申「新聞自由是有限的」，他補充道，若非如此，將導致「恐怖主義」和「毫無自由可言」。[153] 經過四天審訊，五名報社負責人被判處三年徒刑，三份報紙被勒令停刊六個月。[154]

根據政府檔案記錄，二十二名左派新聞從業人員也被逮捕和檢控，其中包括《大公報》、《文匯報》、《香港商報》及新華社的記者和編輯，部分人因為在七個月的騷亂期間參加非法集會、持有煽動性海報和發表煽動性言論等多種罪行而定罪入獄，刑期為三至五年不等。[155] 一名記者因在上述案件的庭審中，向一名被定罪的承印人傳遞紙條，而被判處兩年監禁。據這位被定罪的記者所言，這張紙條的內容是提醒被告席上的人大聲抗議對他的非法定罪。[156]地方法院法官奧康納（R. O'Conner）向一些被定罪的記者宣判時說，他們為僱主編造新聞，他們並不是「烈士和英雄」，並且是「他們業界的恥辱」。[157]

也許出乎英國意料之外，這些針對左派報紙和記者的行動，遭到了中國的大肆報復。新華社編輯兼記者薛平因參加非法集會（薛稱他只是在與同事一起報導該集會）而被判處兩年徒刑後，中國軟禁了路透社駐中國的英國記者安東尼．格雷（Anthony Grey）。[158]直到1969年10月《大公報》記者黃澤獲釋後，格雷才被釋放。[159]更糟糕的是，8月22日，上述三家左派報紙主管被逮捕、辦公室被突擊搜查，以及其中一家報紙被強制停刊後，北京有超過一萬名激進的紅衛兵在英國駐北京代辦處抗議，他們最終闖入代辦處並放火。包括外交官及其家屬在內的二十三名英國人遭到毆打，一些人被竹竿擊頭，強迫下跪，並以屈辱的姿勢拍攝照片。其中包括當時的政務參贊柯利達（Percy Cradock），他後來在香港回歸問題的中英談判中成為首相戴卓爾夫人最重要的外交顧問。在這四小時的可怕暴亂中，英國駐北京代辦處被洗劫一空並徹底焚毀，所幸的是裏面的英國人全部被人民解放軍和便衣警察救出，沒有受到重傷。[160]

在香港，新聞和市民的言論自由當時受到更嚴格控制，《緊急措施（防止煽動性演說）規則》禁止散佈反政府材料，並允許判處任何發表煽動性演說的人最高十年徒刑。[161]煽動性演說的定義極為寬泛，任何演說、講述、口號或語言之中，若含有「煽動性事物」並可能煽動暴力、鼓動不服從法律、導致破壞公共安寧、促使香港不同種族之間互生惡感敵對、挑起對警察或政府不滿，即屬此限。規例通過一週後，為了禁止範圍擴大到非語言傳播的途徑，港督制定了另一套規例，它們被稱為《緊急措施（制止煽動性海報）規則》，可判處張貼包含「煽動性事物」的海報傳單或照片的人最高兩年的徒刑。[162] 此外，警方還獲授權強行進入任何他們認為是煽動性演說發表的任何場所。[163] 由於這些反言論自由的規例，許多青少年因持有共產主義或反殖民主義傳單而被判入獄。例如，2007 年出任香港特別行政區民政事務局長的曾德成，因為在他就讀的聖保羅書院，放置譴責港府為「法西斯」的標語而被捕，並於 1967 年 10 月 9 日被判處兩年徒刑 [164]。一名十七歲印刷工人因持有一百二十張煽動性海報而被捕，並判處監禁兩年零八個月。[165] 一名學生因在其就讀中學的牆上張貼煽動性海報而被判監六個月。另一名學生因被發現抽屜中有一張寫有煽動性文字的紙而遭起訴。[166] 兩名十五歲男童被控持有並在某徙置區的樓梯上張貼煽動性招貼。[167] 一些青少年甚至在定罪後被遞解出境。根據葉建民的研究，在暴動期間遭定罪並根據遞解法例被遞解出境的一百二十一人中，與煽動性材料或言論有關的佔 11%。這些「言論」犯的平均年齡只有二十五歲。[168]

左派學校，即香港政府所稱的共產主義學校，也被認為是傳播愛國主義、反帝主義和反殖民主義思想的地方，並將教師和學生送上街頭。學生們在街上遊行，他們揮舞《毛語錄》和旗幟，高喊口號，張貼標語。[169] 教育司簡乃傑（W. D. Gregg）在一次電台採訪中警告說，他將關閉任何「被認為從事顛覆活動」的學校。[170] 九所左派學校隨後收到教育司署的警告信，其中列出了他們必須遵守的十三項要求。如不遵守這些規定，學校將被關閉。這些規定包括禁止製造、展示和傳播煽動性材料。[171] 這引發了一場涉及一千多名年輕人的學生示威，他們遭警察用催淚氣體驅散。[172] 一大批教師、學生以及校長也在抗議活動中、警察的突擊檢查中或僅被發現持有煽動性海報後被捕。[173] 被發現參與反政府活動的學生，則被公立學校或政府資助的學校所開除。[174] 7 月 24 日午夜時分，警方在啹喀步槍團協助下突擊搜查香島中學，警方發現一塊寫有「放下武器回家」的黑板，並繳獲此前從未發現過的「最大一批煽動性海報」（如圖 4.6 所示），他們推測「此學校被用作此種材料的分發中心」。[175]

一些左派學校被認為正在組織暴力抵抗並製造炸彈，打算在反政府示威中對付警察。中華中學在校內發生爆炸導致一名十八歲學生受重傷後，政府根據《教育條例》關閉並註銷該校註冊。警方認為爆炸的起因是製造炸彈，而左派人士則堅稱起因是學校實驗室的實驗。[176] 爆炸發生後，四所左派學校遭到突擊搜查，一百多名教師和學生被帶到警局，其中十六人被控阻差辦工和發表煽動性言論。[177]

進出和行動自由也同樣受到限制。《緊急措施（防止恐嚇）規則》規定，如果三人或以上集會中有人做出或說出任何可能驚嚇或恐嚇他人的事情，該集會即為非法集會，違者最高可判處五年監禁。[178]

圖 4.6
便衣警察搜查學校並帶走煽動性海報。來源：《南華早報》1967 年 7 月 25 日，鳴謝《南華早報》。

《緊急（禁區）規則》規定任何人擅自進入港督宣佈為「禁區」的區域，如左派工會樓宇，即屬違法，並可處以三年監禁。[179] 包括學生和記者在內，許多抗議者都因參加「這類恐嚇集會」而根據這些規例遭到檢控。與 1920 至 1950 年代頒佈多項緊急規例的情況類似，在 1967 年底暴動平息後，《緊急（主體）規例》中的部分內容雖然在 1968 至 1970 年間逐漸停止施行，香港法律仍長期保留用於應對「六七暴動」的緊急權力。如果港督會同行政局認為有必要，隨時可以恢復這些規例。少數規例被廢除，而其他則被納入永久性立法，如《公安條例》，後者在殖民時代餘下的日子裏成為爭議和批評的焦點。[180]

在暴動期間，港府不僅根據政治審查法律起訴報紙及其記者，而且還嚴格審查有關暴動的新聞廣播。在此期間，政府新聞處成立了一個特別宣傳組，與警方和香港電台合作開展宣傳，旨在贏得香港民心。[181] 政府新聞處還集中反駁左派報紙關於警察突擊行動和搜查，以及爆炸報導的新聞，因為它認為此類信息被左派報紙濫用於「暴力宣傳目的」。[182] 特別宣傳組的任務是「明確的—即揭露共產主義者的破壞和暴力活動，支持警方並團結公眾輿論」。[183] 香港電台的中文頻道每天都會播出一個名為《無可爭辯的事實》（譯名）的特別節目，以「嘲諷、揭露和反擊共產主義的戰術、行動和宣傳」。[184] 節目的底稿由政府新聞處和香港電台撰寫，並以「權威的語氣」宣讀。廣播處長布祿士在 1969 年《德臣西報》的採訪中毫不避諱地承認，在暴動期間，港府最信任的新聞機構——英國廣播公司（BBC）轉播的新聞報導中描述的緊張局勢，與香港電台的報導大相徑庭（後者的新聞簡報是由政府新聞處下屬的八名副編輯「準備的」），「這令人尷尬，非常尷尬」。布祿士為這種「編輯裁量權」辯護，認為這是對新聞內容的合理「過濾」而非審查。[185]《德臣西報》對此表示懷疑：「就香港電台而言，布祿士先生希望看到『審查』這個詞被審查掉。」[186] 其後布祿士再為此種編輯裁量權加以辯護：

> 報紙編輯並不是把他收集到的所有信息都刊登出來——他發表這些東西有他自己的理由，而不一定是因為受到某種壓力。這同樣適用於電台廣播。不幸的是，新聞界竟把對廣播的管控說成審查制度。[187]

有趣的是，當《德臣西報》的記者問他是否曾經被要求停辦某些電台節目時，布祿士回答說「沒有」，並聲稱港府沒有向他施加壓力；「他們只是表達了自己的好惡」。[188]

儘管很難找到相關的解密檔案來說明此種好惡及所謂的「編輯裁量權」，曾如何影響和審查殖民時代香港廣播公司的節目內容，特別是在報導新聞和時事方面，但有一點是明確的：直到 1970 年代初期，港府每日都控制着三家廣播電台（香港電台、商業電台和麗的呼聲）、一家有線電視台（麗的呼聲電視台）和新獲得牌照的無線電視廣播公司（TVB）的新聞內容，向它們提供新聞簡報底稿。[189] 由於播報的都是相同的一套新聞講稿，為了與其他廣播公司有所不同，電視台通常延請藝人而非記者作為新聞主播。[190]

註釋

1 Jones and Vagg, *Criminal Justice in Hong Kong*, 319.

2 Ceremonial Opening of the Supreme Court Assizes, 19 January 1961, CO 1030/1427；在殖民地時期的香港經常使用緊急規例來對付政治異己，與其他英國殖民地的緊急規例所授予的權力相比，香港的規例所允許的權力更為廣泛，見 Ng, Zhang and Wong, " 'Who but the Governor in Executive Council is the Judge'," 425-461。

3 J. C. Burgh, 4 May 1960, CO 1030/1427.

4 Governor of Hong Kong to the Secretary of State for the Colonies, 10 September 1962, CO 1030/1427.

5 見 Emergency (Deportation and Detention) Regulations, (G. N. A. 50 of 1962); Emergency (Deportation and Detention) (Forms) Order (G. N. A. 67 of 1962); Emergency (Deportation and Detention) (Amendment) Regulations (G. N. A. 68 of 1962); Emergency (Deportation and Detention) (Advisory Tribunal) Rules (G. N. A 69 of 1962)。

6 見 Emergency (Deportation and Detention) (Forms) (Repeal) Order 1995 (L. N. 252 of 1995); Appointment of Places of Detention (Consolidation) (Repeal) Notice 1995 (L. N. 253 of 1995); Emergency Regulations (Repeal) Order 1995 (L. N. 254 of 1995); Emergency (Deportation and Detention) (Advisory Tribunal) (Repeal) Rules 1995 (L. N. 255 of 1995)。

7 "Hong Kong: Review of Developments during 1958," Black to the Secretary of State for the Colonies, 21 January 1959, CO 1030/581.

8 "Hong Kong: Review of Developments during 1958," 2-3；人口數據記錄在 Census & Statistics Department, Hong Kong, *Hong Kong Statistics 1947-67* (Hong Kong: Hong Kong Government, 1969), 14；關於 1950 年代末中國的大饑荒，見 Frank Dikotter, *Mao's Great Famine: The History of China's Most Devastating Catastrophe 1958-1962* (London: Bloomsbury, 2010)。

9 "Hong Kong: Review of Developments during 1958," 2-3.

10 Black to the Secretary of State for the Colonies, 12 August 1960, CO 1030/1107.

11 "Hong Kong: Review of Developments during 1958," 3.

12 香港電台：《從一九二八年說起：香港廣播七十五年專輯》（香港：香港電台，2004），頁 137。

13 葉霖：《在中國的影子下：美國對香港的外交政策 1945-1957》（香港：中華書局，2018），頁 137。

14 "Hong Kong: Review of Developments during 1958," 1。關於英美在對華外交政策上的分歧，見葉霖：《在中國的影子下》，頁 96-101。

15 Black to the Secretary of State for the Colonies, 21 June 1958, CO 1030/581.

16 Education Ordinance, 1952, s. 28A, as amended in 1958.

17 Education Ordinance, 1952, s. 32A.

18 Education Ordinance, 1952, s. 42B.

19 Education Ordinance, 1952, s. 37.

20 Education Regulations, 1952, reg. 71, 72, 88. as amended in 1958.

21 Education Regulations, 1952, reg. 87D.

22 Education Ordinance, 1952, s. 12.

23 Education Ordinance, 1952, s. 42B, 47C.

24《大公報》，1958 年 1 月 3 日。

25 Official Report of Proceedings of Hong Kong Legislative Council, 8 January 1958.

26 Black to the Secretary of State for the Colonies, 21 June 1958.

27 Special Branch of Hong Kong Police, "The Chinese Communist Party in Hong Kong," 30 Jun 1949, FCO 141/14419; Black to the Secretary of State, 21 June 1958.

28 Black to the Secretary of State, 21 June 1958.

29 同上註。

30 同上註；周奕：《香港左派鬥爭史》，頁 173-174。

31 Black to the Secretary of State for the Colonies, 8 July 1958, CO 1030/581.

32 Black to the Secretary of State for the Colonies, 5 July 1958, CO 1030/581.

33 Black to the Secretary of State, 8 July 1958；周奕：《香港左派鬥爭史》，頁 175-176; Deportation of Aliens Ordinance, s. 3(1)(c)。

34 Black to the Secretary of State for the Colonies, 26 August 1958, CO 1030/581.

35 Black to the Secretary of State, 26 August 1958；《南華早報》，1958 年 8 月 27 日；《大公報》，1958 年 8 月 27 日。

36《南華早報》，1958 年 8 月 27 日；《大公報》，1958 年 8 月 27 日；*Reuters*, 26 August 1958 和 *Daily Worker*, 27 August 1958，保存於 CO 1030/581。

37 Black to the Secretary of State for the Colonies, 29 August 1958, CO 1030/581.

38 Charge d' Affaires in Beijing to FO, 28 August 1958, 1 September 1958, CO 1030/581；《大公報》，1958 年 8 月 28 日；《人民日報》，1958 年 8 月 31 日。

39 Secretary of State for the Colonies to Black, 4 September 1958, CO 1030/581。關於從 1958 年 8 月 23 日到 10 月末持續兩個月的第二次台海危機的簡要敘述，見 Mark, *The Everyday Cold War*, 61-62。

40 Black to the Secretary of State for the Colonies, 3 October 1958, CO 1030/581.

41 Mark, *The Everyday Cold War*, 62.

42《大公報》，1958 年 6 月 1 日，翻譯並保存於 HKRS 163-1-2201。

43 周奕：《香港左派鬥爭史》，頁 171。

44《香港議事錄》，1958 年 8 月 2、3 日，保存於 HKRS 163-1-2201。

45《文匯報》，1958 年 6 月 7 日；《大公報》，1958 年 6 月 8 日；《新華社》，1958 年 6 月 10 日，翻譯並保存於 HKRS 163-1-2201。

46《南華早報》，1958 年 6 月 18 日。

47《南華早報》，1958 年 6 月 12 日。

48 "Hong Kong: Review of Developments during 1958," 3-4.

49 "Hong Kong: Review of Developments during 1958," 4; Black to The Secretary of State for the Colonies, 9 December 1958, CO 1030/581；周奕：《香港左派鬥爭史》，頁 182-183。

50 Black to the Secretary of State, 9 December 1958；《南華早報》，1958 年 12 月 9 日。

51 Alan Lennox-Boyd, Secretary of State for the Colonies to Alexander Grantham, 30 August 1957, CO 1030/580.

52 Hong Kong Police Special Branch's reports, 1960 to 1962, CO 1030/1106, CO 1030/1107.

53 Secret Despatch of Black（日期不詳，估計是 1960 年），CO 1030/1107。

54 Black to the Secretary of State, 12 August 1960.

55 P. G. F. Dalton of Foreign Office to K.G. Ashton of Colonial Office, 20 August 1958; W. I. J. Wallace of British Embassy in Washington to C.B. Burgess, Colonial Secretary of Hong Kong, CO 1030/580.

56 Secretary of State for the Colonies to Black, 4 September 1958, CO 1030/581.

57 Mok, "Chinese Communist Influence."

58 Local Intelligence Committee Monthly Report, February 1960, CO 1030/1106，轉引自 Mok, "Chinese Communist Influence."。

59 David Clayton, "The Consumption of Radio Broadcast Technologies in Hong Kong, c. 1930–1960," *The Economic History Review* 57, no.4(2004): 691-726；史文鴻：〈香港的大眾文化與消費生活〉，載王賡武主編：《香港史新編》，頁 665-671。

60 Po-shek Fu, "Entertainment and Propaganda: Hong Kong Cinema and Asia's Cold War," in *The Cold War and Asian Cinemas*, ed. Po-shek Fu and Man-Fung Yip (London: Routledge, 2019), 238-262.

61 Clayton, "The Consumption of Radio Broadcast Technologies," 697；張振東、李春武：《香港廣播電視發展史》（北京：中國廣播電視出版社，1997），頁 71-72。

62 S. H. King to Colonial Office, 7 December 1927, CO 129/506/10，轉引自 Clayton, "The Consumption of Radio Broadcast Technologies," 712。

63 "The Future of Broadcasting in Hong Kong," 11 January 1956, HKRS 41-1-8882.

64 "The Development of Broadcasting," November 1950, HKRS 163-1-1178，轉引自 Clayton, "The Consumption of Radio Broadcast Technologies," 712。

65 Clayton, "The Consumption of Radio Broadcast Technologies," 698.

66 Clayton, "The Consumption of Radio Broadcast Technologies," 713-714.

67 Notes for the Meeting of the Ad Hoc Committee of Communist Activities, 7 May 1958, HKRS 952-1-1.

68 關於華民政務司署的預審職責，見 Xiaojue Wang, "Radio Culture in Cold War Hong Kong," *Interventions* 20, no.8(2018)：1157 及 J.C. McDouall, Secretary for Chinese Affairs to Colonial Secretary, 11 October 1957, HKRS 163-1-2035，以及 notes for the Meeting of the Ad Hoc Committee of Communist Activities, 7 May 1958, HKRS 952-1-1。一位名叫 Au Wai-sum 的華人助理華民政務司負責對戲劇和公共演講的「中文講稿進行預審」，關於華民政務司署內部職責分配，見 Circular from Secretary for Chinese Affairs to Heads of Government Departments, 3 January 1958, HKRS 1448-2-53。

69 Acting Financial Secretary to Deputy Colonial Secretary, 16 October 1959, HKRS 163-1-1695, 另見 Clayton, "The Consumption of Radio Broadcast Technologies" , 714-715。

70 Clayton, "The Consumption of Radio Broadcast Technologies," 715。通過向香港電台、麗的呼聲和新獲得牌照的香港商業電台輸送相同新聞簡報以對它們的新聞輸出進行壟斷控制的決定來自以下信件：Deputy Colonial Secretary to Colonial Secretary, 20 Oct 1959; Acting Colonial Secretary to Deputy Colonial Secretary, 21 October, 1959, Deputy Financial Secretary to Deputy Colonial Secretary, 23 October 1959, HKRS 163-1-1695; 關於對向廣播電台提供新聞簡報權力的重申，見 "The Future of Broadcasting in Hong Kong," HKRS 41-1-8882。

71 Director of Broadcasting to Director ISD, 4 August 1962, HKRS 41-1-8524.

72 Annual Departmental Report of Information Services Department, 1962-1963.

73 Clayton, "The Consumption of Radio Broadcast Technologies," 715; "The Future of Broadcasting in Hong Kong," HKRS 41-1-8882.

74 Clause 4 (11) in the Licence to RDF dated 9 December 1955；另見 Clayton, "The Consumption of Radio Broadcast Technologies," 715.

75 "The Future of Broadcasting in Hong Kong," HKRS 41-1-8882.

76 "The Future of Broadcasting in Hong Kong," HKRS 41-1-8882; John Martin of Colonial Office to the Ministers, 20 November 1957, CO 1027/283。香港的聽眾可以收到從廣州和澳門溢出的無線電信號。關於本地精英人士和商人對香港麗的呼聲的節目標準和運營的批評，以及綠邨電台的背景，見 Clayton, "The Consumption of Radio Broadcast Technologies," 714-718。

77 Governor of Hong Kong to E. Melville of the Colonial Office, 16 October 1957, CO 1027/283. 商業電台 1960 年的年報顯示其他股東包括怡和洋行和華僑日報創辦人岑維休。香港政府還在信中表示，如果獲得牌照，何佐芝「將與綠邨電台切斷聯繫」，綠邨電台可能「因此而倒閉」，HKRS 2139-16-3。

78 Secretary of State for the Colonies to the Governor of Hong Kong, 5 April 1957; Governor to Secretary of State for the Colonies, 10 April 1957, CO 1027/283.

79 Secretary of State for the Colonies to the Governor of Hong Kong, 4 December 1957, CO

1027/283.

80 Telegram from the Governor of Hong Kong to the Secretary of State for the Colonies, 5 December 1957, CO 1027/283.

81 同上註。

82 Clause 7(3), "Licence to Establish a Commercial Broadcasting Service," 28 August 1959, HKRS 2139-16-3.

83 Clause 7(8), "Licence to Establish a Commercial Broadcasting Service."

84 Clauses 7(9) and 22(1), "Licence to Establish a Commercial Broadcasting Service."

85 Governor of Hong Kong to the Secretary of State for the Colonies, 5 December 1957, CO 1027/283; Clause 7(10), "Licence to Establish a Commercial Broadcasting Service."

86 Clause 12, "Licence to Establish a Commercial Broadcasting Service" .

87 Commercial Radio (CR) to Director of Information Services Department (ISD), 17 April 1967, Director of ISD to CR, 22 June 1967, HKRS 2139-16-3.

88《南華早報》，1965 年 1 月 10 日。

89《南華早報》，1968 年 7 月 31 日、1965 年 1 月 10 日。

90《南華早報》，1965 年 1 月 10 日。

91 "Out Come the Answers to Radio HK,"《德臣西報》，1968 年 7 月（日子不詳），HKRS 70-1-230-1。該文作者為 Vincent Shepherd，他是一位電視名人和評論員，也是香港最早的全職法律教師之一，見 Christopher Munn, *A Special Standing in the World, the Faculty of Law at the University of Hong Kong, 1969-2019* (Hong Kong: Hong Kong University Press , 2019), 50。

92 "Out Come the Answers to Radio HK,"《德臣西報》。

93 " 'Broadcaster' Koro," *Far Eastern Economic Review*, 18 July 1968, HKRS 70-1-230-1.

94《南華早報》，1968 年 7 月 21 日，HKRS 70-1-230-1。

95《南華早報》，1965 年 1 月 3 日。

96 Agenda item for Finance Committees Meeting, 17 July 1957, minute of S.T. Kidd of Colonial Secretariat of Hong Kong, 8 July 1957; J. C. McDouall, Secretary for Chinese Affairs to Colonial Secretary, 11 October 1957, HKRS 163-1-2035.

97 Top Secret Note on Aims, Strategies and Methods to Control over RHK's Output, 19 June 1957, HKRS 952-1-1.

98 Note of discussion between Acting Defence Secretary and Controller of Broadcasting, 15 February 1958, HKRS 952-1-1.

99 同上註。

100 同上註。

101 Top Secret Note, 19 June 1957, HKRS 952-1-1.

102 Ledward to Brooks, Controller of Broadcasting, 30 April 1958, HKRS 952-1-1.

103 J.C. McDouall, Secretary for Chinese Affairs to Controller of Broadcasting, 17 May 1958, HKRS 952-1-1.

104 Samuel S. Chen to Secretary for Chinese Affairs, HKRS 952-1-1.

105 Secretary for Chinese Affairs to Controller of Broadcasting, 17 May 1958, HKRS 952-1-1.

106 Purchase record of Chinese Gramophone Records, 7 February 1958, HKRS 952-1-1.

107 Notes for the Meeting of the Ad Hoc Committee of Communist Activities, 7 May 1958, HKRS 952-1-1; Minutes of the Meeting of the Ad Hoc Committee of Communist Activities, 7 May 1958, HKRS 952-1-1.

108 Notes for the Meeting of the Ad Hoc Committee of Communist Activities, 7 May 1958, HKRS 952-1-1.

109 Note of Controller of Broadcasting on the Call from Special Branch, 19 December 1958, HKRS 952-1-1.

110 廣播處長致公共關係主任的備忘錄中談到是否播放新馬師曾和紅線女拍攝的《搜書院》，該片由中聯電影企業公司製作、南方發行公司發行，二者皆為知名左派電影製片公司和發行商，關於這些電影製片公司在冷戰時期在香港的活動，見 Fu Poshek, "More than Just Entertaining: Cinematic Containment and Asia's Cold War in Hong Kong, 1949–1959," *Modern Chinese Literature and Culture* 30, no. 2 (2018): 1-55。

111 Minutes of the Meeting of the Ad Hoc Committee of Communist Activities, 7 May 1958, HKRS 952-1-1.

112 Notes for the Meeting of the Ad Hoc Committee of Communist Activities, 7 May 1958, HKRS 952-1-1.

113 Senior Program Assistant to Controller of Broadcasting on "Family Chit Chat" and "Family Diary" , 26 April 1958, HKRS 952-1-1.

114 Notes for the Meeting of the Ad Hoc Committee of Communist Activities, 7 May 1958, HKRS 952-1-1.

115 近期發表的作品見 Poshek Fu, "More than Just Entertaining"；李淑敏：《冷戰光影：地緣政治下的香港電影審查史》（台北：季風帶文化有限公司，2018）及 Du Ying, "Censorship, Regulations, and the Cinematic Cold War in Hong Kong (1947-1971)," *China Review* 17, no. 1(2017):117-151。

116 *Film Censorship Standards: A Note of Guidance*, Television and Films Division, Secretariat for Home Affairs of the Hong Kong Government, May 1973, HKRS 313-7-3.

117 李淑敏：《冷戰光影》，頁 197-198。

118 "Notes and Comments on 'A Statement of the General Principles as Adopted on 20 November

1965 by the Film Censorship Board of Review", William Hung, Chief Film Censor, 1 Dec 1970, HKRS 508-3-1-3.

119 關於對美國電影的審查，見 Du, "Censorship, Regulations"。

120 "Films: Waves on the Southern Shores," R.S. Barry to Board of Review, 6 Mar 1965, in HKRS 394-26-14.

121 R. S. Barry to Southern Film Corporation, 18 May 1965, HKRS 394-26-14.

122 P. G. F. Dalton, Foreign Office to W. I. J. Wallace, Colonial Office, 5 Feb 1958, CO 1030/582.

123《假如我是真的》自 1981 年以來被禁映五次。1988 年新《電影檢查條例》通過（將在第六章討論）後，該片於 1989 年 5 月獲准放映，詳見港督衛奕信 1989 年 1 月 30 日給英國外交部的信，FCO 40/2823。

124 在新《電影檢查條例》通過後，該片於 1989 年 5 月獲准放映，批准放映的部分原因是中國政府的「低調反應」，詳見港督衛奕信 1989 年 5 月 26 日給英國外交部的信，FCO 40/2823。

125 關於《公眾娛樂場所條例》（第 172 章）有關戲劇審查的法律，見 Johannes Chan, "Freedom of Expression," 208-209；關於 1950 年代和 1960 年代戲劇表演審查的實踐的檔案研究，見張翠瑜：〈香港政府治理戲劇的策略，1945-1997〉（哲學碩士論文，香港中文大學，2013），第二章。

126 E. G. Willan, Colonial Secretariat to J. D. Higham of Colonial Office, 17 Oct 1962, CO 1030/1108.

127 From P. L. Carter of British Embassy in Washington to Donald Hopson of Foreign Office, 27 May 1958, CO 1030/583.

128 殖民政府的確在監視「情報販子在香港的活動」，例如，他們向美國出售有關中共的情報，關於這些活動的細節見 CO 968/226。另見 Lu Xun, "The American Cold War in Hong Kong, 1949–1960," in *Hong Kong in the Cold War*, 117-140。

129 關於騷亂的詳細描述，見張家偉：《六七暴動：香港戰後歷史的分水嶺》（香港：香港大學出版社，2012）；Mark, *The Everyday Cold War*, chapter 4；關於當地左派對事件的回憶，見周奕：《香港左派》，第二十至二十七章。

130 FCO 40/53, No 115, June 1968。轉引自 Ray Yep "Cultural Revolution in Hong Kong: Emergency Power, Administration of Justice and the Turbulent Year of 1967," *Modern Asian Studies* 46. 4 (2012): 1010。

131 據信，以江青為首的激進分子自 1967 年 1 月起從周恩來總理手中取得了指揮「文化大革命」的權力，見張家偉，《六七暴動》，頁 33-34。香港左派暴亂升級的一個重要轉折點是中國外交部於 1967 年 5 月 15 日發表的聲明以及《人民日報》在 1967 年 6 月 3 日至 7 月 5 日連續發表的支持性社論，見 Ray Yep, "The 1967 Riots in Hong Kong: The Domestic and Diplomatic Fronts of the Governor," in *May Days in Hong Kong: Riot and Emergency in 1967*, ed. Robert Bickers and Ray Yep (Hong Kong: Hong Kong University Press, 2009), 22-23；張家偉：《六七暴動》，頁 55 及第四章，和 Carroll, *A*

Concise History, 153-156。

132 Ray Yep, "The 1967 Riots in Hong Kong," 22-23.

133 Ray Yep and Robert Bickers, "Studying the 1967 Riots: An Overdue Project" in *May Days in Hong Kong: Riot and Emergency in 1967*, 9. 關於戴麟趾與英國外交部之間的意見分歧，見 Mark, *Everyday Propaganda*, 163 以及張家偉：《六七暴動》，第七至八章。

134 Hong Kong to the Commonwealth Office, 16 July 1967, FCO 40/112, 轉引自 Yep "Cultural Revolution in Hong Kong," 1010.

135 Commonwealth Office, "Feasibility Study on Evacuation of Hong Kong," 6 September 1967, FCO 40/92，轉引自張家偉：《六七暴動》，頁 141-142，註釋 8。

136 Emergency (Prevention of Inflammatory Speeches) Regulations (L.N. 80 of 1967), reg. 3.

137 Carroll, *A Concise History*, 155；周奕：《香港左派鬥爭史》，頁 278。

138 Emergency (Principal) Regulations (Commencement) (No. 3) Order (L.N. 118 of 1967); Emergency (Committee of Review) Rules (L.N. 119 of 1967).

139 Emergency (Courts) Regulations (L.N. 79 of 1967), reg. 3, 4.

140 Emergency (Principal) (Amendment) (No. 2) Regulations (L.N. 120 of 1967), reg. 4.

141 關於新華社的作用，見 Mark, *Everyday Propaganda*, 162。關於九家左派報紙的發行量，見 Special Branch, "Chinese Communist Press Machine in Hong Kong: Its Scope and Its Impact," 21 November 1968, FCO 40/222。

142《田豐日報》，1967 年 7 月 1 日，引自華僑日報，1967 年 8 月 24 日。

143《香港夜報》，1967 年 8 月 4 日，引自華僑日報，1967 年 8 月 25 日。

144《田豐日報》，1967 年 7 月 7 日，引自華僑日報，1967 年 8 月 24 日。

145《田豐日報》，1967 年 7 月 31 日，引自華僑日報，1967 年 8 月 2 日。

146《新午報》，1967 年 8 月 6 日，引自華僑日報，1967 年 8 月 25 日。

147《田豐日報》，1967 年 7 月 9 日、11 日，引自華僑日報，1967 年 8 月 25 日。

148 Mark, *Everyday Propaganda*, 162.

149 香港與倫敦之間關於選擇應起訴報紙的溝通，見張家偉：《六七暴動》，頁 155-157；Mark, *Everyday Propaganda*, 163-164。

150 "Prosecution of the Afternoon News, Hong Kong Evening News and Tin Fung Yat Pao," D. R. Harris, Commissioner of Police to Director of Information Services, 2 Sep 1967, Senior Information Officer (press enquires), 19 December, 1967, HKRS 70-1-313B;《南華早報》，1967 年 8 月 11 及 25 日；Klein, "The Empire Strikes back," 51; Mark, *Everyday Propaganda*,163-164；張家偉：《六七暴動》，頁 157；Yep and Bickers, "Studying the 1967 Riots," 9。

151 D. R. Harris to Director of Information Services, 2 Sep 1967, HKRS 70-1-313B；《工商日

報》，1967 年 8 月 18 日。

152《工商晚報》，1967 年 8 月 19 日；Mark, *Everyday Propaganda*, 164；張家偉：《六七暴動》，頁 157。

153 *Hong Kong Star*, 3 September 1967, HKRS 70-1-313B.

154 關於判決和量刑，見《南華早報》，1967 年 8 月 30 日、9 月 5 日及 8 日。一家週刊《青年樂園》及其副刊《新青年》也在 11 月被停刊。其出版人、經營者和編輯 Chan Tsui-tsun 被起訴，罪名是出版煽動性刊物及出版含有旨在誘使他人犯罪的刊物，見 Senior Information Officer (press enquires), 19 December 1967, HKRS 70-1-313B。

155 "Jailed Communist Newspapers Employees in 1967 Civil Disturbances," 24 November 1968, Senior Information Officer (Press Enquires), 19 December 1967, HKRS 70-1-313B. 其中一些逮捕和審判被報導出來，見《南華早報》，1967 年 6 月 11 日、9 月 8 日、9 月 14 及 15 日；關於一位左派人士的憶述，見周奕：《香港左派鬥爭史》，頁 276-278。

156《南華早報》，1967 年 9 月 6 日。

157《南華早報》，1967 年 9 月 14 日。

158《南華早報》，1967 年 7 月 20 日；Mark, *The Everyday Cold War*, 118-119。

159 香港總督對 1967 年暴動期間入獄的某些囚犯（包括左翼新聞記者）進行了減刑，使他們能夠提前獲釋，見 Government Information Service's Press Release, 9 May 1969, HKRS 70-1-313B；關於格雷的釋放，見 Mark, *The Everyday Cold War*,143-148；另見 Carroll, *A Concise History*, 156。

160 Mark, *The Everyday Cold War*, 118-124; Carroll, *A Concise History*, 156.

161 Emergency (Prevention of Inflammatory Speeches) Regulations (L.N. 80 of 1967), reg. 5.

162 The Emergency (Prevention of Inflammatory Posters) Regulations (L.N. 83 of 1967), reg. 4.

163 Emergency (Prevention of Inflammatory Speeches) Regulations (L.N. 80 of 1967).

164《南華早報》，1967 年 10 月 10 日；《華僑日報》，1967 年 10 月 10 日。

165《南華早報》，1967 年 9 月 12 日。

166 Klein, "The Empire Strikes Back," 50; "Around Hongkong,"《南華早報》，1967 年 11 月 12 日。

167《南華早報》，1967 年 12 月 8 日。

168 Yep, "Cultural Revolution in Hong Kong," 1022.

169《南華早報》，1967 年 7 月 12 日。

170《南華早報》，1967 年 7 月 7 日；Klein, "The Empire Strikes Back," 46。

171《大公報》1967 年 8 月 19 日；《南華早報》，1967 年 8 月 19 日。

172《南華早報》，1967 年 8 月 27 日。

173 在七個月的騷亂中，報紙上有許多關於逮捕和控告持有煽動性海報的年輕人的報導，見《南華早報》，1967 年 9 月 9 日、11 月 12 日及 30 日、12 月 8 日；另十六名教師和一位校長被逮捕，並被控告在政府大樓外舉行的示威中參與恐嚇性集會，見《南華早報》，1967 年 7 月 21 日。

174《大公報》，1967 年 8 月 19 日。

175《南華早報》，1967 年 7 月 25 日。

176《南華早報》，1967 年 11 月 30 日；周奕：《香港左派鬥爭史》，頁 304。

177《南華早報》，1967 年 11 月 29 日。

178 Emergency (Prevention of Intimidation) Regulations (L.N. 98 of 1967), reg. 4.

179 Emergency (Closed Areas) Regulations (L.N. 99 of 1967); Emergency (Closed Areas) (North Point Power Station) Order (L.N. 100 of 1967); Emergency (Closed Areas) (Hok Yuen Power Station) Order (L.N. 101 of 1967); Emergency (Closed Areas) (Hong Kong Tramways Limited Depot, Workshops and Welfare Centre) Order (L.N. 107 of 1967).

180 例如，Public Order Ordinance (No. 64 of 1967)。關於被廢除的規例，見 Emergency Regulations (Repeal) Order (L.N. 39 of 1970); Emergency Regulations (Repeal) (No. 2) Order (L.N. 56 of 1970); Emergency (Principal) Regulations (Discontinuance) Order (L.N. 42 of 1970); Emergency (Principal) Regulations (Discontinuance) (No. 2) Order (L.N. 52 of 1970)。

181 Annual Departmental Report by the Director of Information Services for the Financial Year 1967-1968; Yep and Bickers, "Studying the 1967 Riots," 11；程翔：《香港六七暴動始末：解讀吳荻舟》（香港：牛津大學出版社，2018），頁 199-208。

182 N. J. Watt, "Teleprinter Service to Newspaper," 19 December 1967, FCO 40/115.

183 Annual Departmental Report by the Director of Information Services for the Financial Year 1967-1968, para 15.

184 Annual Departmental Report by the Director of Information Services for the Financial Year 1967-1968, para 28；陳雲：《一起廣播的日子，香港電臺八十年》（香港：明報出版社，2009），頁 108。

185《德臣西報》，1969 年 5 月 24 日，HKRS70-1-230-1。

186 同上註。

187 同上註。

188 同上註。

189 在 1972 年以前，政府新聞處處長年度報告中的「廣播新聞室」部分並不迴避對此種控制的細節描述，見 Annual Departmental Report by the Director of Information Services, 1960-1971。

190 例如，TVB 會請藝人劉家傑、朱維德等來讀新聞簡報，見《TVB 開心三十年》（香港：TVB 周刊，1997），頁 152。

05

準備香港前途談判：高調鬆綁與暗中控制

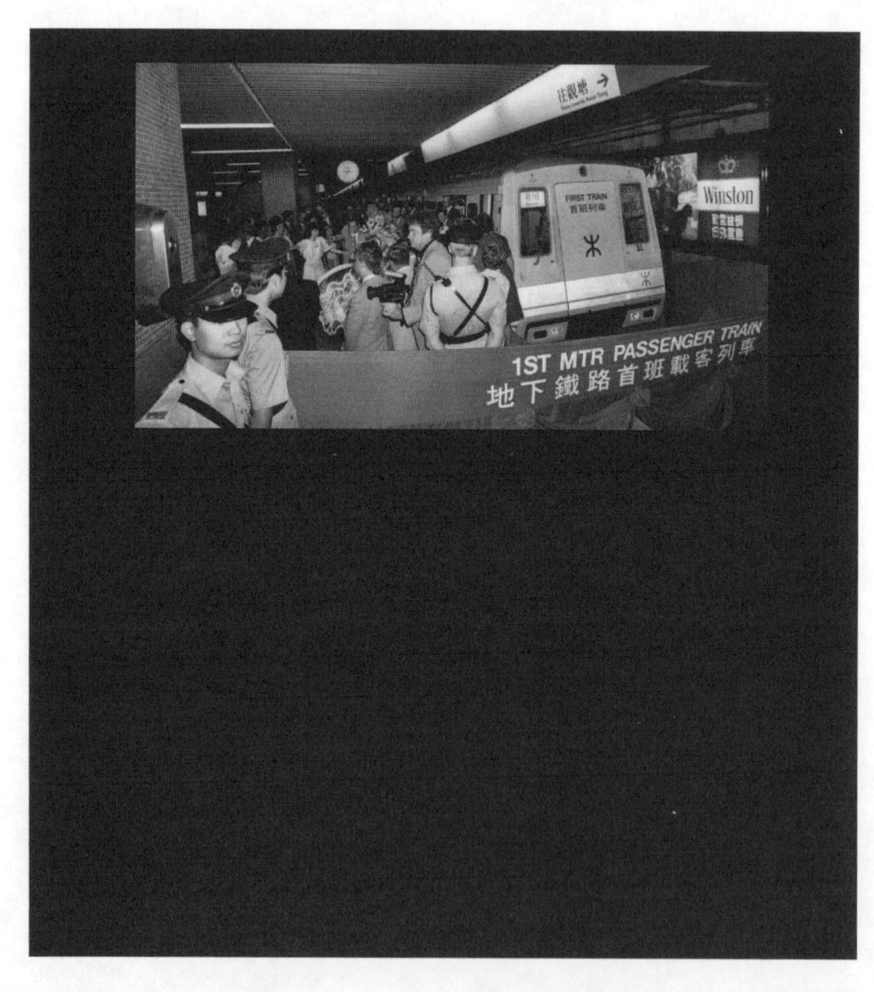
往觀塘
FIRST TRAIN
首班列車
Winston
1ST MTR PASSENGER TRAIN
地下鐵路首班載客列車

1967年12月，中國總理周恩來重新掌管國家外交事務，命令香港左派停止埋放炸彈，並檢討他們在香港的行動。1968年初，周恩來向香港左派組織傳達了鬥爭方向錯誤的信息。[1] 在失去北京支持後，長達七個月的暴動終於結束。由於港府的鎮壓，包括教師、學生、工人和記者在內的左派支持者被大規模逮捕、遞解出境與拘留，香港左派組織在財力與人力方面都嚴重消耗。在七個月的時間裏，左派報紙中因為刊載左傾內容而失去將近一半的日常讀者。[2] 曾參加全港罷工的左派工會工人亦很難找到新的僱主，因為很多僱主擔心他們有潛在的暴力行為。因此，在1960年代末和1970年代初，左派媒體和學校的公然對抗有所緩和。左派報紙變得更少宣揚共產主義教條，並將更多的版面用於非政治性的本地新聞、體育消息和有時刊登一些通俗故事，試圖在香港讀者中重新獲得信任和收入。[3]

港府在鎮壓暴亂中，艱難地取得勝利後，戴麟趾（David Trench）提議對左派學校和本地左派採取更為嚴厲的措施，但被英國外交部和英國駐北京臨時代辦阻止，這兩個部門與港督就香港和倫敦自1950年代後面臨的困境辯論：

> 對香港的共產主義者而言，有兩個領域格外敏感：新聞和

教育……同之前一樣，一方面要採取堅決行動以維護政府在香港的權威及公眾信任，另一方面要防範中國中央人民政府對我們任何措施有激烈反應，從而危害中英關係，特別是對香港造成風險，問題是要在兩者之間取得平衡。[4]

外交部強調，需在鎮壓本地左派分子和維持可行的中英關係之間取得平衡。外交部和英國臨時代辦也非常擔心中英關係惡化，或會不利於仍在交涉的，有關釋放被拘留在中國的數十名英國人的問題。[5] 英國臨時代辦還對英國對華出口貿易的大幅下滑表示擔憂，如果兩國關係因為在香港的衝突而惡化，那麼出口貿易可能會繼續下滑。[6] 外交大臣因此懇請戴麟趾在考慮進行任何進一步行動時，能兼顧到那些在中國被扣為人質的英國國民。[7]

在戴麟趾看來，惡劣的中英關係由多種因素造成，但都不是英方的過錯。他告訴倫敦，造成兩國關係不佳的最根本原因，是中國未能成功將其意志加諸香港。而中國的革命熱情、對港府意識形態上的反對，以及抗議英國透過香港支持美國反共加劇了兩國的緊張關係。由此看來，如港府大幅讓步很可能會鼓勵北京進一步侵犯，而小的妥協雖然可能削減北京在宣傳上的攻勢，但不會從根本上改變中英關係。他認為，通過「有效的外交攻勢」或「宣傳」等替代手段來改善關係可能會更好。[8]

然而，戴麟趾受倫敦的指示約束，除非香港的事態發展已到了「無可避免」的情況，否則不得對左派採取進一步行動；而在必須行動的情況下，港督也應提前通知，並預留時間給英國政府磋商。[9] 然而，在 1971 年戴麟趾的總督任期結束之前，那些被港府視為煽動的攻擊從未中斷，儘管言論的激烈程度都有所減弱。港府對左派更大規模的起訴行動之所以被英國「禁止」，部分原因來自於英國駐北京臨時代辦曾遭焚燒洗劫。在外交部和聯邦事務部看來，僅將檢控範圍限制在針對那些最具「公然煽動性和顛覆性的」出版物，是「為了中／港／英關係整體利益而採取的最佳做法」。[10]

與此同時，左派報紙也採取了新做法。他們不再煽動反抗「英國法西斯帝國主義」，改為批評「（香港）當局在管理殖民地事務方面實際或聲稱的缺陷」，特別是「在公共交通、治安、勞工糾紛、小販和徙置計劃等領域」。[11] 在左派控制的學校，教師和學生對政府的學校視學官的公開敵意也有所減少。[12] 香港在十年之交相對和平，也適逢全球地緣政治氣候趨於平靜，隨着中國和英美陣營之間的關係逐漸改善，最終令中國在 1971 年聯合國的成員國地位得到承認、1972 年尼克遜總統訪華的歷史性時刻和 1972 年中英互換大使。[13]

麥理浩「黃金時代」背後：英國的對華策略

在此種地緣政治背景下，麥理浩（Murray MacLehose）在 1971 年底接替戴麟趾出任港督。與之前那些來自殖民地官僚系統的總督不同，麥理浩是第一位出身外交部的職業外交官。[14] 因此，根據中國與「太平洋主要大國和世界其他地區」的關係，在不久的將來可能發生的外交變化，他對香港該如何運作有着細緻入微的理解。[15] 與戴麟趾不同，麥理浩認為戴麟趾重視「安全風險」勝於為香港未來規劃的考慮，他看到了為香港的未來進行「高度機密但徹底審視」的益處。麥理浩於 1971 年 10 月提交給外交和聯邦事務部的絕密「事務計劃」，概述了其總督工作的指導原則。其中，他強調需要在香港展開相應的工作，以便當「更有利的」中國政府出現時，在關於香港未來的談判中增加英方的「談判能力」。[16] 他把提交給外交大臣的二十六頁政策計劃書分為三個部分：第一部分有關長遠規劃，第二部分有關香港內部的政策，第三部分則題為「香港與中國」。麥理浩所建議的政策建基於英國必須在 1997 年以前就香港前途問題與中國進行談判。在長遠規劃部分，他強調要「在香港有意識地制定增強信心的政策，從而盡可能地爭取時間，以便形成有利的談判條件來與中國政府談判」。[17] 他認為政策的「成功操作」，可能會為他們贏得幾年時間並改善他們的談判地位。為此，在其總督任期實施，至今仍令人稱頌的住房和教育改革，被列在這篇治理策論的「香港內部政策」部分。它們符合麥理浩認為的「殖民地存續的基本條件，即必須保持與中國生活水平有巨大差距」。在麥理浩看來，這必須「在租約將於二十六年後終止的大背景下」完成，以應對新界租約期滿之前開始產生的壓力與緊張。[18]

麥理浩將香港的發展置於終將回歸中國的背景下，不過其遠見不應被過分地誇大。他只是遵循英國根據「六七暴動」後一系列關

1979 年 3 月，港督麥理浩訪問北京，是中華人民共和國成立以來，首位官式訪華的香港總督。來源：香港大學圖書館。

於香港未來的秘密研究報告，而進行的徹底分析和結論。這些研究得出的結論是香港不可能「獨立」，原因在於中國的明確反對，以及香港在軍事上無力防衛。1969 年，英國對自身能否在 1997 年之後甚至之前控制香港未來相當悲觀，因為「中國可以在任何時候通過直接的軍事攻擊或有組織的內部暴動，使我們站不住腳，奪取香港」。一項研究得出結論稱，「香港的未來最終必將取決於中國」，並指出英國的目標「必須爭取在有利的時機、以有利於其市民和我們在香港的重要利益的最佳條件，對其回歸進行談判」。[19] 當周恩來告知前英國駐東南亞專員馬爾科姆・麥克唐納（Malcolm MacDonald），中國在新界租約期滿之前不會尋求收回香港時，這種悲觀情緒才略微有所轉變。[20] 1971 年 12 月，英國外交大臣休姆（Alec Douglas-Home）向內閣的國防及海外政策委員會提交了一份關於香港未來的新文件，儘管文件中仍承認，「若中國政府在任何時候決定驅逐我們，我們幾乎無能為力」，但英國現在認為在 1997 年之後並非完全不可能繼續保持對香港的控制。[21] 該文件闡述了這樣做的優劣之處。其中的優點包括保守英國對「兩百萬本地居民的承諾」，因他們是將被置於中國統治下的英國公民，利用香港「作為基地和情報來源」，以及為英國保持國際收支平衡。該文件也認為，保留殖民地將與英國戰後的殖民政策背道而馳，而英國加入歐洲經濟共同體可能使香港成為「一個日益尷尬的政治上的不合時宜者」。儘管如此，該文件還是在香港的未來策略方面提出三種方案，內閣大臣們也予以贊同。其內容即在維持現狀的同時，英國將在接近 1997 年時「與北京進行初步的非正式接觸」，以期「通過談判達成新的租約條款」，或者確保中方表明他們「在 1997 年後不會干涉現有的安排」，或若前兩個方案都未能實現，則對「在 1997 年有序撤離」進行談判。[22]

正是在這種策略背景下，麥理浩制定了一系列計劃，通過滿足香港人「從半貧困走向半富足」狀態，以最大限度提高英國對中國的談判能力，並以此在拒絕香港憲法上民主化需求的同時，確保港人的「忠誠」。[23]不過，外交和聯邦事務部與麥理浩都同意，不必急於與中國談判，而寧願等到「一個更有利的（中國）政府出現」。[24]為了給英國爭取時間改善其談判地位，麥理浩建議，除了讓香港的生活「在各方面都比中國好」，以便使中國「在面對收復〔香港〕的問題上有所顧慮」外；香港不應阻礙中國內地從香港賺取合法收益及吸取外匯；不應與中國發生「不必要的摩擦」，也不應給人「任何邁向代議政制或獨立政府的印象」。[25]「維持現狀」—— 這個在外交和聯邦事務大臣撰寫的有關「香港未來」的英國內閣備忘錄中，反覆提到的關鍵詞，將被嫺熟巧妙地維持下去，以滿足英國的政治願望和中國的經濟需要。[26]

與英國的這項策略相一致的是，在 1972 年 3 月 13 日中英達成互派大使的協議數月後；聯合國大會在 11 月，以壓倒性多數通過了一項關於中國要求將香港和澳門從殖民地名單中排除的決議，為兩地回歸祖國鋪平了道路。[27]幾乎在同一時間，麥理浩在向外交大臣提交的政策報告中重申，將香港的內部政策，置於未來與中國就香港問題進行談判的背景下，具有重要戰略地位：「在接下來的十年內大力解決殖民地內部問題，使問題消除到一定程度，即以西方標準來看沒有任何羞慚之處，而以中國的標準來看處處都能激起香港市民的自豪感和成就感。」[28]長遠目標是培養香港市民的自豪感以作為「對國家的忠誠」的「有效替代」，使香港人感到「香港是他們所屬的實體，是他們希望生活居住的地方」，並避免「在香港進行那些凸顯租約即將到期的行動和行政程序」，從而最大限度地提高英國在與中國就香港未來進行談判的能力。在麥理浩管治下，香港進行了一系列的社會經濟改革，這使他十一年的總督任期被人們懷念為香港的「黃金時代」，或有人稱之為寬仁的殖民主義。[29] 然而，呂大樂和葉健民近期的研究表明，在外交和聯邦事務部看來，麥理浩是一個不情願的改革者，他拒絕了英國為解決其戰略和政治關切而提出的徹底改革香港社會和政治體系的要求。麥理浩尤其反對在香港引入更具代表性的立法機關，因為他認為保持立法局成員的「建設性和合作性」是「最為重要的」。他還認為香港人對代議制政府「興趣不大」，原因是他們的「威權政府傳統」以及中國對此種民主理念固有的反對。[30] 近期研究也顯示，麥理浩時代的許多改革項目，如建設公共屋邨和反貪措施，都是建立在其前任所奠定的基礎之上。[31]

不過，與 1960 年代末遍佈全港的擁擠不堪的寮屋區、從內地移民來港的兒童所導致的學位名額的嚴重短缺、貧乏的社會福利和醫

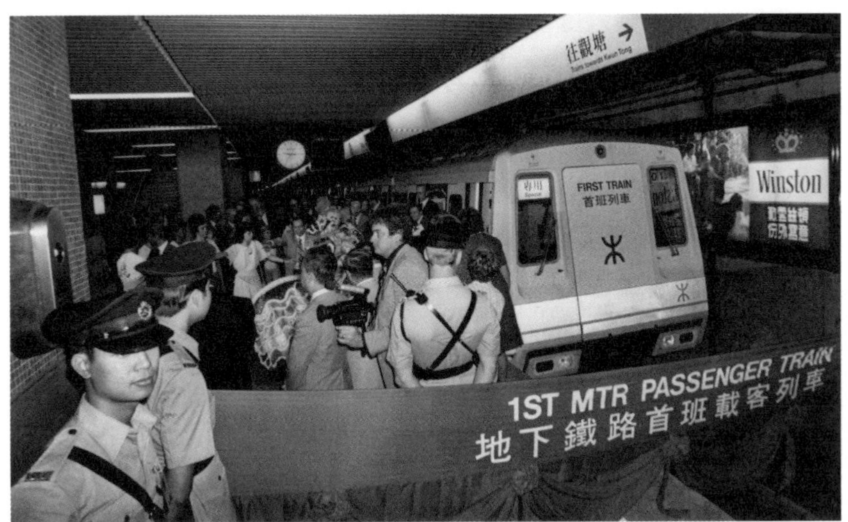

1979 年 9 月 30 日，由港督麥理浩主持香港地鐵舉行通車儀式，第二天正式通車載客。圖為第一架列車準備從石硤尾站開往觀塘站。來源：香港大學圖書館。

療服務、以及腐敗到幾乎無可救藥的公共服務和警察隊伍相比，麥理浩在經濟、住房、教育和社會福利領域的改革給香港人留下深刻印象並使他們受益；香港人是英國在未來與中國談判的前題下，所精心規劃的社會經濟改革的附帶受益者，[32] 中國也是麥理浩在其宏大計劃中所設想的另一受益者。建立強健的經濟不僅可以支持「（香港）歷史上最大支出的決議」，還可以促使中國內地保留對香港的現有政策，香港的價值主要在於，可以作為內地在香港或經香港銷售產品所得外匯的主要來源。麥理浩向外交和聯邦事務部解釋說，「只要這種局勢維持下去，香港對中國的用處就會維持下去」。「反過來說，如果這種局勢發生變化，我們則可能遇到麻煩」。[33] 正如歷史學家高馬可所指出的，麥理浩「恰好處於香港經濟顯著增長的時期」，這使他宏大的福利計劃得以實踐。由於來自內地的移民工人、生產者和消費者的湧入，以及在 1960 年代發展的工業化和貿易網絡，香港的本地生產總值從 1960 年代到 1970 年代平均增長了 10%。[34] 麥理浩作為一名經驗豐富的外交官，以及在 1959 至 1962 年間擔任柏立基的政治顧問，他清楚知道在經濟上為中國提供支持，未必能保證英國在將來有足夠的時間改善其對中國的談判地位。他深知「不能從經濟角度解釋共產中國的歷史」。人們「完全不清楚這個新時代（即美國不再孤立中國的時代）的特徵」為何，也不清楚其對「中國容忍家門口的殖民地的意願」有何影響 —— 無論它的存在多麼有利可圖。港府所能做的，就是「確保中國獲得最大程度的利益以及最小程度的不利和顏面損失」。他承認「如果中國選擇與我們作對」，「這些策略將會失效」。[35]

從 1970 年代初到 1980 年代初，香港本地生產總值增長了五倍，加上本地左派人士和左派媒體與香港政府的共存關係、中蘇交惡後中英美三國地緣政治關係的改善、以及「文化大革命」的逐漸平息，使麥理浩得以在接下來的十年實施其宏大計劃，而不會受到社會動盪或全球緊張局勢的太多干擾。撇開該計劃背後的地緣政治目的，以及當中一些項目未能達到預期目標不談，他在教育、住房、社會福利、醫療和反腐敗方面，達成了香港人在殖民時代從未有過的期望。[36] 雖然麥理浩的社會改革吸引了大量的學術關注（本書在此不再贅述），他在言論和新聞自由這些政治敏感問題上政策在很大程度上被忽視了。為了培養「市民自豪感」、保持「與中國生活水平的較大差距」、並加強香港人對港府的認同和忠誠，麥理浩不僅試圖建立一個在物質上更為優越的香港，而且還要將香港樹立成一個比內地更加自由的社會形象，從而最大限度地增加英國在將來與中國談判的籌碼。下一節將追述香港在殖民統治的最後二十六年裏，如何開始鬆綁和解噤。

使香港成為「自由社會」：公開鬆綁暗中控制

歷史學家形容麥理浩是「以大膽承諾來為其計劃造勢的大師」，並且能夠熟練運用「精明的宣傳活動」，他對政府和他自己的公眾形象包裝有高度敏感。[37] 他提交給英國的施政方針中，有一部分題為「政府在民眾心目中的形象」，其中表達了他不滿香港「極其零散無序和人手不足的新聞業」，以及港府未能改善與民眾溝通渠道。他承諾要將重整此事「作為首要任務」，並尋找「足夠有能力的政府發言人」[38] 以不同的方式解決新聞業問題，並確保實現他的戰略性目標，即在中英就香港未來問題進行談判之前，創造出一個殖民主義的仁政形象。

麥理浩對新聞業的專業性及政府與新聞界之間的關係感到失望並非沒道理。在 1960 年代末及 1970 年代初，儘管電子媒體，如電台和無線電視逐漸取代報紙，成為香港市民日常新聞和政府公告的主要來源，但電台和電視台甚至沒有自己的新聞團隊來採訪本地和國際新聞。香港電台的資深廣播員承認，在 1970 年代初，香港電台甚至沒有能報導日常新聞的專業記者，儘管該電台已運營了四十多年。[39] 正如前文所述，香港電台、商業電台和麗的呼聲的日常新聞簡報都是由政府新聞處隨時「配送」，並由新聞播音員進行宣讀，這些播音員有時不是專業記者，而是電台主持人和電視藝人。1967 年末開始運營的第一家無線電視廣播公司：無線電視，在大約 1969 至 1970 年之前也在政府新聞處的配送名單上。正如政府新聞處在 1970 年其當年的年度報告中始能提及：「兩家電視台（無線電視和麗的映聲）均通過各自的渠道獲取拍攝的新聞素材。」[40]

在戴麟趾史無前例地給予電視廣播公司報導新聞自由（其限制將在下文討論）的基礎上，麥理浩政府進一步宣稱要開放香港的電台。其中一些自由化措施，更令管理香港廣播業的高級官員倍感意外。麥理浩到任後不久，便替換負責控制廣播輿論和信息的最重要部門（即香港電台和政府新聞處）的主管。來自英國廣播公司的何國棟（James Hawthorne）被任命為廣播處長，取代了領導香港電台 16 年的布祿士（Donald Brooks）。1973 年，港府決定香港電台應該編製自己的新聞簡報。[41] 何國棟發現港府取消對新聞控制是一個相當令人意外的決定，這導致香港突然缺乏有經驗並能夠報導日常新聞的記者：「突然間⋯⋯規則變了。但問題是，（記者們）一直在以一種特殊的方式工作，他們在採訪優質的新聞故事方面沒有真正的經驗」。在香港電台的新聞部成立後，政府新聞處不得不臨時調派官員與香港電台的記者合作，並對他們進行培訓，在這之後新聞部才能夠獨立運行。[42] 1974 年，商業電台的牌照又被延長十五年，它被允許製作和播放自己的新聞簡報，而不是轉播香港電台的新聞簡報或宣讀政府新聞處的新聞稿。[43] 在紀念香港電台和商業電台成立週年的出版物中，其新聞部的「獨立」被自豪地銘記為「編輯自主」的里程碑；然而現實是，製作節目（包括新聞簡報和時事節目）的自主權實際上仍受到港府頒佈的《廣播節目標準》中所載的政治要求而限制。[44] 根據該標準，如果廣播節目包含「挑起對香港政府、法律或司法的仇恨」、「不利於公共利益」或「損害與其他地區的良好關係」等內容，即被視為「不良」節目。在《緊急情況規例條例》下的《審查規例》、《煽動條例》、《教育規例》和《電影檢查條例》中也可以找到類似的國家安全關鍵用語，如「對政府的仇恨」、「公共利益」和「與其他地區的良好關係」等，這些用語詞義模糊不明確，而這在殖民地的法例和規例中卻是司空見慣的。[45] 直到 1995 年，也就是香港回歸前兩年，這些模棱兩可的政治紅線一直保留在法律當中，對香港的廣播節目施加着政治上的限制。[46] 麥理浩控制電子媒體的策略與葛量洪總督在 1950 年代初通過《刊物管制綜合條例》控制中文報紙的做法類似。隨着電子媒體從業者數量的增多，港府選擇不浪費有限的人力來準備或預先審查廣播電台和電視台每天產出的大量節目；相反，它為媒體從業者劃定了嚴格但定義模糊的政治界限，並要求他們遵守，否則便會被依法罰款、起訴和打壓。據一位前香港電台主持人回憶，政治部會負責監察廣播節目，並在發現節目主持人即將超出政治界限時向他們私下警告。[47] 除此以外，記者和節目製作人在內容創作方面基本不受約束。在這一政治邊界內，廣播和電視台的新聞團隊不斷擴大，許多著名的時事節目在 1970 年代被推出並開始流行。[48] 麥理浩在任首兩年，除了延長無線電視現有的牌照外，還向另外兩家電視台發放了牌照。儘管所有這些電視台都可「自由」地製作自己的新聞簡報和娛樂節目，卻受制於另一個國家安全「關鍵詞」的政治規限，即《電視條例》所規定的「和平與良好秩序」（peace and good order），該法例授權政府設定和公佈諸如《電視規例》和《電視節目標準》等界限。[49] 條例亦授權政府禁止任何威脅「殖民地和平與良好秩序」的節目播出。如果政府認為擬由持牌電視台播出的任何節目，可能會影響到香港的和平或良好秩序，則可要求該電視台「按要求向政府提供包括底稿在內的任何計劃播出的材料」，[50] 或「預先錄製節目，並在播出前提交報批」。[51]《電視規例》要求電視台在其節目安排中包括「合理比例」的「完全來自英國或英聯邦」的材料。[52] 該規例還要求電視台「從新聞處長批准的來源或服務」獲取新聞。[53] 麥理浩政府進一步修訂 1964 年《電視條例》，規定電視台有法定責任在節目中納入政府提供的新聞節目、有關公共利益的公告以及政府「所提供的其他材料」。[54] 除了規定在電視節目中應包含哪些內容外，法律還授權政府以政治理由對節目進行預審，要求電視台排除任何可能鼓勵公民不服從、詆毀或不尊重法律、或為外國政黨利益服務的內容。[55]《電視節目標準》亦規定，任何電視節目都不得包含任何「不符合公共利益」或可能「嘲諷或詆毀法律制度及其執行」的內容。如不遵守這些規則，廣播牌照便會被撤銷。我們將在下一章看到，這些政治限制基本上持續存在，且一直延續到殖民時代的最後幾年。

「推動」新聞自由

在開放電台和電視台使之不必「宣讀」由政府新聞處編製的新聞簡報同時，政府新聞處的處長職位也發生變動。1974 年華德（Nigel Watt）被霍德（David Ford）接替，後者是一名前英國軍官，曾在十七個不同國家服役，並在「六七暴動」期間借調到香港。通過閱讀在華德和霍德領導下的政府新聞處年度部門報告可發現，在如何包裝並向公眾展示政府新聞處之角色方面，二人存在明顯不同。華德的報告在政治上毫無遮掩並誇耀政府新聞處的反共宣傳，其中一份報告稱：「安裝在中國銀行大樓的共產黨擴音器，被政府安裝在附近建築，與之相對且更強大的擴音器所制肘，它們為公眾播放粵劇，有效地淹沒了共產黨的宣傳。」華德還詳細介紹了政府新聞處的廣播新聞室如何勤勉地為電台和電視台「服務」，「廣播新聞室每天為它們準備十四條時長從兩分鐘到十分鐘不等的中英文新聞簡報和摘要，工作人員每天輪班工作，日夜堅守在新聞室」。[56] 他在政治上毫不避諱地點名那些表達「正統中國共產主義政策」或為「台灣國民黨政權」說話的報紙。[57] 華德及其前任領導下的政府新聞處製作的年度報告以十多頁共六十多段的小冊子形式出版，目的是「使香港人和海外人士準確瞭解政府的成就和目標」，[58] 以「應對日益增長的正面宣傳需求，以保持和增強本地和海外公眾對政府的信心」。[59]

相比之下，霍德領導下的政府新聞處淡化了作為殖民主義宣傳機器的角色，而是將自身定位為「連接政府、香港民眾和世界其他地區的重要紐帶」。[60] 霍德將政府新聞處的年度報告縮減至四頁以內，並免去了華德報告中曾涵蓋的許多細節，例如那些對廣播新聞室向電台和電視台提供每日新聞簡報的描述、政府新聞處每年審查的電影數量。霍德將該處改組為三個部門，即公共關係科，負責「促進、理解和改善政府與人民之間的關係」；新聞科，負責製作每日信息簡報，提供有關官方政策和公共項目的信息和日常通告；宣傳科，負責製作政府出版物和電影、以及推廣宣傳諸如「香港節」和「清潔香港運動」等官方項目和活動。[61] 電影檢查組從政府新聞處分拆出來，轉至民政司署。[62] 在政府新聞處辦公室之外，霍德和高級政府官員開始向公眾傳播有關新聞自由和大眾媒體在港角色的全新官方論述。就任新聞處長後不久，霍德在向讀新聞系大專學生的演講中介紹了政府新聞處在宣傳和解釋政府政策方面的作用，這些政策「不具爭議性且無疑是為了社會的利益」。他解釋說，政府新聞處「並不是用於在有爭議的問題上以政治手段影響公眾輿論」。[63] 他繼續道，政府新聞處「將強烈抵制任何促使政府干預媒體的企圖」，也不會「在有爭議的政策上以政治方式為自己獲取支持」。[64] 他鼓勵新聞業代表香港人表達反對意見，並激發對公共事務的討論和辯論，因為香港「沒有民選的正式反對力量與政府抗衡」。新聞界抱怨記者很難接觸政府官員進行採訪霍德表示不同意，且在回應此類抱怨時說，政府「絕對不是由密不透風的沉默之牆所包圍和被噤聲之公務員所組成」。[65] 霍德還反駁了關於新聞自由「受到審查和管控之束縛」的說法。他認為，法律制裁是「最低限度的」，「僅限於誹謗法和煽動罪等事項」，政府並沒有施加其他制裁 —— 如政治或其他方面的制裁。[66]

在麥理浩執政期間，政府新聞處努力地樹立香港自由開放的社會形象。在戴麟趾時期，政府新聞處曾因阻礙公眾和媒體獲取信息，而不斷受到新聞界的指責。報紙編輯抱怨說，除親政府的報紙之外，記者不被允許「發展直接的媒體與政府間的關係」，例如聯絡政府官員接受新聞採訪而越過作為「新聞界與政府之間唯一大門」的政府新聞處。[67] 政府新聞處長霍德打開了這扇「門」，他組織了一次史無前例的「會見媒體」會議（類似現在的記者招待會），讓新聞界人士直接與政府高層官員會面並向他們提問，其中包括了社會福利、勞工、醫藥和衛生部門的負責人。在 1973 年第一次「會見媒體」會議的新聞通知中，新任處長領導下的政府新聞處明確強調與過去政府不同的風格變化：「過去，新聞記者總說他們很難直接接觸到部門領導。我們希望這些會議可以提供機會來糾正這問題」。[68]

新聞界普遍歡迎這一新安排，它打破了某些報紙在接觸政府高層官員方面所享有的壟斷地位。然而，左派媒體對此持高度懷疑態度。在評論 1973 年 2 月舉行的第一次會議時，《文匯報》批評道，由七名高級官員參加的半小時「會見媒體」會議是政府的表面文章，它並沒有在已知的政府政策上增加新的內容。還有人指出，如果政府真的想放鬆限制性的輿論環境，它應該使新聞界隨時可以採訪政府官員，而不僅僅是在事先所安排好的「會見媒體」會議上。[69]

官方辭令：「新聞自由是絕對必要的」

麥理浩與此同時也在努力消除其前任留下的嚴酷印記，後者在「六七暴動」中檢控並監禁了大量左派活動人士和記者。麥理浩強調必須在不做「大動作」的前提下儘快釋放所有「因對抗而被監禁的人」，因為「如果不能在這個問題上保持推進，可能會影響到我（麥理浩）整個任期與北京的關係」。[70] 1973 年，在剩下的兩名左派囚犯獲釋的幾個月後，香港主辦了英聯邦新聞協會四年一度的第十二屆會議。麥理浩在會議開幕式上向來自十七個英聯邦地區的一百多名記者和新聞官員發表講話時強調：「新聞自由是絕對必要的，同世界上任何地方一樣，香港新聞業的出版內容不受政府限制。」[71]

儘管使用了此種自由主義辭令，但諸如《刊物管制綜合條例》和《緊急規例》等令人生畏的條款仍舊保留在法律之中，這些條款曾用來制裁新聞業、拘留記者和壓制言論自由。《電視條例》、《電視規例》和《廣播業務守則》中要求，廣播公司過濾政治上不良內容的相關規定，在接下來的二十年也繼續有效。電影檢查員仍在履行其日常職責，以政治或安全為由審查電影。如果檢查員「經慎重考慮」認為影片在「在公共場所放映」可能會「煽動香港不同種族、膚色、階級、國籍、信仰或派系利益者之間的仇恨」、「挑起對香港政府的仇恨或蔑視」或「損害與其他地區的良好關係」，電影便會被禁止放映或刪減。[72] 與 1960 年代的電影審查相比，1970 年代港府對「具有反國民黨意味的大陸電影」的審查相對放鬆。相反，隨着越南戰爭愈演愈烈，「以現代為背景展現香港陰暗面的電影」和「攻擊外國勢力特別是攻擊美國的大陸電影」受到了更嚴格的審查，此類電影要麼被禁止，要麼被要求刪掉有爭議畫面。檢查員還被提醒「留意暗示承認『兩個中國』的⋯⋯特別敏感問題，這可能會激怒中國政府」。[73]

為避免對內地的挑釁、並與內地在香港的代表建立切實可行的關係，對麥理浩來說尤為重要。他上任以來一直努力與中國在香港的代理人建立幕後的溝通渠道（主要是通過他的政治顧問與新華社香港分社的高層官員），以確保其社會轉型的宏大計劃能夠順利實施，而不會招致太多來自左派媒體、工會與學校的「麻煩」。在麥理浩看來，這是港府與內地在港官員之間「接近正常化」的工作關係所取得的成果。[74] 即使在 1973 年全球石油危機之後的兩年經濟衰退期間，它也阻止了「任何工業或社會問題⋯⋯升級為與政府的對抗」。[75] 在其擔任總督的頭五年裏，麥理浩在提交給外交和聯邦事務部的報告中反覆將中國描述為「明顯有益」、「友好」、「同情且克制」、並試圖「盡最大努力合作以實現友好和建設性的官方關係」。[76] 在 1975 年提交給英國外交和聯邦事務部的年度總結報告中，雖然承認這也與中英關係的良好關係有關，麥理浩還是禁不住自誇他的政府，通過本地的工作關係成功遏制了來自中國的政治壓力：

> 雙方都利用（工作關係）進行對話和預先警告，並隱秘地、自然地處理事務。這種關係是在沒有事先談判或界定的情況下建立起來，也沒有對中方（新華社）官員的實際官方地位正式

承認。過去三年，它在香港政府堅持不懈的謀劃和政策下發展起來，逐漸為中國人所理解和接受 —— 他們在香港也確實從中得到很多好處。香港政府與中國官員在本地關係上的此種演變，在沒有對公眾信心造成令人不安的影響下取得了成功，畢竟公眾本有可能因正式承認中國代表的突然轉變而感到不安。[77]

麥理浩上述對香港局勢的回顧，被外交及聯邦事務部描述為語氣「自滿」，它或許只是部分地解釋了 1970 年代香港殖民政權與反帝左派相對和平共處的情況。[78] 情報顯示，在周恩來的指揮下，北京當局向香港左派下達指示，「鬥爭要以和平路線繼續進行」。[79] 英國國防部和外交和聯邦事務部為內閣撰寫的一份題為「對香港的威脅」的內地對港政策研究報告認為，香港作為內地商品的市場、連接中國產品和全球市場的轉口港、以及中國外匯的主要來源（超過三分之一）方面的經濟價值，是內地對港採取「維持現狀」政策的主要原因。在內地是否會於租約到期前收復和管控香港的問題上，英國國防部總結出這樣一種觀點：「是的，他們可以，但難度極高，而且從中獲得的好處也比目前要少。」儘管中國左派「激進分子」在北京政府內部於 1975 年（甚至在 1976 年更是如此）佔了上風，但人們注意到，內地「利用香港」的政策顯然沒有受到影響，關於香港的「激進言論」並未出現。[80]

港府與內地的克制與實用主義，也許可解釋左派媒體為何在 1970 年代沒有進行反對英國繼續統治香港的激進宣傳，也沒有出現本地左派與政府的大規模抗爭，儘管法律和規例所規定的媒體和記者必須遵守的政治紅線並未改變。1976 年香港經濟的快速回升也使「牢騷滿腹和緊張不安」的民眾和新聞界平靜下來，在麥理浩看來，在兩年的經濟衰退期間，他們本是註定要「爆發」的。正如他在提交給英國的年度報告中所描述的那樣：他與駐香港的內地官員保持着「輕鬆且有效的關係」，但麥理浩對政治異見的關注並未完全放鬆，並會在政治上有必要時採取行動及對其鎮壓。自 1970 年代起，香港出現了強調新聞自由的官方話語和相對開放的媒體環境，但這並不能完全掩蓋記者因報導「黑暗問題」的新聞而被警察毆打和逮捕，以及因公開表達不滿而被以「法律」手段鎮壓的情況。例如，據 1975 年 9 月的報導，麗的呼聲的一名記者在報導四十七名帝汶難民於 1975 年末抵達香港啟德機場時被一名警務督察毆打。另一位試圖阻止毆打的記者也被逮捕。[81] 在 1974 年經濟蕭條時期的反失業和反通脹集會中，二十出頭的年輕示威者因未經政府批准展示海報和阻街而被逮捕和檢控。[82]

為避免新聞界的負面報導，警察有時會在集會時「保持克制並避免動用武力」，直到政府確認公眾支持採取強硬措施。[83] 政府新聞處進行秘密宣傳，「要求」廣播電台採訪「憤怒的父母」，以「說服成年人讓他們的子女遠離示威」。[84] 本地學生和年輕人日益增長的政治激進主義成為港府的關注對象和政治目標。這些持不同政見的年輕人，大多是本地大學或專上院校的學生，不受香港傳統左派領導管控，他們被稱為新左派。

監控大學生與鎮壓新左派

港府認為，新左派於 1969 年前後開始在香港公開表達不滿，那時「一批外籍學者、研究員和神職人員」在美國領事館外組織了反對越南戰爭的示威活動。[85] 新左派與舊左派（此為政治部對本地傳統左派的稱呼）同樣主張愛國主義和反帝國主義，新左派卻不受本地傳統左派的控制，並經常與大學學生會或外籍人士聯合行動，如組織抗議活動，以及出版雜誌批評各種港府政策、英國外交政策和冷戰地緣政治。港府認為中國對此「並無明顯興趣」，傳統左派報紙只是「如實報導了各種示威活動，幾乎未發表任何評論」。可以相信，中國不願與其無法控制的異見分子來往，也不願與「任何可能導致香港獨立的運動」有瓜葛。然而，通過批評香港的殖民統治和英美在亞洲的外交政策，新左派卻「對（中國）是有利的」[86]，例如新左派成員抗議殖民統治普遍對香港華人經濟分配不公、抗議日本對釣魚台島（日本稱為尖閣諸島）的主權要求和美國參與越南戰爭。他們組織了針對廣泛社會和經濟問題的示威活動，其中包括生活成本上升、低工資、寮屋安置政策和學費上漲等問題。他們還為讓中文成為香港法定語言而鬥爭，並抗議政府官員的腐敗。一些新左派還創辦了雜誌，不斷抨擊英國對美國外交政策的支持和殖民統治下香港的種種不平等，並嘲諷英國皇室。

主要由大學學生會和香港專上學生聯會（簡稱學聯）領導的新左派團體，也向年輕人宣傳中國現代化和中國人的身份認同。[87] 學聯公開宣稱「香港是中國領土不可分割的一部分」、「反對香港的不公」、並「反對『兩個中國』等荒謬言論」。其計劃是表達對「祖國」的關心和加深對「祖國」的瞭解，並「與世界各地的學生聯合起來」支持社會改革。[88] 新左派還以論壇討論、展覽、電影放映和赴大陸考察等方式發起香港政府所謂的「認識中國運動」。[89] 然而，由於缺乏中國控制的本地組織支持，新左派從未對英國在香港的統治構成重大安全威脅，儘管偶爾會有數百人參加的集會，也有不斷增多的大學生出版物，來批評港府並支持中國的外交政策。[90]

新左派運動被認為是香港年輕一代的自然反應，他們生活日漸充裕，有更多的時間來思考、討論社會不平等和社會改良的問題。換言之，「老一輩人特有的為生存而掙扎的生活已被取代」。[91] 即便如此，麥理浩還是以嚴厲方式回應這場運動，儘管沒有戴麟趾在1970年7月處理新左派抗議時那麼暴力。[92] 港府防衛科（Defence Branch）曾受命製作一份關於香港新左派歷史和發展的報告。在這份長達五十九段的文件後附有學生組織及其領導人物的詳細資料和個人背景。港督和高層官員，包括輔政司、民政司、副教育司、民政專員、防衛司、總新聞主任，召開特別會議討論監控和壓制新左派運動的策略。[93] 一個跨部門的學生事務督導小組成立，小組在1972至1978（解密檔案所能披露的最近時間）年間頻繁會面以處理「學生活動」。[94] 這個高層小組授命政治部監視主要的學運積極分子，並收集他們的個人信息和近期活動信息。民政專員還被要求收集香港大學、香港中文大學和其他專上學校（1972年有二十多家）所出版並可能（在港府眼中）製造麻煩的報紙和雜誌的詳細信息。警方還逮捕並起訴了在學生圈大受歡迎的激進雜誌《七十年代》的出版人和編輯，理由是他們未能遵從行政法律規則，例如未能在雜誌上列印承印人姓名，以及未能根據《刊物管制綜合條例》下的報紙規例向報紙註冊官提交副本。[95] 警方還通過從公共場所撕下反殖民主義雜誌的海報來影響其銷售。[96] 在得知《七十年代》和某些大學的「年輕激進分子」試圖通過張貼「打倒殖民主義」等反殖民主義口號的海報干擾女皇生日慶典遊行的消息後，一群警察突擊搜查了一所中學，繳獲了存放在學校裏的海報並逮捕了11人，其中包括兩名中文大學學生和兩名教師。

在向外交及聯邦事務部報告這次突擊和逮捕行動時，麥理浩強調他在處理年輕人時的「心慈手軟」：「雖然本應以煽動的罪名起訴他們，但今天下午所有人都將被送到裁判司署，屆時將只會申請要求他們簽保守行為。」[97] 學生團體召開新聞發佈會，譴責政府的行為「侵犯言論自由」。[98] 與前幾任港督起訴不友好的政治活動分子時所採取的做法類似，港府通過使用不涉及海報及言論內容的法律，來減輕對新左派檢控的政治性質，轉而起訴其非法集會、未經政府批准使用揚聲器、擾亂秩序或阻街行為。[99] 為了切斷新左派與外國新左派的聯繫，政府還根據法律賦予的廣泛權力驅逐外籍異見人士出境，這種驅逐被認為是有效且得當的，可以繼續下去。[100]

法律制裁外，港府還採用其他隱蔽的控制手段，以預知年輕人的訴求和行動，盡量令他們不成為公共問題。民政司及政治部會定期與教育司署及社會福利署等部門舉行「學生事務」會議，以「不斷檢視有關情況」。大學和學院主管機關應「充分瞭解可能直接影響學生紀律的任何事情」。[101] 民政專員監督學生出版物，每兩週舉行一次會議，以通報學生活動信息，並定期編寫近況報告使其他部門瞭解「學生界的動態」。政府僱用本科生來測試其他同學的「情緒和期望」。[102] 港府部門被提醒在處理「敏感教育問題」時，要與政治部保持聯繫。[103] 大學及理工教育資助委員會負責就高等教育的撥款及戰略發展問題向政府提供建議，其秘書長與警方、教育司署和保安科（1973 年以前為防衛科）的代表一起參加「學生事務」會議，討論「大學和專上院校學生騷亂的潛在危險」。大學及理工教育資助委員會秘書長白懿禮（S.F. Bailey）將這些院校按其潛在的政治風險進行分類。他在會議上說，港大的學生「自矜於自己的地位，不太可能做出任何危及學業的過激行為」。他還讚揚港大管理層在處理學生問題上的「明智」，稱許他們能夠「在事情開始變壞前阻止麻煩」。白懿禮說，中大「比港大更令人擔憂」，因為它的「學生更容易受到外界的政治影響」，而且它的「學生領導層不夠統一且能力較差」。會議還指出，中大學生「往往比港大學生更為激進」，因為他們覺得自己在社會和政府眼中並不享有同等地位。[104] 港府通過獲取學生會和學聯的會議記錄，來監察學生團體持續關注的問題，以「預見其訴求而不是在事後才做出反應」。[105] 麥理浩表示，他會「與大學校長就具體問題進行會談」。[106]

麥理浩治理的一個顯著特點是，他對形象和公共關係的敏感。在與新左派打交道時，政府部門被要求加緊注意「需要考慮所規劃事務的包裝，並妥善處理公共關係」。他們還被要求將溫和派與激進派學生分隔開來，並與前者進行更密切的聯絡工作，以便「使他們相信（政府）關心」學生所關切的問題，如在教育、社會改革和有意義的青年活動方面。官員們被要求讓學生更好地瞭解公共問題，以及政府政策和行動的原因。應向學生展示「一個更人性化的政府形象」，讓他們「意識到他們所共享政府的成就」，並應該把年輕人的精力引向有益的渠道，特別是志願工作。[107] 合理的訴求應該得到處理和補救，儘管須以非正式和低調的方式，以免造成政府向激進分子讓步或在學生問題上失去「回旋餘地」的印象。[108] 在一份關於新左派的重要政策文件的末尾，高級官員再次被提醒政府的公共形象和公共關係的極端重要：

> 政府必須被看到在上述問題上採取主動⋯⋯這是關鍵到政府予人先法制人還是後知後覺的觀感 。應提醒所有部門注意這方面的重要性，並要求它們儘早就具體問題諮詢政府新聞處。[109]

引導青年人與篩查戲劇

為了將青少年的精力引向「有益的渠道」，政府組織了更多娛樂和文化活動，如港督要求民政專員為學生組織暑期青年活動，一方面確保他們以更「有意義的」方式度過課餘時間，另一方面也有機會聽取他們的想法。民政專員還被要求定期向政府高級官員匯報「學生與政府的關係以及他們的態度」，並對「學生發展動向進行全面評估」。[110] 戴麟趾在「六七暴動」後推廣戲劇和音樂表演的政策進一步擴大，使年輕人能夠安全地發洩情緒，並將其不滿「搬上舞台」，市政局提供更多場地並增加對本地劇團資助，使年輕人和學生能夠表演他們的作品。港府注意到共產主義的統戰滲透，特別是教育領域和青年活動，因此對這些戲劇表演進行謹慎的政治審查，以防劇院成為國家安全的威脅。他們的故事情節必須通過市政局的政治審查，以確保不會上演反英或宣傳共產主義的作品。因此，1970年代在政府場地上演的熱門戲劇，主要關注的是諸如市政衞生、教育制度和住房問題等議題。[111] 儘管有審查制度，反政府人士有時也會因市政局的疏忽而獲得贊助，並獲准在大會堂等主要政府場地演出。有一次，政治部主管致函市政事務署長，警告核准舉辦和贊助活動時「需要更加謹慎」。[112]

事實上，雖然在香港由左派控制的組織及其支持者，自 1970 年代初以來一直表現出合作及溫和的態度，但在體育、娛樂及文化領域的日益滲透，並沒有被港府保安委員會顧問所忽視。[113] 根據保安委員會報告，工聯會等左派組織提出租用政府場地進行娛樂和文化表演申請不斷被拒絕。保安委員會的解釋是：

> 雖然中共控制的工聯會根據北京政策指示，在處理勞資糾紛時表現溫和合理，對政府也表現出願意合作的態度，但其背後目的並沒改變，並且還一如既往地積極滲透和顛覆其他中立組織。[114]

根據保安委員會發佈的一份秘密文件，直到 1980 年 1 月，「完全禁止工聯會在政府的大型市民娛樂中心舉辦活動」規定才有所放鬆，[115]這個時間距離麥理浩訪問北京已過去十個月，在該次訪問中他曾就 1997 年新界租約到期後，香港的前途問題試探鄧小平的口風。

麥理浩教育改革的背後：遏制左派學校的發展

麥理浩及其官員不僅繼續密切關注大學生，還關注中學生群體，他們歷來最易受到左派宣傳影響。政府官員還擔心，一些專上院校學生成為中學教師，新興起的專上學生壓力團體可能會影響到中學生。政府新聞處、民政科、保安科、政治部和總督政治顧問帶頭成立了一個高級別的壓力團體常務委員會（Standing Committee on Pressure Group），以形成一種「機制」來協調政府對「帶有政治色彩的學生活動」的監控，並就如何應對那些可能使港府難堪的壓力團體活動提出建議。[116]壓力團體常務委員會是在 1977 年「金禧事件」後成立，該事件引發了包括教師、中學生和家長等一萬多人的示威，他們抗議教會學校的財務違規行為和政府關閉學校的決定。此次示威和隨後的絕食抗議，導致政府撤銷決定，而這些行動被認為是得到教育壓力團體的支持。[117]因此，壓力團體常務委員會被認為是為了「破壞、拉攏或脅迫」所有目標壓力團體或學生團體而成立。[118]在這個高級別的監控組織外，還有一個秘密的地方情報事務委員會（Local Intelligence Committee），該委員會由政治顧問領導，成員包括警務處長、政治部主任和「軍情五處，軍情六處及英國其他情報部門代表」，他們每月開會評估香港的政治和安全局勢。該委員會的月度評估報告會被送往英國內閣的聯合情報委員會。左派的活動及其在勞工、教育和商業領域的統戰工作，構成了地方情報事務委員會月度評估報告的主要內容，不過有關新左派、壓力團體和國民黨在香港活動的情報也會偶爾出現。[119]

對教育界進行廣泛政治監控的同時，教育司署還進行實地檢查，以遏制左派控制的學校在香港的擴張。教育視學官定期突擊檢查學校，以瞭解學校是否在課堂上使用共產主義教材和宣傳材料，或者是否聘用了未註冊的教師。教育司還利用《教育條例》第六十八條所賦予的權力，拒絕接受在內地接受教育或在內地有教學經驗而在港居住不足三年的教師註冊。對於那些在港居住超過三年的教師，須經政治部審查批准後方可被教育司署允許註冊。[120]

自 1970 年代初起，左派控制的學校在香港迅速擴張，這令港府感到震驚。這種擴張在新界尤為突出。從 1970 至 1975 年，被認為由共產黨控制的新界學校的學生人數增加了約 50%，達到約七千名學生，佔新界學生總數的近 3%。[121] 港府深知單靠教育司署的檢查，並不能遏制這些學校不斷增高的入學率和影響力。眾所周知，這些學校會進行逃跑演習，以「在視學期間掩藏超額的學生或未註冊的教師」。[122] 教師和學生受過訓練，他們在政府視學期間閱讀被批准的教科書，等視學官離開教室後再用回左派教材。[123] 1970 年代初，中英關係緩和的政治氛圍也使得根據《教育條例》的法律權力採取「嚴厲措施消滅共產主義學校」，變得越發困難。[124] 港府高層官員和英國的外交及聯邦事務部討論出一個更長遠的解決方案，就是使公立中學提供更多的免費入學機會。[125] 雖然 1971 年開始實行免費小學教育，但進入公立中學就讀，還要看父母是否有能力支付學費，以及孩子能否通過公開考試。政府注意到，特別是在新居民區，左派學校正試圖通過提供更便宜、地理上更方便的中學學額來填補這個空白。[126] 港府最初計劃「到 1976 年，為 50% 的十二到十四歲兒童提供三年的補貼中學教育，並同時為 18 至 20% 的十二到十六歲兒童提供五年的補貼中學教育」。在與外交及聯邦事務部討論後，港府的「共識」是應認真考慮，「為所有人提供九年資助教育的更宏大計劃」，作為防止左派學校在香港擴張「最有效的對抗措施」。[127] 被人們所懷念的麥理浩為香港學童提供九年免費教育承諾，是作為抵制共產主義宣傳這樣重要國家安全機制而產生的，也與當年地緣政治背景密切相關。

上述討論後不到一年，港府於 1973 年 8 月發佈了一份關於擬擴大中學教育的綠皮書，徵求公眾意見。該綠皮書建議為 80 至 100% 的十二到十四歲兒童提供三年政府資助的中學教育，並為 36 至 40% 的十二至十六歲年兒童提供五年的政府補助中學教育。這比政府最初的計劃略有提升。綠皮書引起了公眾的大量評論和批評，政府承諾在即將發佈的白皮書時會留意這些批評，該白皮書將宣佈政府的最終政策。在「聽取」公眾意見後，麥理浩於 1974 年 10 月向立法局正式提交了《香港中學教育白皮書》，宣佈從 1979 年起為所有兒童提供九年免費教育（後來提前到 1978 年）。[128] 儘管它看起來像是對綠皮書最初提議的重大進步，但實際上，九年免費教育是港府和英國外交及聯邦事務部在 1972 年 6 月，就如何打擊左派學校威脅進行一系列討論中早已達成的共識。值得注意的是，無論是綠皮書還是白皮書，都沒有提到政府利用免費教育與這些學校進行冷戰意識形態鬥爭的策略。香港與英國的新聞部門亦同時合作宣傳「共產主義學校的缺陷」，以減緩此類學校學生人數的增長，而新的公立學校正按照麥理浩的計劃進行建設。政府新聞處被要求暗中「詆毀」左派學校，在報紙報導中公佈其學生在公開考試中的糟糕表現。倫敦的地區情報處和情報研究部也負責開展反左派學校的「隱秘宣傳」。政府新聞處還公開宣傳「非共產主義學校」或公立學校學習的優勢。[129]

由於沒有注意到麥理浩教育改革的宏觀策略和地緣政治背景，即防止共產黨在 1970 年代的擴張「蔓延成勢」，許多歷史敘述都讚揚其帶來了「一個更有文化、受教育程度更高的社會」的「驚人的進步」，這「是從香港的最大利益出發」。[130] 一些關於香港教育史的研究，則將改革與二十世紀六七十年代的全球趨勢聯繫起來，認為教育是一項重要的經濟投資。[131] 雖然這些說法可能解釋了部分真相，但它們沒有認識到，在 1970 年代亞洲持續的文化冷戰中，香港教育是意識形態鬥爭的戰略重地。

任命布政司為首席按察司

除了大規模的警察監視工作和廣泛的法律權力外，法院高級法官的任命也仍然是一個重要的殖民安全控制環節，這一環節並沒有太多鬆綁。1979 年，布政司、前律政司羅弼時（Denys Roberts）被任命為香港首席按察司。當這任命在 1978 年夏天宣佈時，媒體表達了兩種擔憂。首先，他從未擔任過法官，因此缺乏審理案件的司法經驗。其次，他之前在行政部門擔任的高級公務員的角色使人們對法院的司法獨立產生懷疑。羅弼時的任命被律師界的一些成員視為「對司法獨立概念的諷刺」，而司法獨立卻被廣泛地宣傳為英國法治的重要組成部分。據報導，香港的一名高等法院法官表示，「在公眾對司法獨立的信心尚在討論的當下，這任命是令人遺憾的」。[132] 另一位高等法院法官「強烈認為按察司應從現有的司法人員中任命」。同時作為市政局議員兼著名反對社會不公的政治家葉錫恩（Elsie Elliot）說，她看到行政人員擔任司法職務感到失望。[133]

也許令反對此項任命的人士頗感意外的是，由港大法律學院教師編輯的知名法律學術期刊《香港法律期刊》（*Hong Kong Law*

Journal）發表了一篇社評，表示支持這一任命：

幸運的是，儘管這違反了（司法獨立）的憲法原則，下一任首席按察司是一位開明、文雅、聰慧的人，他將帶著極大的善意和尊重開始他新的工作，和比律師和其他人對法官的傳統崇敬更為真誠，並帶來難以估量的行政管理和其他技能，應能彌補（他）在司法工作其他方面的經驗不足。[134]

諷刺的是，同一本期刊在 1973 年聽到關於可能任命「開明、文雅、聰慧」的羅弼時為下一任首席按察司的傳言時，表示了極大的保留意見，儘管羅弼時自 1971 年創刊以來就一直是該期刊編輯委員會成員：

羅弼時是一個開明、文雅、聰慧的人，在他七年的任職期間，他一直是一位精力充沛、富於改革精神的律政司。前段時間，有傳言說他可能會成為下一任首席按察司。我們認為任命現任律政司、總督的首席法律顧問和行政局成員擔任殖民地的最高司法職位是一個令人遺憾的錯誤，嚴重損害了在香港人們對司法獨立本就薄弱的信心，不過這一點並不影響我們對羅弼時先生的高度評價。希望今後再不會有此種任命的考慮。[135]

令羅弼時感到意外的是，他並沒在 1973 年獲得首席按察司的職位，而是從律政司晉升為輔政司（後稱布政司）。[136] 雖然只有通過日後的檔案研究才能確定為何法學界支持羅弼時 1979 年首席按察司的任命（儘管早些時候持反對意見），以及為何法律界的其他成員也贊同這任命。市政局議員陳子鈞（C. K. Chan）也是一名大律師，他對這任命表示歡迎，因為羅弼時是一位有能力且經驗豐富的管理者。資深的立法局非官守議員鍾士元（Chung Sze-yuen）稱讚羅弼時是「理想的人選」。[137] 事實上，羅弼時並不是第一位被任命為首席按察司的殖民地行政官員。司法機構與殖民地政府之間此種「關聯交易」可以追溯到十九世紀末二十世紀初。1902 至 1905 年間擔任香港正按察司的古德文（William Goodman）在成為司法系統最高領導之前，曾擔任過十三年的律政司。金培源（Joseph Kemp）在 1930 年被任命為正按察司之前，同樣擔任了十五年的律政司。1955 年被任命為香港正按察司的何瑾（Michael Hogan）此前曾擔任英國殖民地馬來亞聯合邦的律政司。[138] 此種與備受推崇的司法獨立原則背道而馳的做法一直持續到 1988 年，即香港回歸的前九年，在那年楊鐵樑被任命為首席按察司，他是一名受過專業訓練的華人法官，在 1950 年代以裁判司的身份開始其職業生涯，也從未服務過行政部門。

「自由的缺乏在這裏是非常隱蔽的」

日益鬆綁的媒體環境，但每天如常運作的政治監控機器，充滿政治紅線的殖民法律，不甚獨立的司法體系，而本地經濟正蓬勃發展，冷戰局勢趨於平靜，這些內外因素都促成麥理浩執政期間對言論自由的複雜圖景。一名對亞洲報紙進行研究的作者於 1982 年評論道，在法律中香港沒有多少新聞自由，但這些法律很少被使用；因此，香港享有「與任何民主國家同等程度的新聞自由」。[139] 與此同時，亦有記者批評政府對新聞界、社運人士和政治活躍分子的嚴密監控使香港從「專制變為獨裁」。[140] 在一場關於香港新聞自由程度的爭論中，新聞處長史廉明（John Slimming）表示「香港是世界上少有的幾個完全新聞自由與非民選政府同時存在的地方之一」。《英文虎報》（*Hong Kong Standard*）總編輯納桑（Viswa Nathan）不同意這種說法。如果分析他向史廉明提出的問題，就會發現表面上「新聞自由」背後的壓力與限制：

> 新聞界的責任是支持政府所認為的對社會「有益」的一切嗎？它是否應該只發佈好的和令人愉快的消息，把所有不愉快的新聞都排除在公眾視野之外？或者，其責任是成為一個無偏私的公共見證人，向公眾告知所有影響他們生活的事情—無論好壞—從而成為社會的一面鏡子和無所畏懼的公共評論家？
>
> 正是在這裏，聲稱允許新聞自由並提倡「開放」政策的政府，與那些支持新聞自由和公眾知情權的人之間產生了巨大的分歧⋯⋯出版自由（freedom to publish）和新聞自由（free press）並不是一回事。如果缺乏知情的渠道和公共問責⋯⋯出版自由就永遠不會有意義。[141]

至於納桑所指的新聞界究竟為何缺乏知情的渠道？目前還找不到進一步的資料，但有一些 1970 年代的報紙曾抱怨政府在篡改新聞報導方面的「神秘之手」，這也印證了納桑的觀察。《南華早報》專欄作家張國興是一名資深記者兼新聞學講師，後來成為香港浸會大學傳理學系系主任，他抱怨政府指示電視台播放政府製作的宣傳節目。[142] 一位資深記者還回憶了學生新聞報紙《沙田新聞》如何被中文大學打壓，講師也因在該報發表令大學和政府難堪的新聞故事而受到訓責。[143] 報紙常暗示記者們「極度糟糕的收入」是政府「壓制新聞」的「理想安排」。[144] 據報導，麥理浩甚至曾試圖說服《德臣西報》（China Mail）的編輯和頗具影響力的《遠東經濟評論》（*Far*

Eastern Economic Review）的副編輯放棄對香港貪腐的報導。[145]

市政局議員葉錫恩在聯合國人權日的演講中，就香港隱蔽的言論控制發表感想：

> 在這裏，正常情況下，人們不會因為他們說的話、發表的文章、或參加的集會而被逮捕。但我們的確會被羅列罪名。一個人可能不會因他印刷的東西而被逮捕，但他可能會因為一件小事而受到逮捕威脅，比如在報紙上遺漏日期。示威者可能不會因集會而被逮捕（儘管他們有時也會被逮捕），但他們可能會因沒有申請許可或阻街而被捕。如果阻街是由政府支持者造成的，則不會被採取任何行動。
>
> 一些新聞記者薪水很低，以至於他們很容易受警察等機構的腐蝕。敢於發聲的外國人可能會被驅逐出境，而本地人則可能受恐嚇。自由的缺乏在這裏是非常隱閉的，往往只是心理上的壓力，但在一個小社會裏，這種壓力非常強大，因為它可能毀掉一個人的整個職業生涯。一位裁判法官告訴我，他的一些同僚害怕失去工作，我也遇到對不公保持沉默的政府公務員，因為他們害怕失去工作和退休金。[146]

香港記者協會主席巴雷特（Vicky Barrett）抱怨說，當他應邀參加扶輪社組織的午餐會時，被要求刪除有關「陰謀壓制某些新聞報導」的演講內容。她還回顧記者如何受到威脅、被禁止前往香港附近外海報導一艘載有越南難民貨船抵達香港的新聞。記者被警告，若不遵從警方要求，將從公海回港時因非法入境而被逮捕。結果沒有記者敢報導這件事。[147]

冷處理《公民權利和政治權利國際公約》

1976 年 5 月，英國批准《公民權利和政治權利國際公約》並將這些權利效力延伸至香港。《公民權利和政治權利國際公約》要求締約國保護公民言論自由、持有意見不受干預的權利和舉行和平集會的權利，以及其他被認為源自「人類固有尊嚴」的權利。[148] 英國政府被要求向聯合國人權事務委員會提交關於《公民權利和政治權利國際公約》在香港實施情況的定期報告，及關於其它附屬領土的報告。港府沒有公佈任何有關《公民權利和政治權利國際公約》效力適用於香港的信息，主要的中英文報紙也沒有發表此類有關公民權利和自由的重要新聞報導。[149] 一位學者形容，英國對香港人權狀況徒有口惠，直到二十多年後的 1991 年，即香港回歸中國的六年前，英國才制定本地法律，通過《香港人權法案條例》，使《公民權利和政治權利國際公約》所保護的權利和自由具有本地法律效力，這一點我們將在下一章討論。[150] 這種故意的冷處理引起人權事務委員會中其他國家的持續批評。當 1978 年英國被要求向人權事務委員會提交第一次定期報告時，其報告僅有不超過一百字的三句話說明香港的人權狀況，稱「普通法對持有不同意見的權利沒有任何限制」以及它「並不禁止言論自由」。[151] 報告沒有提及《刊物管制綜合條例》、《教育條例》及規例和《電影檢查規例》等眾多限制出版和表達自由的政治審查法律。

針對這份簡陋的報告，香港的壓力團體撰寫了一份題為《聚焦正義與人權》的香港人權侵犯情況聯合報告，並提交給人權事務委員會和英國議會。該報告主要關注的是近期發生的警察暴行和任意逮捕有關住房和勞工權利請願者的事件。許多請願者被逮捕，其中包括曾向總督請求妥善安置住房的艇戶以及在一家電視台突然關閉後向港督請願要求僱主賠償的電視台僱員，他們並根據《公安條例》被判犯有非法集會罪。[152]《公安條例》第十八條禁止任何三人或三人以上的集會，只要該集會可能導致任何人合理地擔心其會破壞治安。[153] 該報告認為《公安條例》和法院對該條例的字面解釋，賦予警察無限權力並牴觸了《公民權利和政治權利國際公約》所保護的表達自由及和平集會自由。[154] 該報告幾乎沒有引起新聞界和公眾的注意；因此，正如港府助理政治顧問奧爾（I.C. Orr）致外交和聯邦事務部信中所示，政府決定不予置評，以免「引起它迄今未能引起的社會關注」。[155]

除了對這份政治上令人尷尬的報告保持沉默外，港府還對其作者採取了慣用的嚴厲措施，如該報告的共同作者韋傑思（Christine Vertucci）是一位在香港居住了四年的美國律師，她經常參與有關香港低收入市民面臨的住房和其它問題的活動，被入境事務處勒令離開香港，該部門沒有給出命令的理由，但表示「入境事務處處長有拒絕延長居留的絕對權力」。[156] 韋傑思認為政府對她的行動，是對那些積極為社會不公發聲的外籍人士的「無形壓制和警告」，此正與葉錫恩的前述觀察相呼應。[157]

「因為中國」而改革香港

為了與中國就香港未來的最終談判做準備，麥理浩發起了許多香港人認為「好得令人難以置信」的改革。[158] 一百三十多年來，香港人一直生活在社會福利和醫療服務匱乏的殖民社會。公立學校教育嚴重不足，許多兒童甚至沒能接受基礎的小學教育。許多社會底層成員生活在淒苦的貧民區，在腐敗得驚人的政府官僚和警察的威脅下求生存。為了將香港重建為一個比內地更好、更自由的社會，借助 1970 年代顯著的經濟增長，香港政府在住房、教育、社會福利和醫療等領域展開了一系列前所未有的改革。在警司葛柏（Godber）貪腐案受到倫敦方面的壓力後，政府開始致力於反腐工作。麥理浩還試圖洗去香港那種受壓迫、種族主義的殖民地形象，並培育「市民自豪感」。政府新聞處以不再干涉廣播和電視新聞簡報之製作的方式，試圖改善作為政府主要新聞審查機構的公眾形象。麥理浩和政府新聞處主管霍德都公開討論了香港新聞自由的重要性，不過與此同時，政治部也監控和鎮壓那些被認定為新左派成員學生的出版物。政府高級官員首次參加了「會見媒體」活動，他們在鏡頭前進行臨場問答，而沒有經過政府新聞處對問題的篩選。儘管最近的研究表明，麥理浩一直拒絕那些關於改善勞工保護和建立更具代表性的立法機關的建議，並且在反貪運動中也非十分熱衷，但他在任時期仍然受到基層的廣泛歡迎，並繼續作為香港的「黃金時代」被人們所懷念銘記。[159]

然而，在「黃金時代」的背後是持續存在的嚴酷的法律、廣泛的警察監視、對政治活動人士的秘密控制以及行政機關與法院高級法官之間的密切聯繫。那些曾用來審查和打壓新聞以及檢控記者的法例仍保留在成文法律中，包括《刊物管制綜合條例》、《公安條例》、《緊急規例條例》和《煽亂條例》。《電視和廣播業務守則》繼續向廣播公司施加自我政治審查的法律責任。電影和戲劇劇本仍基於政治理由進行預審，以免造成對北京的任何挑釁。《教育條例》和《教育規例》依然授權教育司，基於政治考慮審查教材、限制學生活動、取消教師註冊、解僱校長、開除學生甚至關閉學校，儘管中、英、美之間關係的改善使此類權力的行使更為困難。同時，北京向香港左派發出了關於在香港進行和平統戰工作的指示，這使得政府與左派記者以及學校的師生之間的公開對抗，在 1970 年代變得更為少見，從而減少了使用嚴酷法律。

儘管政治穩定經濟繁榮，麥理浩並沒有對來自政治上不良分子的威脅掉以輕心，他繼續對他們進行隱蔽的控制和監視，必要時採取法律行動，特別是對那些被稱為新左派的學生和壓力團體，當他們並沒有獲得香港本地傳統左派的支持時，便將他們送上法庭。

本章無意貶低麥理浩推行的社會福利改革或其對香港人的重大影響，特別是對那些在 1970 年代或之後出生的人。然而，將香港人的權利和自由與當時明確適用於香港的國際標準保持一致，並不在麥理浩的管治藍圖中，儘管這受到了來自英國國內和國際的批評。相反，保持噤聲機器（儘管它是隱形的）及其組成部分（即法律、警察和法院）的運作，使他的政府能夠對任何被認為危及國家安全，或威脅其統治的行為採取迅速的鎮壓行動，同時又不會損害香港作為一個比中國更美好、更自由的社會和「開放」政府的整體形象，是麥理浩的治港之術，他在回憶錄中回顧了他對如何治理香港的想法，他說：

> 如果（香港政府）提供諸如安全、住房、教育、醫療服務、以及使人們有希望提高自己的環境等條件，並且明顯是中國所不具備的程度，那就直接回應了任何形式的「爭取人心」的行動，無論是國民黨還是共產黨所操作的。[160]

隨後在 1982 年戴卓爾夫人（Margaret Thatcher）與鄧小平的首次會晤表明，英國仍希望保留香港控制權。因此，英國也許認為保留政治審查法律、任命前政府行政首長為首席按察司、保持廣泛的警權及不包含選舉因素的立法機構，將有利於 1997 年以後繼續對香港進行威權統治。結果，鄧小平在北京與戴卓爾夫人會面時的態度使這種希望破滅了。[161] 前文所述英國內閣原來的幾個應對租約期滿的方案，突然間變成了只剩下一個選擇：在 1997 年有序地撤出。[162] 結果，這個可以追溯到十九世紀末、由行政立法和司法機關所構建起來的政治審查噤聲機器，在 1982 年戴卓爾夫人在北京人民大會堂台階戲劇性地摔倒後的十年多裏開始被拆除。與此同時，香港人歷史性地首次就港府引入立法局選舉的計劃被徵詢意見。

註釋

1 張家偉：《六七暴動》，頁 73-174；金堯如：《中共香港政策秘聞實錄：金堯如五十年香江憶往》（香港：田園書屋，1998），頁 147-148。

2 Mok, "Chinese Communist United Front"；金堯如：《中共香港》，頁 142-144。

3 A paper entitled "Chinese Press Machines in Hong Kong: Its Scope and Its Impact," prepared by Police Special Branch, FCO 40/22，轉引自 Mok, "Chinese Communist United Front"。

4 "Notes on item for discussion with the Governor of Hong Kong," prepared by Hong Kong Department of FCO, 15 October 1968, FCO 40/212.

5 Briefing note on "Visit of Minister of State (Lord Shepherd) to Hong Kong May/June 1969," prepared by Hong Kong Department of FCO, 21 May 1969; letter from J. B. Denson of British Charge d' Affaires in Beijing to J.O. Moreton of FCO, 6 May 1969, FCO 40/212.

6 D. Hopson of British Charge d'Affaires in Beijing to FCO, 8 July 1968, FCO 40/88.

7 Commonwealth Office to Hong Kong, 25 August 1967, FCO 40/88.

8 Governor Trench to Commonwealth Office, 12 July 1968, FCO 40/88.

9 Foreign Office's paper entitled "Communist Schools in Hong Kong" from James Murray to Sir Denis Allen 30 September 1968, FCO 40/89.

10 Briefing note on "Visit of Deputy Under-Secretary of State (Sir Leslie Monson) to Hong Kong October 1969," prepared by Hong Kong Department of FCO, October,1969 [exact date of note missing], FCO 40/212.

11 Briefing note on "Visit of Deputy Under-Secretary of State (Sir Leslie Monson) to Hong Kong October 1969," prepared by Hong Kong Department of FCO, October 1969 [exact date of note missing], FCO 40/212.

12 Letter from J. A. Harrison of Colonial Secretariat to A. G. Gaminara of FCO, 11 March 1969,

enclosing a report entitled "Inspections of Communist-controlled Schools," prepared by Education Department of Hong Kong on 26 February 1969, FCO 40/212.

13 關於中英關係正常化，見 Mark, *The Everyday Cold War*, chapter 5, chapter 6。

14 Carroll, *A Concise History*, 161.

15 Maclehose to Leslie Monson, Wilford, Morgan, Laird, "Guidelines for the Governor Designate of Hong Kong: Paper C: Hong Kong & China," 18 October 1971, FCO 40/329.

16 見 Maclehose to Leslie Monson, Wilford, Morgan, Laird, "Guidelines for the Governor Designate of Hong Kong: Paper A: Long Term Planning," 18 October 1971, FCO 40/329.

17 Maclehose to Leslie Monson, Wilford, Morgan, Laird, "Guidelines for the Governor Designate of Hong Kong: Paper A: Long Term Planning," 18 October 1971, FCO 40/329.

18 Maclehose to Leslie Monson, Wilford, Morgan, Laird, "Guidelines for the Governor Designate of Hong Kong: Paper B: Domestic Policies," 18 October 1971, FCO 40/329.

19 以下檔案轉引自 Mark Chi-kwan, "Development without Decolonisation? Hong Kong's Future and Relations with Britain and China, 1967–1972," *Journal of the Royal Asiatic Society* 24, no. 2(2014): 323-325; Godden to Moreton, 22 April 1969, FCO 40/160; Memorandum by Stewart for MCHK, K(69)1, "Hong Kong: Long Term Study," 28 March 1969, CAB 134/2945; Memorandum, Wilford to Monson, with Annex: draft paper for ministers, 9 December 1970, FCO 40/265。

20 Mark, "Development without Decolonisation?" 332.

21 Memorandum on "The Future of Hong Kong" by the Secretary of State for FCO to the Cabinet's Defence and Oversea Policy Committee, 13 December 1971, CAB 148/117。在接下來的十年裏「香港無法抵禦中國軍隊」的觀點被反覆確認，見國防及海外政策委員會的會議記錄：Sub-Committee on Hong Kong, 17 November 1983, CAB 148/230。

22 Memorandum on "The Future of Hong Kong" by the Secretary of State for FCO to the Cabinet's Defence and Oversea Policy Committee, 13 December 1971, CAB 148/117。關於英國加入歐共體和從蘇伊士運河以東撤出對香港未來規劃的影響，見 Mark, "Development without Decolonisation"。

23 Maclehose to Leslie Monson, Wilford, Morgan, Laird, "Guidelines for the Governor Designate of Hong Kong: Paper B: Domestic Policies," 18 October 1971, FCO 40/329。關於麥理浩在民主化方面的不情願，見 Ray Yep and Lui Tai-lok, "Revisiting the Golden Era of MacLehose and the Dynamics of Social Reforms," *China Information* 24, no. 3(2010): 249-272 及 Lui Tai-lok, " 'Flying MPs' and Political Change in a Colonial Setting," in *Civil Unrest and Governance in Hong Kong*, 76-96。

24 "Guidelines for the Governor Designate of Hong Kong: Paper A: Long Term Planning; Paper C: Hong Kong & China," 18 October 1971, FCO 40/329. For FCO's studies, see Mark, "Development without Decolonisation?" .

25 Minute from E.O. Laird to Sir Leslie Monson, 29 November 1971; "Guidelines for the

Governor Designate of Hong Kong: Paper A: Long Term Planning; Paper C: Hong Kong & China," 18 October 1971, FCO 40/329.

26 Memorandum on "The Future of Hong Kong" by the Secretary of State for Foreign and Commonwealth Affairs to the Cabinet's Defence and Oversea Policy Committee, 13 December 1971, CAB 148/117.

27 Mark, "Development without Decolonisation," 333.

28 MacLehose to Douglas-Home, 5 May 1972, FCO 21/1023，轉引自 Mark, "Development without Decolonisation?" 333-334。

29 Yep and Lui, "Revisiting the Golden Era," 253。不僅是普通民眾，早期歷史學家的作品也曾加入進這種對「麥理浩時代」的頌揚式敘述，而沒有對他背後的策略意圖進行足夠的研究（部分原因可能在於記錄這種意圖的殖民地檔案當時尚未向公眾開放）。關於此類敘述的例子，見 Roger Buckley, *Hong Kong: the Road to 1997*, (Cambridge: Cambridge University Press, 1997), chapter 4。對這種敘述的反思與修正，見 Yep and Lui, "Revisiting the Golden Era,"；Ray Yep, "The Crusade against Corruption in Hong Kong in the 1970s: Governor MacLehose as a Zealous Reformer or Reluctant Hero?" *China Information* 27, no. 2(2013): 197-221。

30 關於麥理浩對立法機構民主化的不情願，見 Lui, " 'Flying MPs' "。關於麥理浩與倫敦就香港社會經濟改革進行的商討，見 Yep and Lui, "Revisiting the Golden Era" 及 Yep, "The Crusade against Corruption"。關於麥理浩對於在香港建立一個更具代表性的立法機構的想法的最初反應，見 paragraphs 4 and 6 of Maclehose to Leslie Monson, Wilford, Morgan, Laird, "Guidelines for the Governor Designate of Hong Kong: Paper B: Domestic Policies," 18 October 1971, FCO 40/329。

31 關於戴麟趾的反貪提案，見 Yep, "The Crusade against Corruption," 198。關於住房問題，見 Steve Tsang, *A Modern History*, 205。

32 關於 1950 至 1960 年代間香港住房和教育領域所普遍存在的腐敗、社會問題和不公現象，見 Elsie Tu, *Colonial Hong Kong in the Eyes of Elsie Tu* (Hong Kong: Hong Kong University Press, 2003)。

33 "Guidelines for the Governor Designate of Hong Kong: Paper C: Hong Kong & China," 18 October 1971, FCO 40/329.

34 Carroll, *A Concise History*, 162-163.

35 "Guidelines for the Governor Designate of Hong Kong: Paper A: Long Term Planning; Paper C: Hong Kong & China," 18 October 1971, FCO 40/329.

36 例如，麥理浩的十年建屋計劃未能按計劃建造足夠的房屋，在 1982 年麥理浩卸任時，仍有七十五萬人居住在寮屋區，見 Andrew C. K. Yu, "Was Governor Maclehose a Great Architect of Modern Hong Kong?" *Asian Affairs* 51, no. 3(2020): 485-509。在近期的一些研究中，麥理浩也被批評為反貪運動中不情願的鬥士，以及社會福利改革中不情願的改革者，因為他無視倫敦關於最低工資和法定工作時間以及社會保障供款計劃的呼籲，關於這些批評，見 Yep and Lui, "Revisiting the Golden Era," 及 Yep, "The Crusade Against Corruption" 。

37 相關描述見 Carroll, *A Concise History*, 161 及 Steve Tsang, *A Modern History of Hong Kong*, 205。

38 MacLehose to Leslie Monson, Wilford, Morgan, Laird, "Guidelines for the Governor Designate of Hong Kong: Paper B: Domestic Policies," para 14, 18 October 1971, FCO 40/329.

39 香港電台：《從一九二八年說起》，頁 88-91。

40 政府新聞處長華德在 1969-1970 財政年度的年度部門報告。

41 RTHK: *RTHK-50 Years: Broadcasting in Hong Kong from 1928-1978* (Hong Kong: Government Printer, 1978), 13, 19, 20。香港廣播電台（RHK）1976 年更名為香港電台（RTHK）「以反映該電台自 1970 年以來越來越多地參與本地製作的『電視』節目」。RTHK: RTHK-50 Years, 13。

42 香港電台：《從一九二八年說起》，頁 88-91。

43 黃永、馮志豐、黃培烽：《十八樓 C 座——為民喉舌卌年》（香港：光亮文化，2008），頁 98-99。

44 香港電台：《從一九二八年說起》，頁 89-90；黃永、馮志豐、黃培烽：《十八樓 C 座》。

45 影視及娛樂事務管理處：《廣播節目標準》（香港：影視及娛樂事務管理處，1984），頁 1992。

46 廣播事務管理局，《廣播電台節目標準業務守則（Radio Code of Practice on Program Standards）》，頁 1995。

47 前新聞節目主持人回憶說，他曾在採訪一名馬克思主義支持者後被政治部警告，見陳雲：《一起廣播的日子》，頁 112。

48 陳雲：《一起廣播的日子》，頁 115-117。

49 Television Ordinance, No. 32 of 1964, s. 27-29.

50 Television Ordinance, No. 32 of 1964, s. 33 and 35(3).

51 Television (Amendment) Ordinance, No. 7 of 1973, s. 16.

52 Television (Standards of Programmes) Regulations 1964, Regulation 3.

53 Television (Standards of Programmes) Regulations, 1964, Regulation 5.

54 Television (Amendment) Ordinance 1973, Section 15.

55 Television (Standards of Programmes) Regulations 1964, Regulation 4.

56 1967-1968 財政年度政府新聞處處長的年度部門報告，第八段，頁 57-59。

57 1965-1966 財政年度政府新聞處處長的年度部門報告，第八段。

58 1960-1961 財政年度政府新聞處處長的年度部門報告，第二段。

59 1967-1968 財政年度政府新聞處處長的年度部門報告，頁 1。

60 1976-1977 財政年度政府新聞處處長的年度部門報告，頁 3。

61 1973-1974 財政年度政府新聞處處長的年度部門報告，頁 1。關於香港節和麥理浩時期的其它主要「市民自豪感建設」運動，見香港記憶網站：https://www.hkmemory.hk/MHK/collections/festival_of_hong_kong/about/index.html（香港節）以及 1972 年 10 月 31 日香港電台對麥理浩的採訪，該採訪存檔於香港電台網站：https://app4.rthk.hk/special/rthkmemory/details/innovation/136/111。（清潔香港運動）。

62 "Film Censorship in Hong Kong," enclosed in Memo from Fred Ting, Assistant Director to Directorate Members, 28 Jun 1978, HKRS 313/7/3.

63《南華早報》，1975 年 1 月 30 日。

64《南華早報》，1975 年 2 月 4 日。

65《南華早報》，1975 年 2 月 3 日。

66《南華早報》，1975 年 2 月 4 日。

67 *Post Herald*, 26 February 1967, HKRS 545-1-188.

68 Press invitation, 20 February 1973, HKRS 70-6-879.

69《新生晚報》、《華僑晚報》，《香港時報》及《文匯報》，1973 年 2 月 22-28 日，HKRS 70-6-879。

70 MacLehose to Leslie Monson, Wilford, Morgan, Laird, "Guidelines for the Governor Designate of Hong Kong: Paper A: Long Term Planning; Paper C: Hong Kong & China," para 17, 18 October 1971, FCO40/329。關於釋放因對抗而被監禁者的外交談判，見 Mark, *Everyday Cold War*, 184-187。

71《南華早報》，1974 年 10 月 4 日。

72 "Film Censorship in Hong Kong," enclosed in memo from Fred Ting, Assistant Director to of Home Affairs Department to Directorate Members of the same department, 28 Jun 1978, HKRS 313-7-3.

73 Notes and Comments on "A Statement of the General Principles as Adopted on 20 November 1965 by the Film Censorship Board of Review," by William Hung, Chief Film Censor, 1 Dec 1970; "Film Censorship: A Statement of the General Principles as Adopted on 20 November 1965 by the Film Censorship Board of Review," enclosed in Memo from J. W. Sweetman, A. S. H. A to C. D. C. (HK), C. D. C. (K) and all C. D. O. s, 12 Jan 1971, HKRS 508-3-3.

74 "Hong Kong: Annual Review for 1975" from MacLehose to FCO, 23 January 1976, FCO 40/707.

75 "Hong Kong: Annual Review for 1974" from MacLehose to FCO, 15 March 1975, FCO 40/642; "Hong Kong: Annual Review for 1975" from MacLehose to FCO, 23 January 1976, FCO 40/707.

76 "Hong Kong: Annual Review for 1974" from MacLehose to FCO, 15 March 1975, FCO 40/642; "Hong Kong: Annual Review for 1975" from MacLehose to FCO, 23 January 1976, FCO 40/707; "Hong Kong: Annual Review for 1976" from MacLehose to FCO, 1 January 1977, FCO 40/758.

77 "Hong Kong: Annual Review for 1975" from MacLehose to FCO, 23 January 1976, FCO 40/707.

78 外交與聯邦事務部官員不滿於麥理浩「總是利用中國因素來限制本能實現的目標」，也對他沒能實現社會改革的預期感到不滿。這種對於其「自滿」的批評見 Confidential note by J.A.B. Steward, FCO, 19 January 1977, FCO 40/758, 及 Confidential note by EN Larmour, FCO, 18 February 1975, FCO40/707。關於麥理浩與倫敦之間在社會改革方面的觀點衝突，見 Yep and Lui, "Revisiting the Golden Era"。

79 關於中共「和平路線」的指示，見 E.C. Laird (FCO) to Wilford and Logan (FCO) on Special Branch Report on the Communist Threat in Education, 13 July 1972, FCO 40/382; 這一策略一直持續到八十年代，見 Paper for the Governor's Security Committee (No. 20/80), 28 November 1980, HKRS 935-2-1。

80 "The Threat to Hong Kong" from Ministry of Defence to the Cabinet Office, 10 February 1978, FCO 40/958.

81 吳灞陵編：《香港年鑑 1976》（香港：華僑日報，1976），頁 130。

82 《南華早報》及《華僑日報》，1974 年 9 月 14 日。

83 Minute from Denis Bray (Secretary for Home Affairs) to Colonial Secretary, 13 September 1974, HKRS 163-13-83.

84 Minute from Colonial Secretary to Denis Bray (Secretary for Home Affairs), 13 September 1974, and from Bray to Colonial Secretary, 13 September 1974, HKRS 163-13-83.

85 "The New Left" paper prepared by Defence Branch / Colonial Secretariat, 3 May 1972, HKRS 890-2-36.

86 The "New Left" and Hong Kong, a paper prepared by the Police Special Branch enclosed in memo from the Commissioner of Police to Colonial Secretary, 2 August 1971, HKRS 890-2-36.

87 同上註。

88 "Declaration of Hong Kong Federation of Students," 1974 or 1975 (exact date missing), HKRS 890-2-36.

89 "The 'Know China Movement' " , memo from Police Special Branch 20 August 1973, HKRS 890-2-36.

90 新左派運動被描述為「以兩小群青年華人激進分子為中心」，而且「不團結，經常沒有組織，他們的核心力量薄弱」，見 "The New Left in Hong Kong" paper prepared by Police Special Branch, 10 January 1975, HKRS 890-2-36。

91 "The New Left" paper prepared by Defence Branch / Colonial Secretariat, 3 May 1972, HKRS

890-2-36; “Anti-British Movement in Hong Kong,” a memo by Crowson of Hong Kong and Indian Ocean Department of FCO to Wilford and Logan, 31 July 1972; “The ‘Know China Movement’,” memo from Police Special Branch 20 August 1973, HKRS 890-2-36.

92 1971 年 7 月 7 日，二十一名示威者在學聯組織的反對日本對釣魚島主權的示威活動中被捕。報紙上廣泛報導了警察對抗議者和記者的暴行，見 “Annex B to the New Left” paper prepared by Defence Branch / Colonial Secretariat, 3 May 1972, HKRS 890-2-36；另見吳灞陵編：《香港年鑑 1972》（香港：華僑日報，1972），頁 84。

93 “Notes of G. H. [Government House] meeting to discuss ‘Liaison with Students’,” 18 April 1972, HKRS 890-2-36.

94 見 1972-1978 年該督導小組的會議記錄，存於 HKRS 890-2-36 及 HKRS 890-2-37。

95《南華早報》，1971 年 12 月 7 日，HKRS70-3-335。

96《德臣西報》，1972 年 8 月 16 日，HKRS 70-3-335。

97 MacLehose to FCO, 20 April 1972, FCO 40/364,《南華早報》，1972 年 4 月 20 日。

98《南華早報》，1972 年 4 月 20 日及 21 日。

99 請參閱以下資料中基於這些指控的逮捕記錄：1971 年 4 月 18 日的逮捕，見 “The ‘New Left’ and Hong Kong,” a paper prepared by the Police Special Branch enclosed in Memo from the Commissioner of Police to Colonial Secretary, annexure B, 2 August 1971, HKRS 890-2-36；1971 年 7 月 7 日的逮捕，見 “The New Left” paper prepared by Defence Branch / Colonial Secretariat, annex B, 3 May 1972, HKRS 890-2-36; 1972 年 4 月 19 日的逮捕，見《南華早報》，1972 年 4 月 26 日；1974 年 9 月 12 日的逮捕，見《華僑日報》，1974 年 9 月 14 日；1977 年 5 月 1 日的逮捕，見 notes of local intelligence committee assessment for May 1977, 9 June 1977, FCO 40/757。

100 “The New Left” paper prepared by Defence Branch / Colonial Secretariat, 3 May 1972, HKRS 890-2-36.

101 同上註。

102 “Liaison with Students” memo from City District Commissioner to Director of Home Affairs, 9 August 1974, HKRS 890-2-36.

103 Notes of meeting of Steering Group on Student Affairs, 8 April 1975, HKRS 890-2-36.

104 Notes of meeting of Steering Group on Student Affairs, 22 July 1976, HKRS 890-2-37.

105 “The New Left” paper prepared by Defence Branch / Colonial Secretariat, 3 May 1972, HKRS 890-2-36.

106 Extract of record of Governor’s Committee Meeting held on 19 May 1972, HKRS 890-2-36.

107 “The New Left” paper prepared by Defence Branch / Colonial Secretariat, 3 May 1972, HKRS 890-2-36.

108 Notes of G. H. [Government House] meeting held on Tuesday, 18 April 1972 to discuss “liaison

with students"；"The New Left" paper prepared by Defence Branch / Colonial Secretariat, 3 May 1972, HKRS 890-2-36.

109 "The New Left" paper prepared by Defence Branch / Colonial Secretariat, 3 May 1972, HKRS 890-2-36.

110 Notes of meeting of Steering Group on Student Affairs, 25 October 1974, HKRS 890-2-36.

111 張翠瑜：〈香港政府治理戲劇的策略〉，頁 55-67。

112 Notes of meeting of Steering Group on Student Affairs, 25 October 1974, HKRS 890-2-36.

113 "Communist Influence in the Field of Physical Education, Recreation and Sport," paper prepared by Security Branch for Governor's Security Committee meeting on 4 June 1976, 24 May 1976, HKRS 935-2-1.

114 "Application by Communist Hong Kong Federation of Trade Unions for Land in Sai Kung or Recreational Purposes," paper for the Governor's Security Committee (No. 20/80), 28 November 1980, HKRS 935-2-1.

115 "Use of the City Hall by the Federation of Trade Unions," paper for the Governor's Security Committee (No. 21/81), 12 August 1981, HKRS 935-2-1.

116 Memo from Secretary for Home Affairs to SCOPG and SGSA members, 6 November 1978; notes of a Joint Meeting of the Standing Committee on Pressure Group (SCOPG) and the Steering Group on Student Affairs (SGSA) held on 9 November 1978 in the HAIB Conference Room, HKRS 890-2-37.

117 從教育學者的角度對該事件的概述，見 Anthony Sweeting, *Education in Hong Kong, 1941 to 2001: Visions and Revisions* (Hong Kong: Hong Kong University Press, 2004), 326-327：香港政府的看法，見 *Final Report of the Committee of Inquiry into the Precious Blood Golden Jubilee Secondary School* (Hong Kong: Hong Kong Government, 1978)；大學生的看法，見香港大學學生會：《金禧事件特刊》（香港：學苑，1978）。

118 *New Statesman*, 12 December 1980.

119 *New Statesman*, 12 December 1980. For monthly reports of LIC in 1977 and 1978 see FCO 40/940, FCO 40/757.

120 Annex B entitled "Application of section 68 of the Education Ordinance: Miss Fung Fee-foong" to the Memorandum for Executive Council for discussion on 7 May 1974 on Application of section 68 of the Education Ordinance, HKMS 189-1-373。《教育條例》（第 279 章）第六十八條授權教育司，若他認為「該人的任何階段的教育背景使其不適合在香港任教」，則有權拒絕允許其執教。

121 Memo from Security Branch to Governor's Security Committee, 29 January 1976, enclosing a paper entitled "Expansion of Communist Influence in the New Territories" dated December 1975, prepared by Special Branch, HKRS 935-2-1.

122 Letter from R. F. Pierce (Defence Branch of Hong Kong) to E. O. Laird (FCO), 7 June 1972,

enclosing a paper "The Communist Threat in Education," prepared by Police Special Branch, 28 April 1972, FCO 40/382.

123 見 2020 年 12 月 5 日播出的香港電台電視訪談《鏗鏘說》中，程介明（Cheng Kai-ming）教授的憶述，他曾在 1970 年代的左派學校任教。

124 Letter from A. P. B. Lambert to Kelly, 19 June 1972; letter from R. F. Pierce (Defence Branch of Hong Kong) to E. O. Laird (FCO), 7 June 1972, enclosing a paper "The Communist Threat in Education," prepared by Police Special Branch, 28 April 1972, FCO 40/382.

125 Letter from E. O. Laird to Wilford and Logan, 13 July 1972, letter R. F. Pierce (Defence Branch of Hong Kong) to E. O. Laird (FCO), 7 June 1972, enclosing a paper "The Communist Threat in Education," prepared by Police Special Branch, 28 April 1972, FCO 40/382.

126 Letter from R. F. Pierce (Defence Branch of Hong Kong) to E. O. Laird (FCO), 7 June 1972, enclosing a paper "The Communist Threat in Education," prepared by Police Special Branch, 28 April 1972, FCO 40/382.

127 Letter from R.F. Pierce (Defence Branch of Hong Kong) to E. O. Laird (FCO), 7 June 1972, FCO 40/382.

128 Sweeting, *Education in Hong Kong*, 260-267.

129 Letter from R. B. Crowson of FCO to R. F. Pierce (Defence Branch of Hong Kong), 17 October 1972, letter from R. B. Crowson of FCO to Wilford and Logan, 2 October 1972, letter from R. F. Pierce (Defence Branch of Hong Kong) to E. O. Laird (FCO), 7 June 1972, enclosing in a paper "The Communist Threat in Education," prepared by Police Special Branch, 28 April 1972, FCO 40/382.

130 例如，Frank Welsh 對「黃金時代」的描述，見 Frank Welsh, *A History of Hong Kong*, (London: Harper Collins, 1993), 481 及 Buckley, *Hong Kong*, 93。

131 程介明：〈教育的回顧（下）〉，載《香港史新編》下冊，頁 540。

132《南華早報》，1978 年 7 月 2 日。

133《南華早報》，1978 年 7 月 1 日。

134 "Editorial," *Hong Kong Law Journal* 8, no. 3 (1978), 282-283.

135 "Editorial," *Hong Kong Law Journal* 3, no. 3 (1973), 254.

136 Denys Roberts, *Another Disaster: Hong Kong Sketches* (London, New York: The Radcliffe Press, 2006), 208-209.

137《南華早報》，1978 年 7 月 1 日。

138 陳弘毅、文基賢、吳海傑：〈殖民地時代香港的法制與司法〉，載王賡武主編：《香港史新編》上冊（香港：三聯書店〔香港〕有限公司，2017），頁 469-470。

139 John A. Lent ed., *Newspapers in Asia: Contemporary Trends and Problems*, (Hong Kong: Heinemann Asia, 1982), 82-84.

140 *New Statesman*, 12 December 1980.

141 *U.K. Press Gazette*, 28 May 1979, HKRS 376-8-62.

142《南華早報》，1972 年 6 月 5 日。在張的「中國觀點」專欄裏，一篇題為「是時候討論香港政府的廣播和電視政策了」的報告對政府製作的名為《觀點與角度》電視節目表示不滿。這是一個「由政府推動、製作和研究」節目，在「電視管理局（Television Authority）的指示」下「強加給香港電視廣播公司」。報告認為它是一個宣傳節目，「與香港這樣的自由社會完全不相符」。其中一集講述了總督麥理浩爵士視察北角時就其清潔香港運動進行的採訪，見《觀點與角度》，香港電台，1972 年 10 月 31 日播出，https://app4.rthk.hk/special/rthkmemory/details/innovation/136。

143 學生新聞報紙報導了申請香港政府政務官職位的畢業生無一人獲聘的原因，見《華僑日報》，1976 年 6 月 15 日。幾位涉及《沙田新聞》的講師的僱傭合同沒有獲得續約，見蘇鑰機（Clement So），〈中大新聞與傳播學院簡史〉，香港中文大學新聞與傳播學院，http://www.com.cuhk.edu.hk/zh-TW/about/school-history。另有資深記者兼編輯馮德雄（Fung Tak-hung）的回憶，見〈舊聞補遺：《沙田新聞》事件〉，《星期日生活 2013 年 6 月 23 日，https://zh-hk.facebook.com/SundayMingpao/posts/683174848375547/。

144《南華早報》，1979 年 10 月 28 日。

145 Yu, "Was governor Maclehose a Great Architect?," 492.

146 杜葉錫恩，「在人權日的演講」，1972 年 12 月 10 日，杜葉錫恩數字化演講稿，香港浸會大學，https://libproject.hkbu.edu.hk/trsimage/elsie/speech/es0021.pdf。

147《華僑日報》，1979 年 10 月 17 日。

148《公民權利和政治權利國際公約》，序言。關於言論自由和集會自由，見第十九條和第二十一條。

149 Max Wong, *Re-Ordering Hong Kong, Decolonisation and Hong Kong Bill of Rights Ordinance* (London: Wildy, Simmonds & Hill, 2017), 40-41.

150 Max Wong, Re-Ordering Hong Kong, 44.

151 英國向人權事務委員會提交的關於香港的第一次定期報告，載於 *Yearbook of the Human Rights Committee 1979-1980*, Vol II, (New York: United Nations, 1989), 178; Max Wong, *Re-Ordering Hong Kong*, 69-72。

152《南華早報》，1978 年 10 月 4 日；《南華早報》，1979 年 1 月 8 日，新聞報導了包括十名兒童在內的七十六名艇戶在前往總督府請願要求獲得住房安置的路上被逮捕。

153 S. 18(1), Public Order Ordinance, Cap. 245.

154 "Putting Justice and Human Rights in Focus: A Report on Hong Kong to the Human Rights Committee of the United Nations," August 1980, FCO 40/1188.

155 Orr to P. J. Williamson (FCO), 25 November 1980, FCO 40/1188.

156《南華早報》，1982 年 1 月 28 及 31 日。

157《南華早報》，1982 年 1 月 31 日。

158 Carroll, *A Concise History*, 161.

159 Yep and Lui, "Revisiting the Golden Era" ; Yep, "The Crusade against Corruption" ; Lui, " 'Flying MPs' " .

160 Transcript of interview with the Lord MacLehose of Beoch, interviewed by Steve Tsang on 13 and 16 April 1989, 12-14 and 29 March 1991, Mss. Ind. Ocn. S. 377, Commonwealth and African Studies Collection, Weston Library, Bodleian Libraries, University of Oxford, 91.

161 關於戴卓爾夫人對 1997 年後可能保留英國在香港的治權的想法以及對戴卓爾夫人和鄧小平 1982 年會晤的分析，見 Mark Chi-kwan, "To 'Educate' Deng Xiaoping in Capitalism: Thatcher's Visit to China and the Future of Hong Kong in 1982," *Cold War History* 17, no. 2 (2017): 161-180。

162 事實上，工黨政府（1976-1979）也認為英國能夠在 1997 年後保留香港，並對英國與中國就香港未來的談判策略進行了一系列的研究，詳見 Chu Wai-li, "We had no Urge to do away an Ex-Colony: The Changing Views of the British Government over Hong Kong's Future, 1967-1979" (MPhil Thesis, Hong Kong Baptist University, 2017), chapter 5。

06

為中國解放香港：解「噤」之城

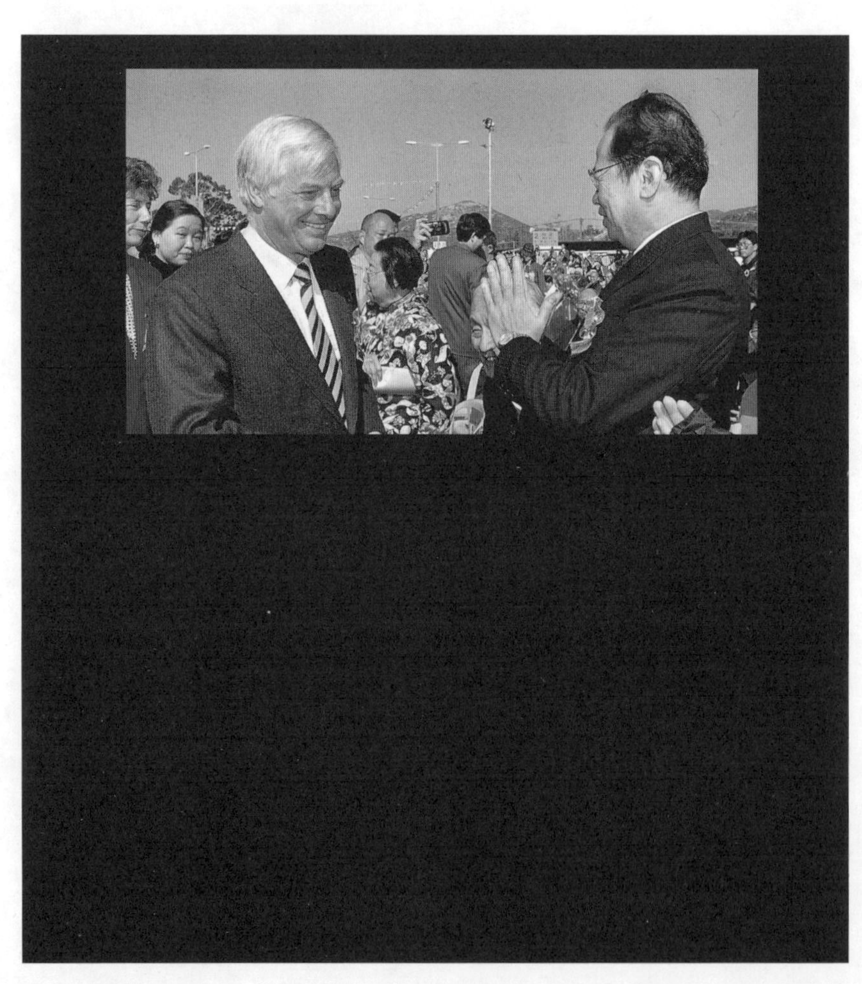

人權意識覺醒

1976 年，英國將《公民權利和政治權利國際公約》的效力擴展至香港後，港府無意將其中的條款納入本地法律，也沒有正式通知香港人，他們的言論與集會自由等權利在國際上獲得確認。[1] 媒體輿論或學術評論甚少批判港府未能在香港立法實施《公民權利和政治權利國際公約》與保護香港人權這個問題。英國不但沒有把他們在 1978 年就香港人權狀況提交給人權事務委員會的第一份定期報告給予公眾查閱，而人權事務委員會對這份報告的討論和批評也未有公開。英國政府堅持官方的觀點是認為《公民權利和政治權利國際公約》所涵蓋的大部分權利已受到香港現行法律保障。前香港正按察司（1955-1970）兼人權事務委員會代表團成員何瑾（Michael Hogan）甚至在 1979 年，人權事務委員會討論這份關於香港人權的第一次定期報告時辯解說，普通法與衡平法提供了「諸多救濟措施，保障了市民權利」。[2] 這一個關於香港法律的片面描述掩蓋了一個重要事實：即普通法和衡平法下的傳統權利保障，已經被嚴厲的政治審查法律制度削弱（如果不是完全被推翻的話），這種制度自十九世紀以來一直在香港盛行，在冷戰時期更出於政府對國家安全廣泛而含糊的顧慮而加重。

港府原本一直低調地處理香港的人權狀況，以及《公民權利和政治權利國際公約》下應享權利這個話題，直至 1984 年末，英國與中國政府簽署了關於 1997 年 7 月新界租約期滿香港回歸中國的《聯合聲明》後，政府的態度便發生了一百八十度的轉變。《聯合聲明》指出，《公民權利和政治權利國際公約》中所規定且適用於香港的權利和自由將在 1997 年後繼續有效。[3] 這可謂相當諷刺，因為在聲明簽署時，這些權利和自由還不是香港本地法律的一部分。因此，在《聯合聲明》高調宣示香港人理應享有《公民權利和政治權利國際公約》各項權利和自由之後，公共討論與學術辯論隨即展開，討論圍繞着檢視違反該公約的殖民法律，以確保一套符合《公民權利和政治權利國際公約》的法律在 1997 年後繼續有效。自 1980 年代中期起，學術界開始積極發表有關香港人權狀況的文章和書籍，論證香港公民自由之重要性，與 1970 年代學術界對香港人權狀況冷淡的論述形成對比。[4] 法律學者和資深律師敦促港府在 1997 年之前立法制定單獨的人權法案以教育公眾，並通過案例建立人權法理，協助香港主權順利移交中國。[5] 在 1980 年代，主流中英文報紙對香港人權和自由的報導和評論也明顯增加（見表 6.1 和表 6.2，調查結果顯示兩份主要報紙在 1970 年代和 1980 年代關於香港人權與自由的新聞報導）。香港社會與媒體同樣似乎已經覺醒，意識到人權、自由與法治的重要，而在此前的一個多世紀，他們對這些問題一直保持沉默。大約在同一時期，香港人得到通過立法機構選舉逐漸實現民主化治理的承諾，繼而出現了 1985 年舉行的第一次立法局選舉。

表 6.1 比較 1970 年代與 1980 年代主要英文報紙《南華早報》中關於人權與自由之新聞報導出現頻次。

搜索中使用的關鍵詞[6]	時段	出現頻次
Human rights（人權）	1970-1979	46
	1980-1989	774
Freedom of expression（表達自由）	1970-1979	7
	1980-1989	79
Freedom of speech（言論自由）	1970-1979	11
	1980-1989	221
Press freedom（新聞自由）	1970-1979	13
	1980-1989	112
Civil liberties（公民自由）	1970-1979	0
	1980-1989	66
Civil rights（公民權利）	1970-1979	4
	1980-1989	97

資料來源：ProQuest 歷史報刊：《南華早報》，於香港大學圖書館查閱。

表 6.2 比較 1970 年代與 1980 年代主要華文報紙《華僑日報》中關於人權與自由之新聞報導出現頻次。

搜索中使用的關鍵詞	時段	出現頻次
人權	1970-1979	226
	1980-1989	550
言論自由	1970-1979	2
	1980-1989	44
出版自由 / 新聞自由	1970-1979	18
	1980-1989	124
公民自由	1970-1979	4
	1980-1989	25
公民權利	1970-1979	1
	1980-1989	73

資料來源：香港舊報紙館藏，見香港公共圖書館多媒體資訊系統 (https://mmis.hkpl.gov.hk/web/guest/old-hk-collection?from_menu=Y&dummy=)。

儘管《聯合聲明》的措辭明確強調保護人權，而社會對保護人權的熱情亦日益高漲，但倫敦更感興趣的是，確保回歸後的香港憲法能鞏固《公民權利和政治權利國際公約》中提及的權利和自由，而並非在回歸前為香港立法保障這些權利和自由。英國外交和聯邦事務大臣賀維（Geoffrey Howe）和1982年接替麥理浩（Murray MacLehose）擔任香港總督的尤德（Edward Youde）都同意，不應立即制定任何人權法案。在討論這個問題時，尤德認為出於多種原因，建議外交部仍需「盡量拖延」（play the matter long）（賀維也同意）。首先，在此階段通過人權法案「肯定不會使治理香港變得更為容易」。尤德指出，香港限制言論與集會自由的本地法律與《公民權利和政治權利國際公約》的規定，兩者如要互相協調是多麼困難，甚至是不可能的，因為後者規定只有在「民主社會必需維護國家安全或公共安全或公共秩序」的情況下，才允許對這些自由實施限制，而「在如何界定民主社會都普遍接受的適當地限制自由方面，會產生無限爭議」。其次，在準備《聯合聲明》和起草《基本法》的過程中，賀維身為與中國的主要談判者之一，他認為中國在此階段不會同意將英國簽的國際協議馬上本地化。事實上，賀維與尤德寧可「試圖影響《基本法》的起草工作」，確保《基本法》在中國統治下的香港，能賦予《公民權利和政治權利國際公約》法律效力。[7]雖然英國與中國的官方立場是，起草《基本法》是中方的事情，而英方在其中沒有任何官方角色，但正如最近的檔案研究所表明，現實是倫敦當局與港府都能通過幕後外交影響《基本法》起草。[8]再者，將《公民權利和政治權利國際公約》中的權利與自由納入《基本法》，將「更大程度地（為這些權利）賦予憲制上的超越性（entrenched）」，因為作為一份憲法性文件，《基本法》不能被回歸後的香港政府修改，而且「不太可能被」中國「經常修改」。尤德建議，在所有關於是否需在回歸前制定人權法案的公開辯論中，政府應採取「相對中立的立場」，避免明確拒絕此種法案的舉動，被誤解為企圖限制《公民權利和政治權利國際公約》所規定的自由。藉此「中立立場」而「盡量拖延」意味要使公眾相信，所有必要的保護都包含在普通法和《公民權利和政治權利國際公約》中，而這兩者在《聯合聲明》中都有提及。[9]

然而，政府的立場無法阻止法律學者、政治家和記者要求政府在回歸前儘快為香港通過一項人權法案。由於《基本法》草案沒能依照法律學者建議，充分落實已獲英國政府同意之《公民權利和政治權利國際公約》條款中規定的所有保障措施，這進一步激化了他們的呼聲。[10] 而港英政府並沒有通過單獨的人權法案賦予香港全部人權的法律效力，[11] 而是採取零碎的方式，通過逐一修訂那些對媒體施加政治審查的法律來實現自由化。行政司（Secretary for Administrative Services and Information）遞交給外交部的一份紀要指出，廢除香港各項法例中的「管控」條款，目的是在 1997 年之前「通過放寬新聞業運作的法律框架，確保新聞自由能夠在過渡期間及過渡之後繼續保持」。[12]

撤銷刊物管制

從 1980 年代中期開始，殖民政府開始廢除或修訂向印刷媒體實施政治審查的法律，或將這些法律「去政治化」。1987 年，被描述為授予政府「深遠權力以鉗制新聞自由的」《刊物管制綜合條例》被修訂，並更名為在政治上更為中立的《本地報刊註冊條例》。[13] 對《刊物管制綜合條例》的批評並非一夕之間出現。早在 1970 年，此條例就被稱為來自 1951 年的「不合時宜之物」，「錯亂地、不恰當地保留在當今的香港」。[14] 然而，直到 1984 年，新聞界才開始廣泛地譴責《刊物管制綜合條例》和其他新聞相關法律。

公眾人權意識的覺醒，適逢人們對1997年主權移交後香港自由崩壞的憂慮。香港記者協會表示擔憂1997年後，北京政府有很可能利用《刊物管制綜合條例》壓制新聞自由。[15] 他們在1985年11月提交給律政司、立法局和英國外交大臣的一份文件中，稱《刊物管制綜合條例》「本身就是惡法」，催促廢除該法。[16] 法律專業人士贊同這些媒體的觀點。大律師公會開始研究新聞自由與未來《基本法》的關係，並檢查那些可能被用來壓制新聞自由的法律，其中包括《刊物管制綜合條例》及《不良刊物條例》。[17] 1986年12月，香港政府宣佈會全面修訂《刊物管制綜合條例》。[18]

在這次「法律清洗」過程中，《刊物管制綜合條例》的大部分壓制性條款皆被廢除，這些條款涉及到：檢控那些被認為具有顛覆性質或損害殖民地安全的出版內容的權力；在審判之前暫停報紙出版的權力；禁止進口被認為有害公共秩序、安全、健康或道德的出版物的權力；以及授權警察進入新聞處所搜查和扣押任何與可疑罪行相關物品的權力。修訂後的《刊物管制綜合條例》成為政治中立的程序法，規管香港報刊及通訊社註冊的行政程序。香港政府試圖將《刊物管制綜合條例》中一項具有爭議的權力移至《公安條例》保留：即對發佈可能造成公眾恐慌或擾亂公共秩序的虛假消息進行起訴的權力。「虛假消息」條款還將無罪之舉證責任置於被告身上。在該條款被併入《公安條例》前，在立法局內外都遭到了「前所未有的反對」。[19]

結果，重新安置的「虛假消息」條款只存活了不到兩年。1988年12月，香港政府著手將其廢除，在一個月之前，英國遭到日內瓦人權事務委員會的「拷問」，委員會質疑英國政府拖延改正現存違反《公民權利和政治權利國際公約》之法律，以及拖延落實《公民權利和政治權利國際公約》所保障的權利和自由的新本地法律（如人權法案）通過。[20] 在港府為廢除「虛假消息」條款這個「態度丕變」（港府兩年前還在强烈主張保留條款）的尷尬處境辯解時，行政司解釋說廢除該條款是「政府兩年前開始的放寬出版管制整個過程中合乎邏輯的最後一步」。[21]

另一項旨在懲罰傳播不良出版物的法例也得到修訂和「去政治化」。《不良刊物條例》於 1975 年頒佈，旨在減少青少年接觸那些被視為淫穢或政治反叛的不良出版物。根據《不良刊物條例》，不良出版物包括可能被青少年閱讀的不雅、淫穢、或具有反叛性，或描述犯罪行為從而蔑視執法部隊或機構的文章。[22] 該條例於 1987 年修訂並且更名為《淫褻及不雅物品管制條例》。在條例修訂後，須受規管之內容的定義中刪除了慣常提及的煽動行為，如「使執法部隊或機構受到蔑視」及「反叛」等詞語。因此，它成為了一項政治中立的法律，主要目的是管制或禁止針對青少年讀者的淫穢或不雅雜誌。[23]

放寬電影審查

隨着香港人權意識增強，對在中國統治下如何保障人權的憂慮亦隨日漸長，加上日益活躍的輿論報導，港府有時很難按照他們的時間表「管理」香港自由化的步伐。港府放寬自 1953 年以來實行的電影審查規例，很大程度上是迫於公眾需求和新聞調查報導施壓。儘管電影製作人一再抱怨，但在 1980 年代以前，電影內容一直受制於電影審查制度的政治審查。正如第四章所述，審查電影的理由除了性、暴力及煽動種族與宗教仇恨以外，審查員還被授權禁止或審查那些被認為可能「挑起對政府的仇恨或蔑視」、「破壞與其他地區良好關係」或「鼓動公共騷亂」的電影。[24] 被認為含有共產主義宣傳的大陸電影，與被認為可能激怒北京的台灣電影，以及批評香港政府的電影，在此審查制度下不是禁止，就是被刪剪。[25]

直到 1987 年 3 月記者秦家聰在《亞洲華爾街日報》的一篇文章揭露這個情況，香港公眾才意識到港府行使這種審查權力，其實缺乏適當的法律依據。[26] 在過去的三十四年裏，電影審查是基於行政指引（稱為《電影檢查標準指南》）中規定的政治和道德原則，而不是基於法規。[27] 秦的文章還引用了一份外泄的行政局會議備忘錄，該備忘錄披露，早在 1972 年就有政府法律顧問告知政府電影審查權的非法性，政府卻沒有採取任何補救措施，「因為害怕尷尬，擔心基於政治原因審查電影這種敏感的問題會引起公眾關注」。媒體把這個事件形容為「香港歷史上最大的醜聞之一」和「政府幾十年來遭遇的最大泄密事件」，並引發了激烈的辯論，也導致人們批評政府三十年來一直在掩蓋其非法的審查行為。[28] 政府為了回應輿論，匆忙草擬一份新的電影檢查條例徵詢公眾，取代這個「非法」的電檢指南。

除了媒體的廣泛報導和立法局會議上的激烈辯論，港督及其政治顧問和外交部官員之間也激烈地討論。他們的主要問題是如何協調政府的政治審查權力與《公民權利和政治權利國際公約》第十九條保護言論自由的規定。新聞工作者、法律教師及自由派立法局議員，特別是在 1985 年首屆立法局選舉當選的議員都主張，在新的電影檢查條例中取消政治審查權力，因為這一權力與《公民權利和政治權利國際公約》相抵觸。1986 年，尤德訪問北京時在睡夢中去世，隨後繼任的總督衛奕信（David Wilson）希望保留基於政治原因查禁電影的權力。他向外交部徵求意見，後者同意保留這一項權力的提議，因為香港需要「與中國保持良好關係」。[29] 在外交部看來，在 1987 至 1988 年期間，如允許放映可能危及中英關係的電影，將使英國與中國商討其他香港問題時的「艱深對話複雜化」，[30] 在這段期間，《基本法》起草正在順利進行。雖然港府的立場是，中國內地與香港市民磋商後將會全權負責該法，但英國政府仍「在幕後」與中國官員私下交流，藉此施加影響。[31] 當時，對於英國而言更敏感的「香港問題」包括：如何獲得北京默許在《基本法》中加入「後殖民時期立法局」直接選舉的某些內容，以及認可 1988 年英國白皮書中關於 1991 年立法局引進直接選舉的部分。如果要中國政府接受英國建議，就需要中英互相合作和謹慎操作。正如衛奕信在他的口述回憶錄中所提及的，英國人非常小心地確保這些建議不被公開，否則會使中國感到尷尬，英方更難達成目標，因為英方在《基本法》的起草中「並沒有直接的官方地位」。[32] 儘管英國公開宣稱起草《基本法》是中國的事，但英方許多意見都納入了 1988 年 4 月和 1989 年 2 月公布的基本法草案中。因此，包括首相戴卓爾夫人在內的英國官員確信「無論是從〔英國〕還是香港的角度來看，正在出台的這部法律〔基本法〕」都令人非常滿意」。[33]

在中英雙方為起草《基本法》而進行秘密外交的情況下，英國外交部相當重視保留港督查禁電影的權力，因為這些電影可能破壞高層外交官員討論九七後香港時的協作氣氛。外交部的法律顧問表示，在當時的三項政治審查原則中（即挑起對政府的仇恨或蔑視、鼓動公共騷亂和破壞與其他地區的良好關係），前兩項已被列入《刑事罪行條例》（*Crimes Ordinance*）中的煽動罪，因此即使新的電影檢查條例缺少這些條款，政府的權力也不會因此削弱。此外，在外交部的法律顧問看來，第三項原則屬《公民權利和政治權利國際公約》第十九條中允許以國家安全為由限制言論自由的例外：鑑於「國際禮讓原則（comity of nations）是國際法的基礎」，「如果一個地區不能禁止其境內可能被視為破壞與另一地區良好關係的活動，這顯得很奇怪」。[34] 在外交部法律意見的支持下，港府推動通過了《電影檢查條例》，該條例保留了「破壞良好關係」條款，儘管媒體和法律學者普遍批評該條款違反了《公民權利和政治權利國際公約》第十九條。[35]

港府沒有公開承認上述條款是為了維護與內地良好關係而量身定做的，但解密檔案顯示，在大多數情況下，行使該條款時都是為了這個目的。1987 年 4 月，港府向英國外交部提供了一份在 1973 至 1986 年被禁的電影名單，查禁理由都是這些電影「可能破壞與其他地區的良好關係」。在被禁的十七部影片中，有一半是在中國台灣製作的。其中一些中國台灣電影之所以被禁，是因為他們「展示（中共）官僚和幹部的腐敗生活方式」，批評「中國的政策、缺乏人權、偏私，以及黨員中左右派系之爭鬥」，或者描繪人民解放軍在金門島被台灣擊退的畫面。[36] 儘管《電影檢查條例》授權政府檢查員審查電影，但香港和倫敦之間的解密通信顯示，實際上根據「破壞良好關係」的條款來審議電影是否應該查禁的，往往是港督和英國外交官員。港督政治顧問和英國駐北京大使館的意見也在決策中發揮了重要作用。港督與外交部達成共識，並獲得部長級批准後，會指示其政治顧問通知影視及娛樂事務管理處處長（他根據《電影檢查條例》任命電影檢查員）執行。[37] 是否禁止某一部電影取決於香港和英國政府如何解讀中國政府對該電影的態度。例如，關於一部台灣製作的電影，有人指出新華社成員曾向香港的副政治顧問明確表示，放映這部電影將會造成「極大困擾」。[38] 同樣，英國駐北京大使館警告港府和英國外交部不要播放一部法國喜劇，因此劇的主題是假想共產黨入侵法國和共產黨統治下的巴黎生活，大使館對影片中嘲諷人民解放軍的內容表示擔憂，更還擔心這套電影將會在中國國慶節期間及中英聯合聯絡小組討論 1997 年香港回歸前夕上映。[39]

從 1980 年代中期開始，港府為戲劇表演鬆綁的過程中，也像上述一樣時刻關注中國反應。如第四章所述，在根據《公共娛樂場所條例》獲得公共表演許可前，所有戲劇的劇本及所有歌曲的歌詞均須送交政府機關（包括民政司、影視及娛樂事務管理處和警務處政治部）審查。[40] 因此，從 1950 到 1970 年代，政治上不受歡迎的作品都排除在舞台之外。預審劇本的做法雖然在 1984 年廢除，但政府在法律上仍保留了這樣做的權力，亦保留了政府認為必要時要求對方交出劇本的權利。這一年，某劇團上演了一部劇名中帶有「鄧小平」的戲劇，他們被要求提交劇本進行預審。[41]

低調謹慎地令香港司法獨立

在香港社會就《電影檢查條例》及規例激烈地辯論時，港府正設法改革司法系統的結構，這一重要的改革儘管低調地展開，卻影響深遠。1986 年，英國大法官部（Lord Chancellor's Department）前副大臣彼得．羅賓遜（Peter Robinson）受香港首席按察司羅弼時（Denys Roberts）委託，研究和建議改革香港的司法管理和架構。他除了建議採取措施提高法院審理案件的效率和精簡司法機構的管理外，還考慮了「如何讓司法機構在高度自治，但處於中國主權之下的特別行政區有一個盡可能好的開端」。[42] 羅賓遜在給當時大法官部常務次長德瑞克．歐頓（Derek Oulton）的信中總結自己的建議，表示自己「關注到香港特別行政區於 1997 年後需要為司法獨立做準備」，並引用他與已故總督尤德的談話來支持這個說法。他進一步指出，殖民地司法架構中的一些問題「不利於（香港的）司法獨立」。[43] 這些問題包括：法官與行政部門的公務員無異，皆須遵守公務員事務規例；法官的薪金與公務員薪級表掛鈎，而且由管理公務員薪俸和工作條件的委員會決定；在香港審理超過九成刑事案件的裁判司，不像其上級法院同事那樣享有終身任期保障。據《南華早報》報導，此種制度「導致人們批評裁判司並未真正獨立，因為他們知道自己的合同需要定期續簽，從而會有心理壓力」。[44] 即使羅弼時在成為布政司和首席按察司之前，曾領導政府的律政司多年，羅賓遜受託向羅弼時報告的時候仍坦言，香港司法獨立的另一個障礙是「習慣從律政司的公務員中任命法官候選人」。[45] 羅賓遜反對從公務員系統提拔和任命司法人員的意見，外交部的法律顧問雖然不太滿意，但他們同意在 1997 年以前將司法與公務員系統明顯分離十分重要。衛奕信總督還向倫敦報告說，難以招募本地法律專業人士擔任法官的部分原因是，本地律師認為司法機構並未享有「足夠獨立的地位」。此外，由於司法機構與公務員制度的結構聯繫，司法機構的薪酬待遇對有才能的律師不太有吸引力，他們私人執業的金錢回報更多。[46]

為了準備香港回歸，港府開始調整司法與行政之間的「關係」，目的是「拉開司法與行政機關的距離」，「增添公眾對加強司法獨立舉措的信心」。[47] 鑑於中英已達成了一定的共識，認同在主權移交後，有必要保障 1997 年以前的政策繼續有效，香港和倫敦同意就司法改革計劃試探北京方面的意見。[48] 然而，當港府被要求為中國準備一份解釋改革計劃的文件時，賀維提醒港府「向中方描述計劃時，應從香港（法律人員）本地化的實際需要出發，而不是作為一項「將司法與行政機關分離」或「加強司法機構的獨立性」的措施。賀維如此警告是源於「鄧小平最近對美國模式的嚴格三權分立表示出保留態度」。[49]

英國駐北京大使館贊同賀維的主張，要求港府避免提及「司法與行政機關分離的必要性」或「加強司法機構的『獨立性』」，因為這種說法「可能會激起中方毫無益處的反應」，引發「憲制辯論」。重要的是，要「盡量避免中方把這些提議視為英方險惡的憲制陰謀」。[50]

根據羅賓遜報告中的建議，以及英國外交部和英國駐北京大使館的建議，香港政府為法官設立了獨立的薪級表，並成立了一個獨立委員會來決定法官的薪俸和聘用條款；增加負責任命和晉升法官的司法人員敍用委員會（Judicial Service Commission）的司法人員代表人數，將司法人員從公務員制度中解放出來；並為司法機構和法官的管理制定單獨的司法事務規則，以及給予裁判司終身任期保障，這是香港歷史上第一次讓司法部門擺脫行政部門的結構性控制。根據羅賓遜的建議，司法官員的獨立性和特殊角色在官方分割下凸顯，此種分割將法官區別為「有別於所有其他公務員同類群體」。[51] 1987 年 5 月，在獲得英國政府批准後，一份解釋改革的說明文件提交給了北京。[52]

該說明以「謹慎措辭」強調改革的重要，即「改善本地 / 外籍（司法）人員的平衡，而不是增加司法機構的獨立性」。在倫敦看來，這項改革「從單純的本土化角度來說是完全說得過去的」，其包裝將盡可能避免「與中方討論此改革在憲制或基本法層面的意涵」。如果披露實際目的是加強司法獨立，可能會導致北京方面「感到有必要非常仔細地審查此類建議」，因為中方「對三權分立理論持保留態度」。[53] 這份解釋性說明修改了多次，為確保其中未絲毫提及這項改革涉及的憲制性意涵。例如，在較早的草稿中有如下段落，參考英國駐北京大使館的建議後，在提交給北京的最終說明稿中已刪除下文。

> 以上措施不僅會在司法機構內部創建一種更有利吸引本地律師的氛圍，而且還將有助於**更明確地向公眾表達行政機關不應干預司法機構這一重要原則**。[54]

結果，1987 年 5 月 29 日送交北京的二十五段解釋性說明被說成是檢討「司法機構成員的僱傭條件，以吸引更多的本地人才」。[55] 儘管北京方面的反應仍不為人知，因為往後港府、英國駐北京大使館、英國法院部門以及中國高級官員之間來往的信件內容已被英國檔案館遮蓋，但改革似乎沒有遇到甚麼反對。1987 年 12 月，港府公開了「使司法脫離政府，使其在外觀和形式上都獨立」的計劃。[56] 在兩個月前，英女皇伊利沙伯二世批准任命五十八歲的高等法院法官楊鐵樑為自 1842 年以來首位華人首席按察司，接替即將退休的羅弼時。羅弼時在 1979 年領導司法部門前，曾擔任過律政司和布政司等政府高層職務，而楊則不同，他在 1956 年以裁判司的身份開始他的司法工作，從未涉足過行政部門。在擔任過地方法院和高等法院法官後，他於 1980 年晉升為上訴庭按察司。[57] 這次具歷史意義的任命和司法機構的結構性改革代表着英式法治下司法機構完全獨立於行政機關之外，這種獨立在香港殖民統治時期的最後十年才開始出現，是為了香港回歸而準備的重要去殖民化步驟。

關於香港 1980 年代的解密檔案非常少，因此很難完全確定倫敦和港府在殖民時代的最後十年放寬法律和法律制度，以及放寬限制媒體和言論自由的動機。[58] 不過，英國內閣國防與海外政策委員會（Cabinet's Defence and Oversea Policy Committee）在 1984 年 6 月舉行會議中，一份關於如何在 1997 年以前使香港民主化的秘密文件，揭示了英國從 1980 年代中期開始的對香港自由化的看法：

> 一方面，在 1997 年以前，需要給倫敦行使足夠的控制權，特別是在緊急情況下；另一方面，需要避免保留過多的外部控制權力，以免在權力移交後被中方藉此削弱已議定的香港特別行政區的自治權，必須在以上兩方面取得平衡。[59]

除了維持上述不容易維持的平衡，即令香港回歸前繼續安穩地處於英國的殖民管控同時，使其回歸後擺脫中國管控，英國還注意到不能激起北京對自由化計劃的不滿，原因有二。首先，倫敦和北京在處理香港 1997 年過渡的問題上達成了基本的「銜接」共識，即同意需要確保 1997 年之前實施的措施和法律能夠與《基本法》規定的內容相銜接，並在 1997 年 7 月主權移交後能夠延續。其次，外交部試圖通過幕後外交影響《基本法》的起草，而中方是否願意採納其意見，很大程度上取決於倫敦和北京在香港問題上大致上互相信任的氛圍。1989 年 6 月以前，中英就香港問題談判期間的主要顧問柯利達和英國外交部都很高興看到《聯合聲明》中的所有條款都體現在《基本法》第二稿，而且「中國人……對（英方）的勸說已有所回應」。[60] 然而，1989 年「六四事件」發生後，雙方互信的氛圍基本上開始消散了。

天安門與人權法

在「六四事件」發生的幾週前，包括律師、建築師和醫生在內，成員總數達到二萬五千人的專業團體，與到訪香港的英國議會外交事務委員會成員會面，敦促港府制定人權法案，但港府仍然堅持認為在《基本法》頒佈前不能制定。當「六四事件」發生後，港府立場一百八十度地轉變。賀維在 7 月初告訴英國下議院，發生在北京的事件「嚴重動搖」了人們對香港的信心，並宣佈人權法案將盡快出台。[61] 隨後，人權法案草案於 1990 年 3 月公佈並向公眾徵求意見。儘管中國公開反對，但該法案於 1991 年 6 月獲得通過，成為香港歷史上第一部明確保護個人自由（包括言論自由）的成文法律。[62] 這也是香港第一條具「憲法超越性的（entrenched）」或具有更高法律效力的條例，它廢除了任何與之相抵觸的本地法例。[63]《人權法案條例》第十六條逐字複製了《公民權利和政治權利國際公約》第十九條有關言論自由的規定：

> （一）人人有保持意見不受干預之權利。（二）人人有發表自由之權利；此種權利包括以語言、文字或出版物、藝術或自己選擇之其他方式，不分國界，尋求、接受及傳播各種消息及思想之自由。[64]

翟理雄（Nihal Jayawickrama）是香港人權法案的長期倡議者，也是一名資深的法律教授，他表示希望「當（1997年前）過渡期的倒數計停止時，移交給高度專制的傳統共產主義政權的六百萬人將成為一個小而强大、充滿活力的人權意識覺醒群體」。[65]

在這種願望浮現後不久，戴卓爾夫人本人延長任期的願望卻破滅了。由於沒有得到足夠的保守黨成員支持，戴卓爾辭職，馬卓安（John Major）繼任該黨領袖，並於1990年11月28日被任命為首相。馬卓安首相的任期是英國對華政策改變的標誌，英國對香港的未來採取了更強硬的立場。1992年夏天，為戴卓爾政府提供與香港有關的中國事務諮詢的兩位重要「中國通」退休。衛奕信總督離任，他的「老師」柯利達幾乎同時辭去了聯合情報委員會主席和首相外交事務顧問的職務。[66]彭定康（Chris Patten）是前保守黨主席，雖然保守黨在1992年大選中獲勝，他卻失去了下議院席位，而後被任命為最後一位港督，打破以往由職業外交官擔任這個職務的慣例。他與中國打交道的方式，也不同於擅長中國問題的歷任港督。關於彭定康為了加速香港立法機關民主化進行的政治改革而產生的爭議，在其他學者以往的著作中皆有詳細討論。中國指責擬議的改革

1992 年 7 月 9 日，彭定康成為香港最後一位總督，亦是少有的非外交系統出身的總督。圖為彭定康和新華社香港分社社長周南。來源：香港大學圖書館。

違反《聯合聲明》，以及中英之間的「銜接」共識。本書在此並不打算重提這些爭議，因為它們對殖民時期和後殖民時期香港的影響已被徹底研究過。[67] 這裏值得關注的是，在殖民時代的最後幾年，同樣具有影響力的自由化運動加速開展，而且是在彭定康總督與中國為香港政制改革激烈爭拗背後進行。

從 1991 至 1995 年底，港府修訂了近四十項條例，使它們符合《人權法案條例》的規定。[68] 結果，警察搜查和逮捕的權力受更多限制，需要被告自證清白的各種罪行也被廢除或修改。根據《公安條例》對公眾集會和遊行發放許可證的做法由報備制度取代。[69] 1995 年 6 月，港府提交了一項處理《緊急規例條例》的立法提案，該條例是 1920 年代開始的殖民地報紙預審和審查制度的歷史淵源。援引一位港府官員的話說，緊急狀態法是「不合時宜和過時的」，其中的一些規例不能再適用。[70] 儘管廢除了過去根據《緊急規例條例》

制定的規例，但該條例本身並未被廢除。[71] 故此，港府在認為「出現緊急情況或公共危險」時，制定法規而無需事先獲得立法機關批准的權力仍得以保留。彭定康政府還主導了其他法律改革，這些改革確實打破了限制言論自由和新聞自由的殖民枷鎖，不過，在以往的研究中基本上都忽略了以下的這些改變。

解放課堂

相對於 1980 年代以前遏制或禁止在學校討論政治的法律與政策，1984 年在《聯合聲明》簽署和關於香港發展代議政制的白皮書發佈後不久，政府便將公民教育引入學校課程。為籌備 1985 年香港首次舉行的間接立法局議員選舉，白皮書強調有必要在學校推廣公民教育，確保香港市民「在政治和憲制事務方面得到更有效、全面的教育」。教育司署於 1985 年發佈了《學校公民教育指引》來幫助學校制定教學大綱，其中尤其強調自由和知情的討論之價值，教育學生瞭解公民身份的意義，提高他們的政治意識，藉此「培養年輕人應有的知識、態度和能力，使他們成為理性、對政治敏感和負責任的公民，在政治和社會變革的進程中做出建設性貢獻」。[72] 為了促進公民教育發展，那些可能阻礙言論自由和政治思想在學校自由流動的法律，也在幾年內被廢除。[73]

當香港社會正在討論《人權法案條例》的諮詢草案時，《教育條例》在 1990 年 7 月革命性地改變，總督政治審查教材和學校活動的權力基本上被廢除（這種權力在殖民時期的香港長久地維持着），即廢除總督制定規例以「禁止在學校、教師和學生之間，具有政治性、顛覆性或有偏見的宣傳」之權力。[74] 據教育司稱，在 1950 至 1970 年代，「當我們的教育體系面臨其他地區的政治勢力干擾時」，這項權力是必須的，但現在看來「已是過時、有缺陷，或不合適的」。[75] 教育司在教育規例下的許多政治審查權力也被廢除。根據修訂後的規例，學校不再需要按照教育司批准的教學大綱教學，教育司也不能要求學校提交教學材料以供事先批准，不能禁止「任何特定文件出現在學校場所」或禁止「在學校使用任何特定文件」。[76] 教育司以前可以在學生參加「遊行、宣傳或政治活動，或僱主與僱員之間的任何糾紛，或任何無序集會」時將其開除，而這種可怕的權力也在此廢除，[77] 同時被廢除的還有禁止「具有政治或部分政治性質和損害公共利益」[78] 活動的規定，以及禁止出現政治性敬禮、歌曲、舞蹈、口號、制服和文件的規定。[79]

1993 年初的一項後續修訂，進一步取消了教育司因政治原因（例如與政治性質的組織相關聯）而拒絕學校註冊的權力。[80] 鑑於政府認為「總督」以「公共利益」之名義「拒絕或取消教師註冊的特別權力」已沒有必要，它們也在同一次修訂中刪除。[81] 政府保留的唯一權力是在「具有政治性質的信息傳播或意見表達」方面，給予學校指示，以確保「這些信息或意見是不偏頗的」。[82] 自 1913 年《教育條例》通過以來，政治審查和控制學校裏的思想、信息、言論和資料，已成為香港教育體系中的重要部分。1952 年和 1971 年通過的《教育條例》，制定了更多的教育規例，授權政治部和教育司署特別局跨部門地監控教師和學生，審查和監控他們課堂內外的活動。而就在香港回歸的五年前，課堂終於擺脫持續了近一個世紀的政治監控和審查。

為電視台與電台鬆綁

1993 年，另一項前所未有的法律鬆綁，使電視台擺脫了自 1964

年《電視條例》通過以來便一直存在的行政管控與政治審查威脅。隨着1970年代初彩色電視廣播在香港出現，以及普通家庭經濟實力提升，電視在1970年代中期已取代電台廣播，成為最具影響力的電子媒體。[83]正如前一章所討論，這時期政府也放寬對新聞等電子媒體節目內容的嚴格管制。然而，根據《電視條例》，在政府認為電視節目可能影響「香港的和平與良好秩序」的情況下，仍然保有預審該節目的權力。雖然一名電視界資深人士回憶說，自1970年代中期以來，政府未曾行使過這項權力。[84]在法律上，政府還被授權禁止播放任何他們認為會威脅「香港的和平與良好秩序」的節目，而播放被禁的節目是刑事犯罪，可被判處六個月的監禁。[85]港督還可以制定標準來規範具有政治內容之節目。[86]其中一項節目標準是禁止播放「不符合公共利益」的節目，儘管該標準的確切含義並沒有任何詳細說明。[87]總督還可以「在他認為要維護香港安全時」撤銷電視牌照。[88]電視規例亦要求廣播公司只能播放政府所「批准的來源或機構」的新聞內容。[89]1993年1月，香港政府提議通過修訂《電視條例》，廢除所有這些政治審查權力，因為它們現在被認為是「不必要的」且「可能〔過於〕廣泛」。一家報紙形容此是「須儘快審閱」的法案，修訂後的《電視條例》在不到三個月的時間裏獲得通過，並廢除了上述所有的權力。[90]新法例只給政府留下了非常有限的權力，即有權向高等法院申請命令，以禁止播放可能煽動種族仇恨、導致法律和秩序崩壞或嚴重損害公共健康或道德的節目。[91]

此後不久，《電訊條例》亦被修訂，把禁止上述性質內容的權力移交給高等法院。與修訂後的《電視條例》一樣，該條例廢除了港督以「和平與秩序」為由禁止電台廣播的權力。1995年還修訂了《電台業務守則——節目標準》，那些挑起對政府的仇恨、破壞與其他地區良好關係或不符合公共利益的節目不再被法律視為含有「不良」

的內容。[92] 遲至 1996 年 10 月，廢除對電台廣播之限制的最後一項行動展開。正如第四章所述，自 1959 年以來，香港的商業電台申領的廣播牌照包括嚴格的政治審查條款條。與法律條文不同的是，公眾無法接觸到這些牌照條款的具體內容。該等牌照條款使政府可以在他們認為符合公眾利益的情況下禁止播放任何內容。在將近四十年的時間裏，這些條款不斷被列入商營廣播電台更新的牌照中，直到政府在 1996 年確定這些條件「超過限度」，應該「修改或廢除」。[93] 最後一屆殖民政府在執政僅剩幾個月的情況下，要求立法局「加緊審議」其擬議修訂的《電訊條例》，因為這是政府認為須在 1997 年 7 月 1 日之前通過的法案之一。[94] 立法局於 1996 年 10 月 23 日通過新修訂的《電訊條例》，正式廢除了政府設定牌照條款以要求廣播機構不得播放政府所指定內容的行政權力，此時距離英國租約結束只剩九個月。因此，在香港回歸前，政府的廣泛政治審查權力從香港的兩家商營電台—商業電台和新城電台—的牌照條款中刪除。[95]

在回歸前五年，港府匆忙地立法「清洗」長久以來對新聞自由施加的嚴厲限制。截至 1996 年 5 月，根據政府所謂的「新聞自由審視工作」，二十七項法例中的五十三條條款受到審視。三十一條條款由於可能威脅言論自由而修訂或廢除。最終廢除了政府所謂的應對緊急情況的「陳舊的和過度的規定」，並取消了允許政府預先審查電視和廣播的權力。此次檢討亦取消了影視及娛樂管理處處長，就公眾表演及娛樂活動的內容發出許可證的權力，和在許可證上施加條件的權力；同時還取消警察以公共秩序或安全以外的理由關閉公共娛樂場所的權力。其他的一些改訂亦限制了警察管制公共集會和遊行的權力，限制執法機關進入場所內搜查和扣押新聞材料的權力，並撤消惡意發表中傷性誹謗的刑事罪行。[96]

洗擦殖民痕迹以建立殖民遺產

正如我們在本書中所看到的，在殖民時代的大部分時間裏，在香港幾乎不可能想像無拘束的言論自由。政府出於本地政治和全球地緣政治的考慮，限制媒體編輯的獨立性。報紙出版商和編輯常因為批評英國高級官員而被以誹謗罪起訴，也因批評日本和法國等英國盟友軍事侵略中國而被檢控。根據法律規定，所有中文的報紙文章都必先預審，不僅在緊急情況下，甚至在和平時期也是如此。如果不遵守預審規定，出版商和編輯將遭受重罰和監禁。國民黨和共產黨控制的報紙都因政治原因被勒令停刊。在冷戰高峰時期，記者、校長、教師和學生未經審判便被拘留和驅逐出境。學校教科書、教學大綱和活動都要預先審查，參與政治活動或討論的學生可能被開除。學校遭停課以維持殖民時期的「和平與秩序」。在教育司署特別局的督學與政府大學資助機構協助下，警務處政治部廣泛地監視學生、教師、校長和壓力團體成員。政府新聞處向電台和電視台「供給」新聞簡報和稿件。即使在 1970 年代這些電台得到允許，可製作自己的新聞報導，根據法律規定，他們也只能從「被批准的」新聞來源獲取信息。香港電台的高層管理人員甚至會預審非新聞性質的娛樂節目和唱片，確保廣播節目中涉及極少的政治元素。電台和電視台的牌照條款和所謂的「節目標準」會以「挑起對政府的仇恨」、「破壞與其他地區的良好關係」或「不符合公共利益」等政治理由限制節目的內容。

那些久經讚頌的保障新聞自由，與表達自由的英式普通法案例和救濟措施，在實踐中並不適用於香港，因為它們都被壓制性的殖民法律淡化或取代了，這種情況一直持續到 1960 年代末及 1970 年代初，那時在英國的政策議程上首次出現九七年後香港前途的話題。儘管自二十世紀初以來，新聞界和華人精英便公開反對限制新聞和言論自由，但很明顯對英國和港府來說，中國、全球地緣政治，以及中國與英國、美國及其盟友的關係，要比香港市民享有多少自由重要得多。

在 1970 年代，麥理浩總督在某種程度上解放了香港，這也是英國計劃的一部分，目的是培養香港人作為英屬香港公民的公民自豪感，在是否可能繼續管理香港與中國談判時，最大限度地提高英國的談判地位。雖然他在任期內，以放寬政府對媒體和言論自由的干預為標誌，但他實際上很少（如果有的話）改變任何殖民法律和規例，這些法律使政府仍然能夠在他們認為有必要時「出招」審查媒體和壓制言論自由。

相比之下，衛奕信與彭定康總督為 1997 年 7 月起英國殖民統治的終結做準備，更大程度地解放了香港。在雙方談判人員的努力下，1984 年簽署的《聯合聲明》規定，1997 年 7 月 1 日前在香港實行的法律和司法制度將在之後繼續保留維持，這意味英方有十多年的時間（1984-1997）來糾正嚴酷的殖民法律和司法系統中的「不善之處」，英國不希望它們在香港回歸中國後被「繼續保留」。衛奕信政府迅速廢除了用於打壓印刷媒體和電影製片公司的嚴苛法律和規例，取消校內討論政治的限制，並在學校課程中引入公民教育，務求提高年輕人對政治事務的認識。雖然麥理浩甚少改造殖民法律與司法制度，還任命了一名前布政司為首席按察司，但衛奕信政府巧妙地確保了司法機構滿足英國傳統的司法獨立原則，將司法機構與行政機關分開，並賦予所有法官（包括裁判司）終身任期，這在香港歷史上還是第一次。而且，他在沒有引起北京反對下做到了這一點。然而，在與中方「銜接」（convergence）原則的指導下，衛奕信和柯利達的團隊受到中英雙方的限制，在解放香港這個問題上，沒有達到香港人和國際社會在1980年代中後期所要求的程度。

如果沒有發生「六四事件」，鑑於香港和英國政府在事發前對制定香港人權法態度冷淡，很令人懷疑《人權法案條例》能否在回歸前通過。另一個意外的觸發因素是戴卓爾夫人被馬卓安取代領導英國保守黨，這不僅促使港督更替，也促使唐寧街的中國顧問團隊換馬（該團隊以往由會說中文的中國專家組成）。此後，在1997年以前香港的法律和政策變化方面，「順利交接」不再是中英關係的黃金原則。如果說尤德和衛奕信時代主要是通過幕後外交，就香港的重要政策和法律變化事事與中國磋商，彭定康任內的工作則與此形成鮮明對比，他在香港的憲制改革問題上與北京有一系列公開的舌戰和摩擦。他在香港民主化步伐問題上與中國激烈交鋒背後，是加速刪除壓制言論自由的殖民法律。即使知道在最後時刻，修改部分法律在回歸後可能不會有效，這項法律解放行動一直持續到1997年7月1日香港解殖的前一週。[97]

彭定康在的告別香港儀式上強調，英國對香港的主要貢獻是為香港人提供了力爭上游的架構，這個架構包括法治、自由社會的價值觀，以及公民社會的豐富結構。[98]那些在1980和1990年代香港長大，沒有從長輩那裏聽到太多殖民歷史的人，可能真的會欣賞這「架構」，但他們沒有意識到，這個自由主義法律制度的架構，實際是在英國統治最後十年才建成。然而，那些在1950年代或1960年代出生和長大的人，可能會更傾向把彭定康和衛奕信的法律解放工作視為「拆除架構」，也就是說，直到最後時刻才拆除了這鐵籠般囚禁他們自由的法律架構。

如果英國在1997年後繼續統治，香港在其回歸前經歷的前所未有的解放還會發生嗎？可能在筆者有生之年，那些能夠提供答案的文件也不會被解密。然而，從筆者所讀到的檔案材料中可以推斷，

1990 年 11 月 22 日，戴卓爾夫人宣布退出保守黨黨魁選舉第二輪投票，結束她長達十一年的首相生涯。圖為戴卓爾夫人和新華社香港分社社長周南。來源：香港大學圖書館。

英國對於中國可能會提出收回香港的要求有何策略：麥理浩開放媒體以及賦予個人自由的努力，在很大程度上是在香港與中國內地之間維持「公民質素差距」的一種策略。伴隨着經濟上的繁榮，這種差距被認為是抵抗中國提出任何收回香港主張的最佳防禦手段。與此同時，麥理浩試圖保留殖民法律權力，如果有需要便可以繼續以「和平與秩序」為由，打壓媒體和個人自由，以備英國政府在 1997 年以後繼續有效統治香港。因此，在衛奕信和彭定康執政期間展開的全面法律改革，廢除了大部分干預媒體和言論自由之行政和法律權力，這或許更應被視為英國為退出香港這個不可逆轉的將來而準備的總體策略之一，北京（「六四事件」）和倫敦（首相換屆）的「意外」事件則加速了這個改革。不過，正如筆者所言，只有時間和更多解密文件出現，才能確證這一觀點是否正確。

註釋

1 Munn, *A Special Standing in the World*, 181-182; Wong, *Re-ordering Hong Kong*, 60-61.

2 Munn, *A Special Standing in the World*, 181-182.

3 1984 年 12 月 19 日簽署的《大不列顛及北愛爾蘭聯合王國政府和中華人民共和國政府關於香港問題的聯合聲明》附件一，第十三條。

4 關於學術期刊文章，請參見例如 Albert H. Y. Chen, "Civil Liberties in Hong Kong: Recent Controversies, Evolving Consciousness and Future Legal Protection," *Journal of Chinese Law* 2, no. 1(1988): 137-152; W. S. Clarke, "Messrs Wong and Ng and the Universal Declaration of Human Rights," *Hong Kong Law Journal* 15(1985): 137-149; Albert H.Y. Chen, "Editorial: A Disappointing Draft of Hong Kong's Bill of Rights," *Hong Kong Law Journal* 17, no.2(1987): 133-136; Johannes Chan, "The Control of Obscene and Indecent Articles Ordinance 1987," *Hong Kong Law Journal* 17, no. 3(1987): 288-306; Albert H. Y. Chen, "Some Reflections on the Film Censorship Affair," *Hong Kong Law Journal* 17, no. 3(1987): 352-359; Nihal Jayawickrama, "Human Rights in the Draft Basic Law - A Critique," *Hong Kong Law Journal* 18, no. 3(1988): 370-395; Raymond Wacks, "Can the Common Law Survive the Basic Law," *Hong Kong Law Journal* 18, no.3(1988): 435-444; Albert Chen, "Editorial: Civil liberties in Hong Kong: Freedoms of Expression and Association," *Hong Kong Law Journal* 19, no. 1(1989): 4-9。關於出版書籍，請參見例如陳弘毅、陳文敏編：《人權與法治：香港過渡期的挑戰》（香港：廣角鏡出版社，1987）；Raymond Wacks, ed., *Civil Liberties in Hong Kong* (Hong Kong: Oxford University Press, 1988); Raymond and Andrew Byrnes ed., *Human Rights in Hong Kong* (Hong Kong: Oxford University Press, 1992)。

5 Munn, *A Special Standing*, 182-183.

6 這些關鍵詞與 "Hong Kong"（「香港」）連用，以排除關於外國新聞的報導。

7 香港與倫敦之間關於為何不頒佈人權法案的詳細討論，見 telegram from Youde to FCO, 24 September 1985; telegram in reply from J.N. Powell (FCO) to Youde, 26 September 1985; letter of comments from M. C. Wood, legal adviser of FCO to Powell, 7 October 1985; telegram from Geoffrey Howe (FCO) to Youde, 3 December 1985, FCO 40/1894. 另見 letter from R. J. F Hoare of Hong Kong Colonial Secretariat to W. G. Ehrman of FCO, 23 August 1985 enclosing a memo on "Fundamental Rights and Freedoms" from F. Burrows (Hong Kong Law Officer), 16 July 1985, FCO 40/1894。

8 關於英國的幕後外交如何影響了《基本法》的起草，見 Albert Chen and Michael Ng, "The Making of the Constitutional Order of the Hong Kong SAR: The Role of Sino-British Diplomacy (1982-1990)" in *Constitutional Foundings of North East Asia*, ed. Kevin Tan and Michael Ng (Oxford: Hart, 2021)。

9 "Fundamental Rights and Freedoms" from F. Burrows (Hong Kong Law Officer), 16 July 1985; telegram from Youde to FCO, 24 September 1985, FCO 40/1894.

10 參見例如 Albert Chen "A disappointing draft," 133-136; Nihal Jayawickrama, "Human Rights

in the Draft Basic Law - A Critique" , *Hong Kong Law Journal* 18(1988): 370-395 及 "The Basic Law and Human Rights," *Law Society of Hong Kong Gazette*, August 1988。

11 見 Munn, *A Special Standing*, 183-184。

12 Fax from SASI to FCO, 12 May 1987, enclosing "A Note on the Retention of the 'False News' Provision in Hong Kong Laws," FCO 40/2338.

13《南華早報》，1986 年 12 月 19 日。

14《南華早報》，1971 年 4 月 26 日。

15《南華早報》，1985 年 6 月 7 日。

16《南華早報》，1985 年 11 月 13 日。

17《南華早報》，1985 年 8 月 9 日。

18《南華早報》，1986 年 12 月 19 日。

19 Henry Litton, "The Public Order (Amendment) Ordinance: Alarming the Public," in "Editorial," *Hong Kong Law Journal* 17, no. 2(1987): 136-138.

20《南華早報》，1988 年 12 月 18 日。

21 Official Report of Proceedings of Hong Kong Legislative Council, 14 December 1988, 11 January 1989.

22 Objectionable Publications Ordinance 1975, s. 3.

23 Control of Obscene and Indecent Articles Ordinance, 1987.

24 Television and Films Division, Film Censorship Standards: *A Note of Guidance*, Secretariat for Home Affairs (Hong Kong: Hong Kong Government, 1973).

25 Lai-to Herman Yau, "The Progression of Political Censorship: Hong Kong Cinema from Colonial Rule to Chinese-style Socialist Hegemony" (PhD Thesis, Lingnan University Hong Kong, 2015).

26 *Asian Wall Street Journal*, 17 March 1987.

27 Television and Films Division, *Film Censorship Standards*.

28 Albert Chen, "Some Reflections on the Film Censorship Affair," *Hong Kong Law Journal* 17, no. 3(1987): 352.

29 Geoffrey Howe, Foreign Secretary to Hong Kong, 29 April 1987, FCO40/2338.

30 FCO to Hong Kong, 13 April 1987, FCO40/2338.

31 Letter enclosing a paper entitled "Hong Kong" for PM's meeting with Governor on 22 Feb 1989 from R. N. Peirce, Private Secretary of FCO to Powell, 17 February 1989, PREM 19/2727。事實上，早在 1985 年中期《基本法》起草工作展開幾個月後，英國外交大臣賀維就提醒其同僚，當他們回應媒體關於英國在起草過程中所扮演角色的詢問時，重要的是傳

達統一的信息，即「《基本法》的起草是中國的事」。賀維認「暗示英國政府（或香港政府）可能在起草過程中發揮任何作用（哪怕是次要作用）是非常不明智的」，見 Howe's reminder in Howe to Hong Kong, telno. 1501 entitled "Representative Government and the Basic Law," 8 October 1985, FCO 40/1869。關於中英外交如何影響 1980 年代末《基本法》的起草，見 Chen and Ng, "The Making of the Constitutional Order"。

32 Interview with Lord Wilson, 51-52, 19 September 2003, GBR/0014/DOHP, British Diplomatic Oral History Programme, Churchill Archives Centre, referred to Wanglai Gao, "Sino-British Negotiations on Democratic Reforms in Hong Kong," (PhD Thesis, Waseda University, 2009), 129；此種謹慎的操作見 Chen and Ng, "The Making of the Constitutional Order"。

33 在 1989 年 6 月之前，賀維和他的團隊對 1988 年 4 月和 1989 年 2 月發佈的《基本法》第一和第二稿中採納了他們的意見感到滿意。戴卓爾夫人特別讚揚了英國在後殖民時期立法機構直接選舉方面的投入。她贊同賀維的看法，認「結果非常令人滿意」，並「特別重視獲得中國同意在《基本法》中規定直接選舉」，見 Powell to A. C. Galsworthy, Private Secretary of FCO, 5 October 1987, PREM 19/2727; Howe to PM, 6 January 1988, PREM 19/2727，引自 Chen and Ng, "The Making of the Constitutional Order"。

34 Memo entitled "Hong Kong: Film Censorship" from Paul Fifoot, FCO's Legal Adviser to C.E. Leeks of FCO, 8 April 1987, FCO40/2337; Governor Wilson to FCO, 28 April 1987; FCO's legal advisers' opinion enclosed in Geoffrey Howe to Hong Kong, 29 April 1987 and 12 May 1987, FCO40/2338.

35 有關香港政府對外交部法律建議的依賴，請參閱 Official Record of Proceedings of Hong Kong Legislative Council, 9 March 1988, 895-896 及 18 May 1988。有關法律學者和媒體的批評，見 Johannes Chan, "Freedom of Expression: Censorship and Obscenity," in *Civil Liberties in Hong Kong*, 215-221。另見《南華早報》，1987 年 4 月 18 日、5 月 3 日及 7 月 3 日；《南華早報》，1987 年 7 月 3 日，引自 Albert H. Y. Chen, "Some Reflections," 356。

36 Letter from J. Michie for Secretary for Administrative Services and Information of Hong Kong Government to C. E. Leeks of FCO, 28 April 1987, FCO 40/2338.

37 Governor Wilson to FCO, 30 January 1989, FCO 40/2823。有關電影檢查員的委任，見 Film Censorship Ordinance 1988, Sections 3 and 5。

38 該電影是《皇天后土》；Governor Wilson to FCO, 23 April 1987, FCO 40/2338。

39 British Embassy in Beijing to FCO, 9 September 1989, FCO 40/2823。電影名《解放軍在巴黎》(*Les Chinois a Paris*)。

40 Johannes Chan, "Freedom of Expression," 208-209；張翠瑜：〈香港政府治理戲劇的策略〉，第二章。

41 該劇名《鴉片戰爭——致鄧小平的四封信》，見張翠瑜：〈香港政府治理戲劇的策略〉，頁 93-94。

42 Letter from Peter Robertson to Derek Oulton, Permanent Secretary of Lord Chancellor's Department, 7 February 1987, FCO 40/2174/1.

43 同上註。

44《南華早報》，1988 年 1 月 12 日。1986 年 1 至 10 月期間，本港共處理超過二萬一千宗刑事案件，其中一萬九千九百零四宗由裁判司處理，詳情載於 "Study of the Hong Kong Judiciary 1986 by Peter D. Robinson, C. B. submitted to the Honourable Sir Denys Roberts, KBE, Chief Justice of Hong Kong, December 1986," Appendix, "Some statistics collected for the study," 119, December 1986, FCO 40/2174/1。

45 Letter from Peter Robertson to Derek Oulton, Permanent Secretary of Lord Chancellor's Department, 7 February 1987, FCO 40/2174/1.

46 Wilson to FCO, 22 April 1987, FCO 40/2174/1.

47 Wilson to FCO, 11 May 1987, FCO 40/2174/1.

48 Wilson to FCO, 22, April 1987; Howe to Hong Kong, 24 April 1987, FCO 40/2174/1.

49 Howe to Hong Kong, 11 May 1987, FCO 40/2174/1.

50 Richard Evans, British Ambassador to PRC, to FCO, 19 May 1987 and 20 May 1987, FCO 40/2174/1.

51 "Study of the Hong Kong Judiciary 1986 by Peter D. Robinson, C. B. submitted to the Honourable Sir Denys Roberts, KBE, Chief Justice of Hong Kong, December 1986," chapter IX "Recommendations and Implementation," 103, FCO 40/2174/1.

52 香港被告知部長們同意向中國方面提交文件，見 Howe to Hong Kong, 27 May 1987, FCO 40/2174/1。該文件於 1987 年 5 月 29 日遞交給中方，見 Wilson to FCO, 17 June 1987, FCO 40/2174/1。

53 Confidential note of FCO from Christopher Hum to McLaren and Renton, 21 May 1987, FCO 40/2174/1.

54 Wilson to FCO enclosing a draft note on the judiciary to Beijing, 18 May 1987, FCO 40/2174/1.

55 Final draft of the note to Beijing in Wilson to FCO, 22 May 1987, FCO 40/2174/1.

56《南華早報》，1987 年 12 月 10 日、1987 年 1 月 12 日。

57《南華早報》，1987 年 10 月 14 日。

58 遺憾的是，香港沒有檔案法。至於如何以及何時公佈過去的檔案供公眾查詢，則取決於政府的決定。

59 "Hong Kong: Constitutional Development Before 1997," in paper of minutes of meeting of Cabinet's Defence and Oversea Policy Committee (Sub-committee on Hong Kong), 28 June 1984, CAB 148/241。會議討論了綠皮書的發表，該文件首次將選舉引入香港立法局並規定了 1997 年以前香港總督功能及任命。戴卓爾首相在會議上強調了在香港公佈綠皮書之前向中方通告的重要性。

60 此種「對接」共識是公開的，香港律政司馬富善（Jeremy Mathews）拒絕制定 1997 年以前的人權法案辯解說「本地立法必須與《基本法》相對接」，見《南華早報》，1988 年 10 月 5 日。Peirce to Powell, 17 February 1989, PREM 19/2727; Confidential memo from Percy Cradock to Thatcher, 21 February 1989, PREM 19/2727。關於 1989 年 6 月前達成的對接共識，以及在起草《基本法》時進行的幕後外交，見 Chen and Ng, "The Making of the Constitutional Order"。

61《南華早報》，1989 年 7 月 6 日。

62 中方對《人權法案條例》的反對，見 Nihal Jayawickrama, "The Bill of Rights," in *Human Rights in Hong Kong*, 73-76; Munn, *A Special Standing in the World*, 195。

63 有關使《人權法案條例》在法律上「高於」其他法律的相當複雜的法律安排（借助《英皇制誥》的修訂），見 Johannes Chan, "Hong Kong's Bill of Rights: Its Reception of and Contribution to International and Comparative Jurisprudence," *International and Comparative Law Quarterly* 47, no. 2(1998): 307。

64 Hong Kong Bill of Rights Ordinance, Article 16.

65 Jayawickrama, "The Bill of Rights," 76.

66《南華早報》，1992 年 4 月 19 日及 7 月 2 日。

67 關於這些爭議與影響的概述，見 Carroll, *A Concise History*, 198-238; Steve Tsang, *A Modern History*, 254-267；鄭赤琰：〈戰後香港政治發展〉，載王賡武主編：《香港史新編》上冊，頁 155-159。

68 根據香港律政司署發表的聲明，自 1991 年以來，有三十六項法例被修訂，以使其與《人權法案條例》相一致，見 Attorney General's Chambers, "Statement on the Bill of Rights Ordinance," in *Hong Kong's Bill of Rights: Two Years Before 1997*, ed. George Edwards and Johannes Chan (Hong Kong: Faculty of Law of the University of Hong Kong, 1995), Appendix C。

69 Munn, *A Special Standing*, 187.

70《南華早報》，1995 年 6 月 24 日；Ng, Zhang and Wong, "Who but the Governor?" 446。

71《南華早報》，1995 年 6 月 24 日；Emergency Regulations (Repeal) Order (L. N. 254 of 1995)。

72 Curriculum Development Committee, Education Department of Hong Kong Government, *Guidelines on Civic Education in Schools*, August 1985, 4, 10.

73 有關修訂《教育條例》與促進公民教育關係的討論，見 Official Report of Proceedings of Hong Kong Legislative Council, 21 March 1990, 4 July 1990。

74 Education (Amendment) Ordinance 1990, Section 10.

75 Official Report of Proceedings of Hong Kong Legislative Council, 21 March 1990.

76 Education (Amendment) Regulations, 1990 (LN. 268/1990), Regulation 8.

77 Education (Amendment) Regulations, 1990 (LN. 268/1990), Regulation 10.

78 Education (Amendment) Regulations, 1990 (LN. 268/1990), Regulation 11.

79 同上註。

80 Education (Amendment) Ordinance 1993, Section 7.

81 Official Record of Proceedings of Hong Kong Legislative Council, 21 April 1993; Education (Amendment) Ordinance 1993, Section 22.

82 Education (Amendment) Ordinance 1990, Section 10。立法局議員陸恭蕙在 1996 年提議取消這一阻止學校「偏激」信息的剩餘權力，但她的私人議員法案在 1997 年未能獲得通過，見《南華早報》，1996 年 10 月 29 日及 1997 年 5 月 15 日。

83 史文鴻：〈香港的大眾文化與消費生活〉，頁 671-679。

84 Television Ordinance, 1989, Section 33。亞洲電視董事周梁淑怡（Selina Chow）的回憶，見 Official record of proceedings of Hong Kong Legislative Council, 31 March 1993。

85 Television Ordinance, 1989, Section 35.

86 Television Ordinance, 1989, Sections 27.

87 Broadcasting Authority, *Television Code of Practice on Programme Standards*, 1 March 1993, paragraph 4(a)(iii)。這規則在 1995 年被刪除。

88 Television Ordinance, Cap. 52, 1989, Sections 27 and 14(3)(c).

89 Television (Standards of Programmes) Regulations, Cap. 52, 1989, Regulation 5(c).

90《南華早報》，1993 年 3 月 23 日。

91 Television (Amendment) Ordinance 1993, Section 33.

92 Broadcasting Authority, *Radio Code of Practice on Programme Standards*, 1 April 1995.

93 Official record of proceedings of Hong Kong Legislative Council, 22 May 1996, 67-68.

94 Report of the Bills Committee on Telecommunication (Amendment) Bill 1996, para 4.

95 Official record of proceedings of Hong Kong Legislative Council, 23 October 1996, 52-54。請注意，並非所有商業廣播牌照都能在香港歷史檔案館找到。筆者這裏只有分別於 1959 年和 1979 年頒發的商業電臺廣播牌照副本。這兩份牌照均載有這樣一項條件：「處長（1959 年 新聞處處長而 1979 年為影視及娛樂事務管理處處長）可在其指示中要求持牌人不要廣播任何指定事項，處長為符合公眾的最佳利益，則可根據其認為合適的條件（如有）進行規定，而持牌人須遵守每項此類要求」。1996 年 10 月 23 日的香港立法局會議官方記錄證實，商業電台和新城廣播的牌照中存在同樣的條件。

96 截至 1996 年 7 月，當局已對十四項法例作出三十一處修訂，這些修訂包括：Television Ordinance (S. 14, 27, 29, 33, 35, 36, 39, R4, R6); Telecommunication Ordinance (S. 13M); Broadcasting Authority Ordinance (S. 18); Places of Public Entertainment Ordinance and Regulations (S. 8(2), R174(1)); Registration of Local Newspapers Ordinance (3 regulations);

Emergency Regulations Ordinance (subsidiary legislation); Summary Offences Ordinance (S. 8(d), S. 4(29)); Public Order Ordinance (S. 6, 9, 13, 14, 17, 17D); Complex Commercial Crimes Ordinance (S. 19); Criminal Procedure Ordinance (S. 123); Judicial Proceedings (Regulations of Reports) Ordinance (S. 3(1)(a)); Defamation Ordinance (S. 6); Juvenile Offenders Ordinance (S. 3D(4)); and Police Force Ordinance (S. 50(7))。有關政府對此類立法改革計劃的詳情，見政務司於 1995 年 7 月 25 日在立法局資訊政策小組會議上的發言；Home Affairs Branch to the Legislative Council's Information Policy Panel, "Review of Legislation Having an Impact on Press Freedom," April and July 1996, available at the Database of Legislative Council (https://www.legco.gov.hk/general/english/library/search_records_collection.html)。

97 香港特別行政區候任行政長官董建華不接受殖民地時期香港通過的某些法律在中國香港生效，見《南華早報》，1997 年 6 月 25 日。因此而停滯不前的法律改革包括 1997 年 6 月 24 日立法局通過的 1997 年《刑事罪行（修訂）（第二號）條例》（*Crimes (Amendment) (No.2) Ordinance*），該條例在成立煽動行為的罪行方面加入煽動暴力的規定，見 Fu Hua-ling, "Past and Future Offences of Sedition in Hong Kong," in *National Security and Fundamental Freedoms: Hong Kong's Article 23 Under Scrutiny*, ed. Hauling Fu, Carole Petersen and Simon Young (Hong Kong: Hong Kong University Press, 2005), 217-249, 230-231。根據《公安條例》放寬的對未經通知之示威集會的限制在回歸後被取消。《社團條例》中被廢除的禁止本地社團與外國政治團體聯繫的條文，在回歸後的香港恢復生效。關於其中一些被推翻的法律修訂，見《南華早報》，1997 年 1 月 20 及 21 日。

98 筆者翻譯彭定康 1997 年 6 月 30 日的英文演講，全文見《南華早報》，1997 年 7 月 1 日。

結語

時間回到 2013 年，當我為這項歷史檔案研究尋求研究資金時，我與一位多年前從英國移居到香港，從事法律教學的同事有一次有趣的談話。他在閱讀過我的研究計劃後，「建議」我（學院的一名新人）不要進行旨在譴責英國法治的研究。他說，譴責很容易，但在這樣做時，我會忽略一個事實，即維護和平與秩序有時需要背離法治。

身為歷史學者，我接受的是批判閱讀訓練，會嘗試以多角度去審視各種論述背後的意義。我同事的建議，以及深嵌於他的論述中那種為香港殖民時期英式法治的辯護態度，使我確信研究在香港一百五十五年的殖民歷史，與現代中國複雜的歷史背景下，港英政府怎樣利用法律來緩解殖民地對保持「和平與秩序」的焦慮，將會是一個很有研究價值的課題。

事實上、本書對英國在香港的法治既無譴責也無頌揚，更不應被理解為打算全盤否定普通法對香港的貢獻。本書所關注的，是在一個不民主的政體中（儘管在理論上有來自倫敦民主議會的監督），言論自由是如何置入國家政治和經濟利益的權衡當中。在我閱讀過的數千頁解密檔案中，我不無驚訝的發現，倫敦和香港的高級官員之間，不曾就施行政治審查法律和政策或檢控新聞媒體有過任何一次以法治為前提的辯論；甚至當英國外交與聯邦事務部的律師已經指出，某些審查規例在程序上既越權且缺乏合法性，最終它們仍繼續在香港有效。因此我們很值得懷疑，英式法治是否是一個能夠分析殖民地法律制度的有效框架。因為在歷史上，即便法治是一個因素，但在倫敦與港府的辯證過程中，也不見得是值得考慮的重要因素。本書無意在概念上論證殖民香港是否存在法治，而是通過檔案實證探究殖民地官員的想法與工作過程，以及殖民法律體系下的信息控制，與思想干預制度如何設計和在地運作。

本書利用檔案資料，在本地政治和不斷變化的全球地緣政治的背景下，探討殖民時期香港的政治審查制度，而不是通過學術概念上爭議繁多的法治（rule of law）概念這個框架來分析這個議題。[1] 前述各章充分證明一個迄今未被重視的事實，即殖民時期香港的法律不僅是用於應對本地因素，而且可能在更大程度上用於應付十九世紀和二十世紀圍繞英國、中國各政權以及世界其他地區之間關係的全球地緣政治。以下結語強調了以往有關香港殖民時期和帝國歷史研究中遺漏的內容，並試圖指出本書篇幅無法涵蓋的未來研究之可行方向。

不普通的普通法體系

與同一時期在英格蘭實行的制度相比，在香港實行的英國普通法制度極不尋常。英國判例法中的言論自由從未完全適用於香港（如果曾被適用的話），因為判例法在香港被無數施加政治審查的成文立法所取代。新聞界受到壓制，編輯與出版商被起訴和監禁；記者、教師和校長面對驅逐和未經審判的拘留；每日的報紙報導都出現交叉、點和框的標記，以取代政府審查員預先審查報紙校樣過程中刪去的詞句和段落，而這一切都是依法進行。此外，法律的適用並不平等，某些審查規例明確地只適用於中文出版物。即便某些規例看起來適用於所有報紙，但實際上政府對英文媒體的控制寬鬆得多。在殖民時期的香港，司法獨立也只是書面上的原則，而非現實。裁判司處理了大部分政治審查案件，卻不受司法部門的管轄，而是向輔政司負責，直到1939年才改由香港正按察司（後來稱首席按察司）領導。然而，正按察司往往是從行政機關的高級官員中選出。行政機關部門和法院之間的深層結構性聯繫一直持續到距離香港回歸前不到十年方結束。更糟的是，政治審查法律的框架非常空泛而模糊，以致殖民政府享有巨大而唯一的裁量權去判斷如何實施合法的政治審查，即使是最公正的法官，也很難挑戰這種法律權力。

以上簡短的總結，說明照單全收傳統教科書式敘述的危險性，即有關在歷史上，殖民時期香港一直實行英國普通法制度和英國法治的敘述。如果不解釋該制度在英國和殖民地運行的系統性差異，讀者難免會被誤導。因此，研事帝國與殖民地之間在法律和法律觀念上的巨大差別，是一個缺乏研究卻非常重要的領域。

關鍵詞：「和平與秩序」、「公共安全」、「公共利益」

儘管在殖民香港的普通法制度與英國的法律制度形成了鮮明對比，卻與其他英國殖民地，特別是馬來亞、新加坡和印度等非白人殖民地的法律制度有許多共同特點。除了種族主義、法律待遇不平等和充斥暴力等被廣泛研究的特徵外，另一個不太為人所知的共同點就是國家安全條款廣泛但隱蔽地嵌入在立法中。殖民時期的香港缺乏獨立的國家安全法，但在許多法律中，經常可以找到諸如「和平與秩序」、「公共秩序」和「公共利益」的法律用語。這些用語定義模糊，為港督提供了廣泛而不受限制的靈活權力，只要他認為國家安全受到威脅，即可合法地限制自由。這三個國家安全關鍵詞出現在殖民時期的法律和規例中，授權政府政治控制和審查出版物、電影、廣播、電視節目和教材；限制公共集會；拘留和驅逐政治異見人士。正如我們所見，一旦有了這樣的法律和法規，它們不僅被用來處理緊急狀況，而且日常亦被用來壓制反對的聲音和鎮壓政治異見者。即使有些法律和規例不常使用，但存在於法律之中，再加上警務處政治部和其他政府部門操縱的強大監視機器，已對記者、媒體經營者、教師、學生和普通市民產生了威懾作用。如前所述，殖民時期的香港政府採取的策略是：起訴一些主要的報紙和學校，驅逐一些反對政府的領導人物，以及指示政治部官員私下向警告校長和媒體工作者，阻止他們的同事發表意見或試圖跨越政治紅線，以收寒蟬效應。解密文件顯示，新聞審查起訴是由香港和倫敦集體決定，而且是深思熟慮、有選擇性、並且基於戰略性的政治理由起訴。以往的研究認為，殖民時期的香港由於很少使用新聞審查法，因而享有言論自由和新聞自由，它們都但忽略了僅因相關法律存在便出現的自我審查。這部精密的審查機器的組件包括維持「和平與秩序」的各種法律和規例、總督、輔政司、政治顧問、民政司署（前稱華民政務司署）的高級官員、政府新聞處、香港電台、警務處政治部、律政司署，以及英國外交和聯邦事務部和英國駐北京大使館的官員。在殖民時代的大部分時間裏，這部龐大的國家機器一直都在運作。如對各個前殖民地的國家安全法律體系做比較研究，學界有望將英帝國殖民法律史與二十世紀全球地緣政治歷史聯繫起來。

共同朋友與敵人：中國

對所有港督來說，中國既可能是最重要的朋友，也可能是最可怕的敵人。雖然英方熱衷於為英國商人保留一個巨大的潛在市場，但一個世紀以來，總督們一直在與從內地蔓延到香港的潛在國家安全風險鬥爭。這些風險部分是發生於中國內部，部分是因為中國與世界迅速而意想不到的政治關係變化所導致。因此，大多數限制言論自由的政治審查法律和措施，都是為了迅速把在正在萌芽的「中國問題」消滅，儘管這個問題本身隨時間的推移而變化。因此，在十九世紀，報紙因發表親清政府和反歐洲政府的報導而被起訴；到二十世紀初，反對清政府和親國民黨的革命評論被鎮壓；到 1930 年代，親民國和反日的新聞報導被壓制。中國執掌政權、韓戰爆發和隨後開始的冷戰，使香港處於英美特殊關係的核心或是「磨心」，兩國努力防止香港成為在亞洲傳播共產主義的基地。左派報紙及旗下記者，左派學校及其教師、校長和學生都受到密切關注，必要時還會受到法律處理。在不斷升級的冷戰緊張局勢中，許多香港總督以英美「自由世界」的神化概念為限制言論自由辯護。然而，「自由世界」不一定保證被殖民者擁有世界上其他居民所享有的自由。對許多戰後的總督來說，只要香港擁有比內地更大的自由、更穩定的政治環境和更光明的經濟前景，他們就已經充分完成了反共的宣傳工作，足以培養香港市民的忠誠。香港和倫敦官員不太關心公然違反公認的國際人權標準這種問題。在香港的殖民歷史上，期望防範與中國有關的風險，是大多數政治審查措施和最終放鬆審查的基礎。香港的自由是英國對中國，有時甚至對美國，進行地緣政治的大國博弈結果。香港、新加坡、塞浦路斯和直布羅陀等雖小但地處戰略要地的地方，作為英國在漫長二十世紀宏大戰略（grand strategy）的一部分，提供了豐富但未被充分挖掘的歷史。在豐富的商業歷史背後，香港的歷史其實有龐大的地緣政治內容，關於香港在國際關係、軍事情報、世界對華戰略上的角色，和她在中國如何看待世界大國所扮演的角色，這些故事還未完全被學界研究。

獨有的解殖結局

通過談判把殖民地交還給前主權國家，是衰落中的大英帝國一次新嘗試。從1970年代到1990年代，這一政治實驗的進程重塑了香港人的自由。1967年香港暴亂痛苦地結束，恰逢英鎊貶值，隨後英國宣佈了從非洲蘇彝士東部撤軍，在此之後，倫敦形成了某種悲觀中帶樂觀的共識。首先，如果中國選擇在1997年前收回香港，英國無能為力。第二，單方面宣佈香港「獨立」或全面民主化，只會招致人民解放軍越過邊界更早地收回香港，因此前英屬殖民地通常擁有的獨立和民主化選項，對香港來說將會行不通。[2] 第三，英國對香港的統治可能有機會延續到1997年以後，否則就必須實施有序的撤出。第四，試探這個機會，只能通過與中國政府談判來完成，而毛澤東治下的政府對英國來講並不是一個理性的談判者。倫敦認為在毛澤東去世前，香港的生活水平和公民自豪感必須提高到一個模範水平，且遠高於內地的水平，以便英國與毛澤東之後的政府就香港未來展開最終談判時有更多談判籌碼。因此香港在1970年代經歷了過去研究所稱的「寬仁殖民主義」—— 社會福利廣泛改善，對媒體控制及對言論自由的空前放鬆 —— 是英國離開香港前的藍圖，目的是增強香港人對英國統治的信心。只有當1984年有序撤出香港成為唯一的選擇後，英國才小心而迅速地解除了媒體和學校等政治審查法規，並實現了全面的司法獨立。在1980年代，香港經歷了一場史無前例的自由蛻變，從一個「政府才有最佳能力替人民判斷甚麼可以聽信和看見」的噤聲之城，轉變成言論和新聞自由獲世界讚譽的國際都會。[3] 這種轉變與其說是香港市民為自由而努力奮鬥，或國際社會為香港人權而努力施壓，或英式法治傳統的承傳，或殖民仁政的結果，不如說是源於中、英、美、日、國民黨和共產黨等勢力在地緣政治較量的結果，以及世界其他大國的對華政策所致。回到本書開始問的問題：香港的自由從何而來？只要面對歷史，尊重真相，拒絕人云亦云，這問題不難回答。

註釋

1 關於法治概念不確定性的討論，見 Brian Tamanaha, *On the Rule of Law: History, Politics, Theory* (Cambridge: Cambridge University Press, 2004) 及 John McLaren, "Chasing the Chimera: The Rule of Law in the British Empire and the Comparative Turn in Legal History," *Law in Context* 33, no.1(2015):21-36。

2 英國在福克蘭群島戰爭勝利後不久，1982 年與北京的談判陷入僵局時，戴卓爾夫人曾想讓香港獨立，但很快就被其包括柯利達和賀維在內的中國事務顧問所勸阻，見 "Record of a Discussion at No. 10 Downing Street at 1615 Hours on Monday, 7 March 1983," PREM 19/1054, 轉引自 Man Hok-yin, "A Re-examination of the Governors Autonomy: Three Selected Case Studies during the Sino-British Talks over Hong Kong's Future, from 1982-1985," (MPhil Thesis Lingnan University Hong Kong, 2018)。

3 這個對殖民時期香港言論自由的描述，來自 Yash Ghai, "Freedom of Expression," in *Human Rights in Hong Kong*, 378。

索引

二畫

三畫

四畫

五畫

六畫

七畫

八畫

九畫

十畫

十一畫

十二畫

十三畫

十四畫

十五畫

十六畫

十七畫

十八畫

十九畫

二十畫

二十一畫